wmf martinsfontes
ASSOCIAÇÃO PRÓ-DANÇA
ORGANIZAÇÃO SOCIAL DE CULTURA
SÃO PAULO COMPANHIA DE DANÇA
GOVERNO DO ESTADO SÃO PAULO
Secretaria da Cultura

SÃO PAULO 10 ANOS COMPANHIA DE DANÇA

ORGANIZAÇÃO **INÊS BOGÉA**

EDITORA **WMF MARTINS FONTES**

2008

2009

2010

2

2012

2011

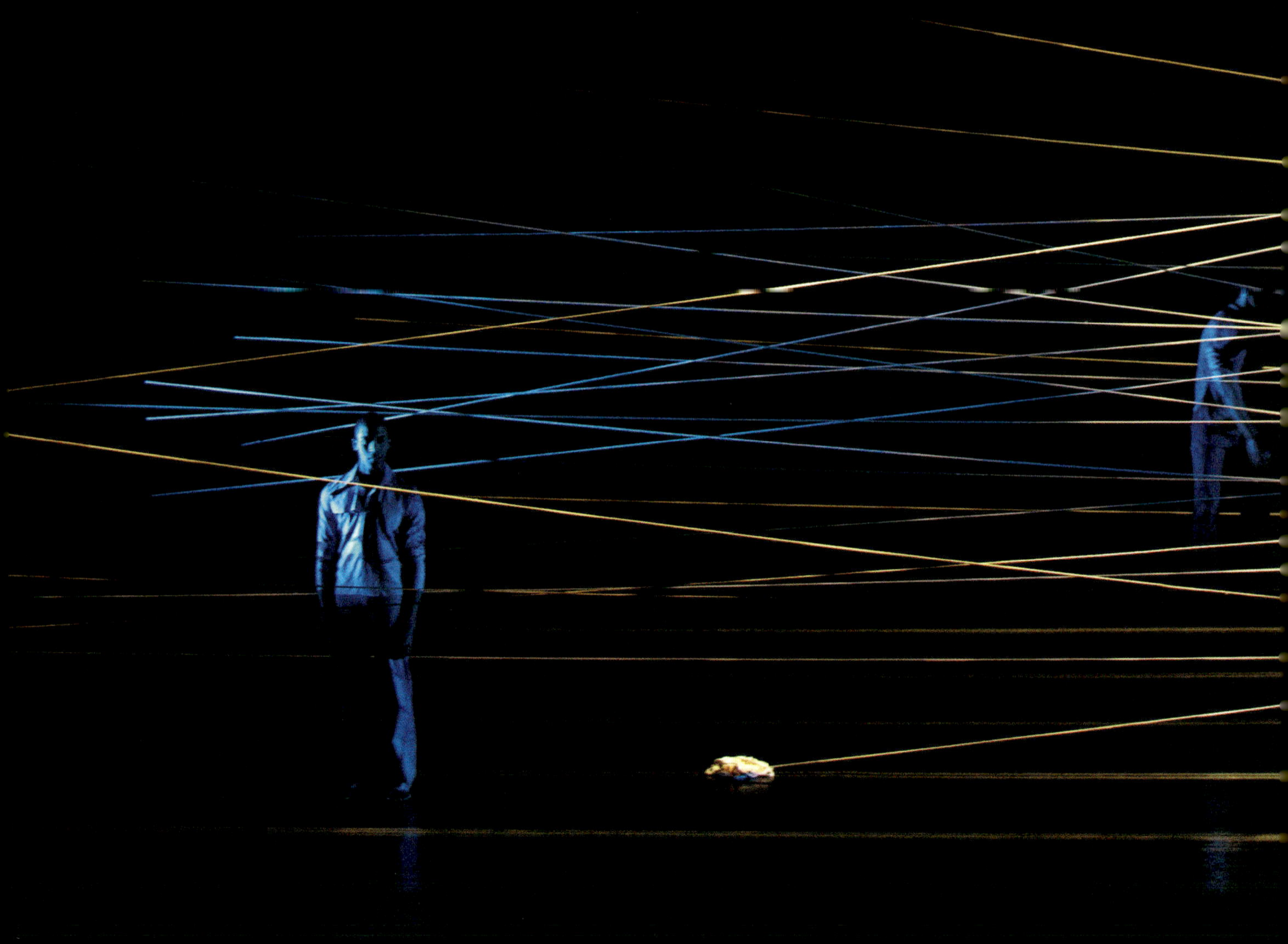

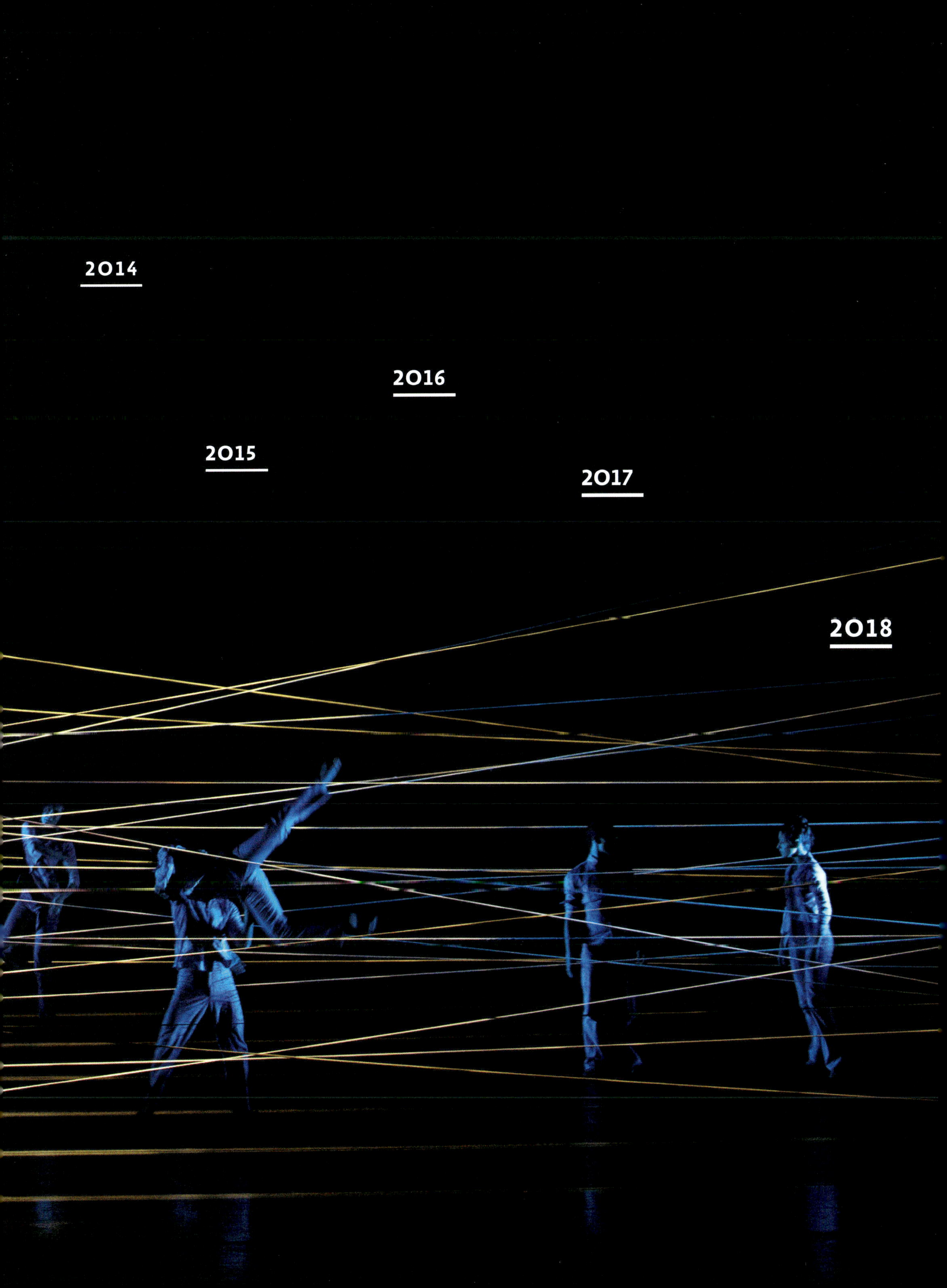
2014
2016
2015
2017
2018

A DANÇA COMO TRABALHO ARTÍSTICO E SOCIAL

A excelência da arte da dança, com sua produção e difusão, é o princípio fundante da São Paulo Companhia de Dança (SPCD), criada pelo Governo do Estado de São Paulo em 2008.
Há uma década exata, portanto, esse grupo encanta paulistas e brasileiros com sua trajetória: já se apresentou para mais de seiscentas e noventa mil pessoas em 137 cidades, considerando a experiência internacional por 17 países.
Outro aspecto muito importante é o trabalho que a Companhia realiza fora dos palcos, com seus programas educativos e de formação de plateia. Além disso, a acessibilidade comunicacional não é uma barreira para a SPCD, pois o intuito de fazer a dança chegar ao maior número de pessoas levou a Companhia a usar, desde 2013, o recurso de audiodescrição para cegos, mais recentemente, um aplicativo gratuito que transmite para smartphones e tablets os recursos de audiodescrição, interpretação em libras e subtitulação.
Pelos 10 anos de uma carreira vitoriosa e pelo trabalho artístico e social que realiza em nosso Estado, é com orgulho que dizemos: Parabéns, São Paulo Companhia de Dança!

Márcio França
Governador do Estado de São Paulo

QUE VENHAM MAIS DÉCADAS

Gerida pela Associação Pró-Dança, a São Paulo Companhia de Dança (SPCD) alterna obras clássicas e modernas, criadas por coreógrafos nacionais e internacionais, resultando em um repertório não apenas diversificado, mas que dialoga com a dança contemporânea. Seu sucesso pode ser medido nas cerca de novecentas apresentações que a Companhia já realizou em seus 10 anos de criação, no Brasil e também no exterior.

Além do trabalho no palco, o compartilhamento de experiências é um dos objetivos da SPCD: Oficinas de Dança, palestras para educadores, Seminários Internacionais e estudo teórico e prático são atividades constantes, bem como espetáculos gratuitos para estudantes e para a terceira idade. Deve-se saudar ainda o esforço que a Companhia faz para reverenciar e preservar a Memória da Dança, com livros e exposições de fotografias; a enciclopédia online e colaborativa Dança em Rede—em que são mapeadas as companhias e dança das cidades em que a SPCD se apresenta—; e os documentários da série Figuras da Dança, que totalizam mais de trinta programas, nos quais se entrevista nomes fundamentais, como Ana Botafogo, Ivonice Satie, Ismael Ivo, Angel Vianna, Marilena Ansaldi, Márcia Haydée e José Possi Neto e tantos outros indivíduos talentosos que engrandecem essa arte.

Não é pouco o que a SPCD vem fazendo nesses 10 anos. E é apenas sua primeira década. Fico muito contente em imaginar o que vai realizar nas próximas. Vida longa a São Paulo Companhia de Dança!

Romildo Campello
Secretário de Estado da Cultura

UMA DÉCADA DE MOVIMENTOS ARROJADOS E DETERMINADOS

A São Paulo Companhia de Dança movimentou a cena nacional e internacional na sua primeira década de existência pela excelência artística, aliada a programas educativos e de formação de plateia, e por atividades socioculturais e programas de preservação da memória da dança no nosso país.
Seu repertório artístico, sempre ampliado com criatividade e sensibilidade, apresenta obras fundamentais e novas criações de coreógrafos brasileiros e internacionais, o que proporcina um desenvolvimento artístico mais completo aos seus bailarinos e permite que a Companhia apresente ao público um amplo panorama dessa arte e de suas interações com outras artes como por exemplo a música, o teatro, o cinema e as artes plásticas.
Resultado da bem-sucedida parceria entre o Governo do Estado de São Paulo e a sociedade civil, suas atividades ocorrem prioritariamente no Estado de São Paulo mas, ao longo de sua trajetória, a Companhia já foi aclamada em diferentes palcos do Brasil e do mundo. Desde 2009, a Associação Pró-Dança, Organização Social de Cultura (OS), faz uma gestão dedicada à qualidade, em diálogo direto com as políticas culturais do Governo do Estado. Toda equipe—artistas, gestores, produtores, conselheiros e associados—trabalha para que esse modelo de gestão atinja um alto grau de profissionalismo e de qualidade nos relacionamentos, com transparência e eficiência, e possibilite a ampliação das ações da Companhia para que um maior número de pessoas possa ter experiências significativas pelo convívio com a dança. Experiência, arrojo e trabalho se cruzam para descobrir maneiras de pensar, ver, viver e sentir a arte da dança e a cultura no Brasil.

Rodolfo Villela Marino
Presidente da Asssociação Pró-Dança

APRESENTAÇÃO

SINGULARIDADE NA DANÇA DO BRASIL

MARCELA BENVEGNU

Foi numa segunda-feira, dia 28 de janeiro de 2008, precisamente às 11h da manhã, na Sala São Paulo, que o então Governador José Serra e o Secretário de Estado da Cultura João Sayad, anunciaram: "está criada a São Paulo Companhia de Dança (SPCD), a Companhia de Dança do Estado de São Paulo". Naquele dia, talvez muitos não imaginassem que a história da dança do Brasil mudaria para sempre, não só pela criação de um corpo estável que representasse a dança do Estado, mas pelo ineditismo e, sobretudo, pela continuidade da sua proposta. Sob a direção artística de Inês Bogéa, a história da SPCD se constitui singular, não só na esfera de companhias de dança do Brasil, mas também na de companhias do mundo. Pensar sua década de ações é, ao mesmo tempo, colocar lado a lado: dança, educação, memória e arte, e perceber como a dança pode dialogar com incontáveis vertentes. Sua atuação está dividida em três eixos—Produção e Circulação, Educativo e Formação de Plateia, Registro e Memória da Dança—que estão intimamente entremeados e nos quais todas as ações encontram formas de diálogo e vão além dos títulos. Muito já foi dito sobre a São Paulo: Que inova em seu repertório, que renova a tradição clássica, que horizontaliza a cultura, que verticaliza acesso... Mas na verdade, o que a SPCD faz é criar dia a dia um projeto único, que dialoga com inúmeras questões e fatos e, também, com quem está a sua frente. Criar, inovar e se adaptar ali são condições primordiais de sobrevivência, são molas propulsoras de realizações. Esse texto tem dois olhares-lugares: um de dentro, de quem por oito anos acompanhou a rotina da Companhia diariamente e outro de quem viu o primeiro e o último ano de sua década, do lado "de fora".

Em 2009, no encarte do DVD Canteiro de Obras—que apresentava os bastidores dos resultados do ano vigente—esta autora escreveu: "Depois de dois anos de trabalho intenso é possível olhar no espelho e se reconhecer. O reflexo é nítido, a SPCD, que nasceu sob o signo da pluralidade, a cada dia transforma seu próprio modo de olhar a dança, e sobretudo, de olhar para si mesma. Parafraseando o crítico e poeta francês Charles Baudelaire (1821–1867), em *Pintor da Vida Moderna*, a Companhia "ergueu sua casa no coração único da multidão, em meio ao fugidio e ao infinito" e "se torna um único corpo com ela". E de lá para cá, ela continua se (re)conhecendo, como um único corpo. Quem neste livro também se debruça sobre a questão da singularidade/pluralidade é a jornalista Maria Eugênia de Menezes, no texto em que reflete sobre a área de Produção e Circulação de Espetáculos e escreve sobre os grandes coreógrafos da São Paulo: "Em cada um deles, encontramos todos; em todos, encontramos cada um".

Desde 2008—ano em que a SPCD teve direção artística de Iracity Cardoso (2008–2012) e adjunta de Inês Bogéa [a partir de 2009 ambas passaram a assinar a direção artística concomitantemente]—a Companhia tem sua identidade estabelecida num projeto sólido, que apesar de todos os cortes orçamentais sobrevive, cumpre metas, promove diálogos e se redesenha ano a ano. A identidade está clara quando ela se propõe a ser uma Companhia de repertório, ou seja, que dança obras criadas para o seu corpo de bailarinos e remontagens de grandes nomes da dança mundial. A identidade está clara nos projetos educativos e de formação de plateia que visam a formar um espectador conhecedor, e também, na área de registro e memória da dança, que trouxe "identidade" e reconhecimento para figuras que se não tivessem sua história registrada teriam suas memórias dissolvidas pelo tempo. Essas personalidades são parte do tema do ensaio de Iara Biderman nesta publicação. A jornalista reflete sobre a importância de se documentar dança em diferentes suportes, como vídeo, texto e fotos olhando para a área de Registro e Memória da Companhia. A identidade da Companhia sempre esteve em seu lugar. Ela só se molda, se adapta ao meio, se transforma; mas é importante pontuar que a SPCD trouxe uma nova identidade para a dança do Brasil. Onde se produz material educativo-audiovisual para a dança no Brasil? Onde se produz memória? Quem coloca a dança na televisão? Quem 'dança' Édouard Lock, Marie Chouinard, William Forsythe, Nacho Duato, Jirí Kylián, Marco Goecke e Márcia Haydée, no Brasil? Quem leva dança para as mais diferentes cidades do país e do exterior?

Não é preciso explicar muito, os "Olhares"—seção deste livro que compreende *highlights* de matérias e críticas sobre a trajetória nestes 10 anos respondem a todas essas questões e nos dão um panorama da sua abrangência.

A SPCD é a "Companhia de todos nós" como diz um dos seus *slogans*, feito por diversos artistas, colaboradores e alguns deles estão nela há 10 anos. Ammanda Rosa, Ana Paula Camargo, Beatriz Hack, Charles Lima, Inês Bogéa, Joca Antunes, Luca Baldovino, Michelle Molina, Neide dos Santos, Thamiris Prata e Yoshi Suzuki representam hoje centenas de vozes, muitas formas de fazer dança e todas as pessoas que passaram pela SPCD e ajudaram a escrever sua história.

POR DENTRO

Quando Inês Bogéa diz que "só entende a vida dançando, seja nos gestos, nas imagens ou nas palavras", isso se reflete quase que de forma transparente nas ações e nos diálogos propostos pela São Paulo. E mesmo com números superlativos de ações como mais de sessenta coreografias, mais de cento e sessenta espetáculos para estudantes e terceira idade ou mesmo 34 documentários sobre personalidades de Dança do Brasil, a dança também acontece intimamente nas suas dependências, por meio de projetos que não ganham os olhos do público como o Programa de Desenvolvimento das Habilidades Futuras do Artista da Dança (PDH), que apesar do nome complicado, nada mais é do que um projeto que permite aos bailarinos vivenciarem outras carreiras na dança como produtores, ensaiadores, coreógrafos, fotógrafos, entre outros, para que tenham a chance de experimentar outras possibilidades na dança enquanto ainda estão no auge da sua performance. É um modo de trabalhar a própria identidade, o caminho, a transição, sem deixar de ser quem é.

Existem também projetos de educação e formação de plateia, tais como: o projeto Na Dança com a SPCD—criado em 2012—no qual os alunos chegam para conhecer os bastidores dos espetáculos e o projeto SPCD de Portas Abertas (2015), no qual a Companhia abre as portas para que o público entenda o seu dia a dia. Ainda há o SPCD Convida (2014), no qual outros grupos de dança apresentam seus trabalhos antes dos espetáculos da São Paulo. Além disso, a dança também se revela nos mais de cem trabalhos acadêmicos atendidos, nos quais estudantes de graduação e/ou pós-graduação tiveram como objeto de estudo a Companhia em diferentes áreas, como arquitetura, nutrição, publicidade, moda, fotografia, jornalismo, dança, educação física, pedagogia, entre outros. Essa lista não termina aqui, o artigo da pesquisadora Ana Terra discorre sobre esta vertente e revela ao leitor outros programas da área de Educativo e Formação de Plateia, como o Meu Amigo Bailarino, o Ateliê Internacional de Dança, oficinas, palestras, espetáculos e parcerias. A dança do (in)visível é parte fundamental de como essa Companhia pensa arte, de como divide conhecimento, de como faz dança. Está no seu DNA. Nos releases institucionais da SPCD a frase de fechamento mais frequente é: "A Companhia é um lugar de encontro dos mais diversos artistas para que se possa pensar em um projeto brasileiro de dança"; no entanto, hoje, passados 10 anos desse fazer arte e "fora dela" posso (re)escrevê-la: É preciso reconhecer que esse não é só "um" projeto brasileiro de dança, mas "o" projeto. Na SPCD todos podem dançar—de muitas formas—e, sobretudo, ter a sua própria voz. É ser singular e fazer dança no plural.

PRODUÇÃO E CIRCULAÇÃO DE ESPETÁCULOS

IDENTIDADE: INOVAÇÃO E PERMANÊNCIA

MARIA EUGÊNIA DE MENEZES

Com uma trajetória de 10 anos, pode-se dizer que a São Paulo Companhia de Dança (SPCD) é um grupo ainda jovem, por amadurecer, e em pleno processo de descoberta de sua identidade e de sua potência. Se considerarmos, no entanto, o contexto em que essa Companhia se coloca—a cena da dança brasileira—e a audácia de sua proposta, não deixa de ser espantoso e surpreendente o caminho trilhado até aqui. Um percurso sem interrupções, o qual contou com avanços e com recuos estratégicos, como em qualquer instituição cultural, pois lida com flutuações orçamentárias exige esforço de gestão e capacidade de sobrevivência. Mas o que caberia destacar dessa década de existência é, sobretudo, a constância da SPCD. Para além de sua permanência, o que já seria motivo bastante para comemorar, é interessante nos depararmos com quão próxima essa companhia segue os princípios que motivaram a sua criação: o fato de tratar-se de uma companhia de repertório, e não de autor; a preocupação com a memória da dança; a determinação em conquistar novas plateias. E, mais importante, como essa fidelidade às origens transformou-se em essência.

Em 2008, quando se pensou em fundar essa companhia, a dança brasileira deparava-se com uma lacuna. Bons e reconhecidos artistas dedicaram-se à construção de uma linguagem contemporânea. Obras que refletiam o nosso tempo e mereciam reconhecimento, inclusive internacional, de seu valor artístico. Mas onde, no país, se poderia

_1

_2

assistir à apresentação de um balé clássico? Ou de alguma das grandes coreografias do século 20? A resposta era um imenso vazio, o que instaurava um intervalo praticamente intransponível para o público—instado a se relacionar com a desconstrução contemporânea, sem ao menos ter tido notícia das estruturas que a embasaram. Tal lacuna valia ainda como uma espécie de interdição para os jovens profissionais da área, que precisavam saltar, de chofre, da disciplina absoluta do corpo do balé clássico, ensinado nas escolas, para o corpo maleável e fragmentado ambicionado pelos novos criadores.

A busca por bailarinos que pudessem dar conta desse grande passeio através dos séculos—do 19 ao 21—envolveu seletivas em diversas cidades.

Era preciso encontrar esse corpo versátil: rígido e solto, obediente e criativo. Em janeiro de 2008, a reportagem de Lucas Neves, para o caderno Ilustrada, da *Folha de S.Paulo*, noticiava: “As audições para formar o corpo de baile começam no próximo dia 13, em Belém. Haverá peneiras também em Recife, Brasília, Porto Alegre, Buenos Aires e São Paulo.” Na mesma reportagem, Inês Bogéa, então diretora-adjunta, dizia: “Fazer a dança clássica, com a sua exigência técnica, e ao mesmo tempo ter maleabilidade corporal para dançar no chão é uma qualidade difícil de ser adquirida”. Após esse processo, chegou-se a um primeiro conjunto de 36 bailarinos. Concebida pelo italiano Alessio Silvestrin, a coreografia de estreia da Companhia, *Polígono*, dava vazão a muitos dos princípios

FOTOS_1 _2 _3
Primeira audição para a SPCD no Teatro Sérgio Cardoso São Paulo, em 2008

_3

_1

_2

artísticos que balizavam a sua fundação: partia da música barroca de Bach, usava o arcabouço da técnica clássica e alcançava os movimentos complexos e vigorosos da linhagem de William Forsythe, de quem Silvestrin fora discípulo no Balé de Frankfurt. Outras três peças compuseram o programa da Companhia em seu primeiro ano e eram também materializações de seu espírito fundador: *Les Noces*, de Bronislava Nijinska (1891–1972); *Serenade*, de George Balanchine (1904–1983); e *Entreato*, de Paulo Caldas. Concebida para servir de entremeio para duas obras consagradas, *Entreato* propunha um diálogo com a tradição enquanto acertava o passo com o contemporâneo. Se o repertório se guiasse por um critério cronológico, a coreografia não poderia estar ali. Mas sua presença vinha justamente para demarcar a posição de pluralidade, a disposição de agregar tempos, estilos e histórias. Significativos momentos da dança do século 20, *Les Noces* e *Serenade* não eram vistos no Brasil havia mais de dez anos, quando mereceram montagem do Ballet do Theatro Municipal do Rio de Janeiro. Com música composta por Igor Stravinski (1882–1971), *Les Noces*, que estreou em 1923, combinava as canções folclóricas russas com a explosão das vanguardas artísticas, como o cubismo. Nijinska, que retornava a Paris após uma estada de alguns anos em Kiev, trazia ideias novas, mas vinha também embebida das tradições. Tratou-se de um marco da modernidade. Não se poderia dizer menos de *Serenade*, primeira peça que Balanchine criou nos Estados Unidos, dançada pelo New York City Ballet, em 1934, concebida a partir

_3

_4

da música de Tchaikovsky (1840–1893), tinha um acento espiritual, quase etéreo. Trazia bailarinas em trajes de tule e fazia nítida menção à *Giselle*, clássico dos clássicos. Passados apenas três anos da existência desse grupo, já era possível observar seus sinais distintivos: "Para começar, selecionaram, treinaram e mantiveram em seu elenco excelentes bailarinos. O passo seguinte foi absorver em seu repertório obras de coreógrafos consagrados, o que enriqueceu o perfil de seu corpo de bailarinos, transformando-os em um elenco de primeira grandeza", apontou Maria Constanza Bertolini, em texto publicado no argentino *La Nacion*, por ocasião da estreia da Companhia em Buenos Aires, em 2011. No mesmo ano, Carolina Giovanelli escreveu, nas páginas da *Veja São Paulo*, um resumo do que se via nos palcos: "*Theme and Variations*, versão atualizada da peça do russo George Balanchine embalada por Tchaikovsky, esbanja impecáveis passos clássicos de treze casais. A inédita *Inquieto*, de Henrique Rodovalho, vem por último. Movimentos de dança contemporânea mostram força em meio a um cenário composto por um emaranhado de fios"(GIOVANELLI, 2011). É dessa combinação de inovação e permanência que se forjou o que chamei de identidade no início desse texto. As bases dessa década foram, essencialmente, o balanço incessante entre olhar para o passado e mirar o futuro. Como se tal tentativa de equilíbrio—desde a partida, impossível de se alcançar, mas sempre no horizonte—, entre o que se passou e o que está por vir, fosse deixando marcas nesse corpo que dança. Corpos de homens e mulheres, unidos em

FOTOS_1 _2 _4
Ensaio na SPCD
_1
Michelle Molina
Joca Antunes
_2
Milton Coatti
_4
Paula Alves
Vinícius Vieira

FOTO_3
Aula na SPCD
_3
Prof Manoel Francisco
Elenco SPCD

sua ânsia por movimento, foram guardando a memória dessas idas e vindas no tempo, construindo para si uma imagem que não abandona a descoberta, mas que não concebe a invenção sem o lastro da experiência.

Eis o que o crítico Sidney Molina já apontava, em relação a outro programa de 2011, no artigo publicado na Ilustrada, no jornal *Folha de S.Paulo*: "A SPCD mostra que sua marca é a versatilidade. Sem um coreógrafo residente, a companhia sustenta o desafio de adaptar-se às propostas dos coreógrafos convidados e abranger em seu repertório montagens de obras clássicas e modernas. É possível um grupo adaptar-se às diversas variações estilísticas e ao mesmo tempo criar sua própria marca? Essa questão pode ser uma inquietação, mas o que se vê em *Legend* e *Inquieto* é a convivência serena entre o clássico e o contemporâneo." (MOLINA, 2011)

O repertório da SPCD compõe-se de criações, obras encomendadas especialmente para a Companhia, e de remontagens, coreografias já montadas anteriormente por outros grupos e que são revisitadas. Essa ala de títulos inéditos cumpre um papel relevante na trajetória que se iniciou em 2008. Trata-se de um elo vivo com o contemporâneo. Por essa via, a Companhia teve a possibilidade de experimentar o estilo de coreógrafos marcantes na cena nacional, como: Rodrigo Pederneiras que, reconhecido por seu trabalho no Grupo Corpo, criou para a SPCD *Bachiana nº1* (2012), e Henrique Rodovalho, diretor artístico da Quasar Cia. de Dança, que concebeu *Inquieto* (2011). Foram situações de encontro com matrizes importantíssimas da dança brasileira atual. Conforme descrevi em reportagem publicada no Caderno 2, do jornal *O Estado de São Paulo*, em 2012, a peça de Pederneiras trazia uma mescla de estéticas distintas. "Assiste-se ao encontro do pendor clássico da companhia paulista com o estilo de Pederneiras: uma leitura contemporânea de formas populares da dança brasileira. Uma brasilidade imediatamente reconhecível, mas que não resvala nunca no exótico ou no folclórico". (MENEZES, 2012)

Uma iniciativa marcante no campo das criações foi o início do projeto Ateliê de Coreógrafos Brasileiros, uma chance de se lançar ao desconhecido, de conhecer novos gestos e olhares e de ampliar o diálogo com jovens artistas, dentre os quais estão os nomes de Alex Neoral, Rui Moreira, Rafael Gomes, Clébio Oliveira e Fabiano Lima.

A interlocução com criadores contemporâneos serve ainda a outra vertente importante do trabalho da Companhia: a circulação de espetáculos. A vontade de sair dos grandes centros e alcançar um público costumeiramente alijado desse tipo de manifestação artística esbarra, muitas vezes, em questões estruturais, porque dançar em pequenas cidades não envolve apenas a vontade de encontrar outras plateias.

É preciso ir além do desejo e pensar também em questões de logística e, principalmente, nas limitações que os teatros dessas localidades oferecem. Por isso, entre essas montagens encomendadas pela SPCD, há também um espaço reservado para obras de "câmara", com dimensões menores—duos, trios ou quartetos—que possibilitem a intensa circulação pretendida. Até 2018, foram percorridas 69 cidades do Estado de São Paulo, 17 cidades do Brasil, e 51 cidades do exterior em 17 países.

Se as criações são um convite ao desconhecido, as remontagens ocupam o papel de fazer a ponte com os cânones. Ao selecionar alguns títulos, a direção artística empreende uma revisita ao passado e abre, a toda uma geração de espectadores, o acesso a algumas das mais significativas peças da história da dança. Frequentaram o repertório, amostras dos grandes balés do século 19: o *Grand Pas de Deux do Quebra-Nozes* e o *Grand Pas de Deux de Dom Quixote* são alguns dos exemplos do que a Companhia apresentou nesses anos. Esse passeio avança até o século 20, ao abarcar celebrados criadores, como George Balanchine e Marie Chouinard. *Prélude à l'après-midi d'un Faune*, que a companhia estreou em 2010, foi a primeira peça de Chouinard a ser dançada no Brasil. E vai além, alcançando nomes como William Forsythe e Marco Goecke, que frequentam os maiores palcos do mundo nessas primeiras décadas do século 21.

_1

FOTO_1
Ensaio na SPCD
Beatriz Hack

FOTOS_1 _3 _4
Ensaio na SPCD
_1
Elenco SPCD
_3
Vinícius Vieira
Renata Peraso
_4
Larissa Lins
Nielson Souza

FOTO_2
Aula noTeatro Sérgio Cardoso | SP
Elenco SPCD

FOTOS_5 _6
Ensaios | SP
_5
Irupê Sarmiento
Diretora de Ensaio Carol Prieux
_6
Remontadora de Gnawa Hilde Koch

_1

_2

_3

_4

_5

_6

UM OLHAR VERTICAL

Remontar não quer dizer, no contexto da São Paulo Companhia de Dança, criar um "museu" do que de melhor o mundo conheceu no universo da dança. Mas se remontagens não estão ligadas apenas à ideia de passado, o que elas deixaram de lastro em 10 anos? O que notabiliza esse viés da programação é o seu caráter de pesquisa. Ao longo do período, notamos a presença recorrente de alguns coreógrafos. São nomes seminais que retornam, autorias nas quais o grupo tem a chance de se aprofundar. Podemos deduzir, portanto, que essa identidade plural da SPCD não é feita só de multiplicidade, mas é composta também de um olhar detido, vertical, para determinadas estéticas.

A ponto de a Companhia tornar-se referência, inclusive internacional, quando se trata de alguns criadores, como no caso de Jirí Kylián. É o que registrou o texto de Ori Lenskinski, publicado no *Jerusalém Post*, em 2017, por ocasião da abertura da turnê mundial da Companhia em Israel: "Como um dos coreógrafos mais importantes da atualidade, Kylián terá seu 70°aniversário marcado por retrospectivas realizadas por muitas das companhias com as quais trabalhou ao longo dos anos. [...] Embora os bailarinos da São Paulo Companhia de Dança não sejam os primeiros a realizar essas obras, eles incorporam a coreografia como se fossem. Para as dinâmicas linhas europeias de Kylián, esses artistas trazem toques de um clima mais quente. Este desempenho é uma maneira ideal de comemorar o aniversário de Kylián que não só destaca sua arte, mas também marca as capacidades expansivas de seu trabalho para unir culturas, nações e origens". (LENSKINSKI, 2017)

Há quatro títulos de Jirí Kylián no repertório da SPCD: 14'20", que a Companhia estreou em 2017; *Indigo Rose*, em 2015; *Petite Mort*, em 2013; *Sechs Tänze*, em 2010. São revisitas marcadas por uma periodicidade, não ocorrem aleatoriamente, mas em intervalos de dois ou três anos, e se detêm também em uma fase marcante da carreira do artista, que é o seu trabalho na Nederlands Dans Theater. Kylián abriu as portas de importantes palcos internacionais, como Metropolitan Opera House e a Ópera de Paris, para a companhia holandesa que, até então, tinha visibilidade reduzida. São desse período, duas significativas coreografias montadas pela SPCD: *Sechs Tänze* (1986) e *Petite Mort* (1991). *Sechs Tänze* faz uma brincadeira com a música de Mozart (1756-1791). Para lidar com as danças alemãs, compostas séculos antes, Kylián pensou em propor algo diferente. Segundo ele mesmo declarou: "seis danças que parecem nonsense, e que obviamente ignoram o que se passa ao redor".

_1

_2

_3

_4

_5

_6

FOTOS_1 _2 _3 _4 _5 _6

Ensaio na SPCD

_1

Nina Botkay

Elenco SPCD

_2

Gabriel Fernandes

Beatriz Hack

_3

Elenco SPCD

_4

Luiza Lopes

Raphael Panta

_5

FRENTE

Flávio Everton

Yoshi Suzuki

ATRÁS

Rodolfo Saraiva

Rafael Gomes

_6

Larissa Lins

FOTOS_1 _2

Aula na SPCD

_1

Prof Bóris Storojkov
Rafael Gomes

_2

Thamiris Prata

_1

_2

_3

FOTOS_3 _4 _5

Ensaio SPCD

_3

Remontador Ben Huys
Paula Penachio
Ed Louzardo

_4

FRENTE

Aline Campos
Danila Bezerra

ATRÁS

Ana Paula Camargo

_5

Luan Barcelos
Matheus Queiroz
Gabriel Fernandes

_4

_5

É imenso o poder de comunicação dessa peça, que se conecta à plateia pelo seu humor, por seu caráter incisivo e ruidoso. A obra foi um divisor de águas: tratava-se da primeira companhia brasileira a dançar o coreógrafo no Brasil. A escolha de *Petite Mort* como peça seguinte de Kylián a entrar no repertório criou tanto aproximações quanto dissonâncias interessantes, pontos de contato que podem ser percebidos ainda mais atentamente quando o grupo reúne as duas em um único programa. Reconhecido pela maneira atenta como se relaciona com suas trilhas sonoras, Kylián também buscou a música de Mozart nessa criação dos anos 1990: *Concerto para Piano em Lá Maior KV 488 (Adagio)* e *Concerto para Piano em Sol Maior KV 467 (Andante)*. Mas, se *Sechs Tänze* é estridente, viva; *Petite Mort* mostra-se sensual, lânguida e contempla a efemeridade do prazer, a beleza do instante, a onipresença da morte, sempre à espreita.

Em 2015, a SPCD estreou *Indigo Rose*; dois anos depois, levou ao palco *14'20"*. São sinais de continuidade, Kylián segue no repertório, mas assistimos também a uma nova etapa: trata-se de um momento diferente da trajetória da Companhia, com bailarinos mais experientes e afinados tecnicamente, e também de uma outra fase do percurso criativo do coreógrafo tcheco.

Consolidado seu trabalho à frente da Nederlands Dans Theater, para a qual criou grandes obras coreográficas, Kylián percebeu a importância de abrir espaço para os mais jovens. concebeu, para isso, a NDT 2, uma companhia voltada à descoberta de talentos, na qual os bailarinos ingressantes atuavam por dois anos, antes de subir à companhia principal. Foi para esse grupo que o artista pensou *Indigo Rose*, uma composição enérgica e vivaz, a exigir corpos rápidos e precisos na sua movimentação. Nela, Kylián brinca com o espectador, joga com sombras e focos para confundir e estimular quem vê.

Extrato de uma coreografia anterior, intitulada *27'52"*, *14'20"* pode ser vista como uma espécie de súmula da sua produção. Ao nomear a obra apenas indicando sua duração, em minutos e segundos, está feita a opçao por livrar-se de qualquer evocaçao simbólica ou narrativa. O criador fica desimpedido, dessa maneira, para mergulhar em sua própria linguagem. A exploração do tempo e do espaço, sempre uma questão para ele, atinge certo paroxismo. Como um tipo de beleza que exige mais de quem dança e de quem vê. Se a música de Mozart—em *Petite Mort* e *Sechs Tänze*—conduz de certa forma a emoção, em *14'20"* existe um campo livre. Ao som da música eletrônica de Dirk Haubrich, o coreógrafo permite-se não se fixar em um único tema, está à vontade para passear por aspectos que sempre permearam ao seu espírito criativo: o amor, a passagem do tempo, a morte. Retornar a Kylián—assim como a cada um dos coreógrafos e das coreógrafas que foram montados mais de uma vez pela Companhia—vai deixando um rastro de conhecimento e experiência. É como se um vocabulário particular estivesse a se formar, como se a cada ano uma enciclopédia fosse alimentada nos corpos desses bailarinos e na memória dessa Companhia. Ao longo desses 10 anos, George Balanchine mereceu três remontagens: *Theme and Variations* (1947), *Tchaikovsky Pas de Deux* (1960) e *Serenade* (1935). Mesmo número que Marius Petipa (1818-1910), visto em *Grand Pas de Deux de O Corsário* (1858), *Grand Pas de Deux de O Quebra-Nozes* (1892) e no *Grand Pas de Deux de Dom Quixote* (1869). Por duas vezes, a SPCD dedicou-se a remontar: Marco Goecke, com *Duo Pássaro de Fogo* (2010) e *Supernova* (2009); Márcia Haydée, com *Carmen* (2004) e *Fada do Amor* (1993); William Forsythe, com *In the Middle, Somewhat Elevated* (1987) e *workwithinwork* (1998); Nacho Duato, com *Gnawa* (2005) e *Por Vos Muero* (1996).

Estamos a analisar especificamente as remontagens, mas convém não esquecer também que Márcia Haydée e Marco Goecke criaram obras originais para a Companhia— *O Sonho de Dom Quixote* (2015) e *Peekaboo* (2013), respectivamente.

Parece apenas natural que a SPCD contemple o trabalho de Márcia Haydée. Só que, espantosamente, essa brasileira, referência na dança mundial, nunca antes havia criado um balé para uma companhia nacional. Seu Dom Quixote, portanto, entra para a história. "Acho que o balé clássico nunca vai desaparecer e nem deve, mas que, sim, você tem que pegar o clássico e dar uma pequena reviravolta. Eu, com meu Quixote, fiz uma reviravolta muito grande", disse a grande bailarina e coreógrafa, em entrevista para Iara Biderman, na *Folha de S. Paulo*, em 2015. "Eu queria um Quixote lindo, alto e louro, que tivesse essa loucura do personagem e que fosse bom bailarino." Nesse mesmo contexto, notemos que Marius Petipa surge tanto entre as remontagens, como também em inspiração para novas leituras: *Suíte de Raymonda* (2017) foi uma remontagem, a partir da versão original de 1898, de Guivalde de Almeida para o Ateliê de Coreógrafos Brasileiros 2017 da SPCD e o *Grand Pas des Deux de O Cisne Negro* (2014) surgiu do olhar de Mario Galizzi para o original de 1895. Se contada em formato de romance, a história dessa década poderia ser um *Bildungsroman*: o tipo de gênero literário em que se examina o desenvolvimento de um personagem durante os seus anos de formação, das descobertas da juventude ao alcance da maturidade. Central tanto na obra de Hegel quanto na de Goethe, o conceito de *Bildung* se materializa na trajetória em questão. Na SPCD, o aprimoramento se dá durante a caminhada, o aprendizado se consolida na prática, na lida com os desafios do trabalho. Sobre o termo alemão, o estudioso francês Antoine Berman escreveu: "Utilizamos *Bildung* para falar no grau de formação de um indivíduo, um povo, uma língua, uma arte: e é a partir do horizonte da arte que se determina, no mais das vezes, *Bildung*. Sobretudo, a palavra alemã tem uma forte conotação pedagógica e designa a formação como processo.

_2

_1

_3

FOTOS_1 _2 _3
Ensaio SPCD

_1
Ammanda Rosa
_2
Samuel Kavalerski
Luiza Lopes
Diretora Inês Bogéa

_3
FRENTE
Felipe Vasquez
Gabriel Fernandes
ATRÁS
Vinícius Vieira
Luan Barcelos

FOTO_4
Aula na SPCD
_4
Prof[a] Ady Addor
Yoshi Suzuki
Fabiana Ikehara

_1

_2

_3

_4

FOTOS_1 _3
Ensaio na SPCD

_1
Luiza Yuk

_3
Yoshi Suzuki

FOTOS_2 _4
Aula na SPCD

_2
Profª Penha de Souza
Elenco SPCD

_4
FRENTE
Joca Antunes
ATRÁS
Luiza Lopes
Ana Paula Camargo

Por exemplo, os anos de juventude de Wilhelm Meister, no romance de Goethe..." (BERMAN, 1984, p. 142)

A decisão de retornar a determinados nomes da história da música tem como resultado óbvio aquilo que chamei de construção de um "vocabulário", mas esse não é apenas um meio de se aprofundar em determinadas estéticas e estilos. Em sua trajetória de verticalizar o conhecimento, a São Paulo Companhia de Dança também se espalha horizontalmente, tecendo uma teia que une alguns pontos fulcrais dos dois últimos séculos da dança. Cada criador a ser montado traz consigo as relações e encontros que estabeleceu ao longo da vida. Nesse sentido, dançar Márcia Haydée não é apenas resgatar uma lenda viva do balé nascida no país, mas abraçar uma parcela de tudo aquilo que ela viu e conheceu: a convivência com Maurice Béjart (1927–2007), John Cranko (1927–1973), Richard Cragun (1944–2012), Jirí Kylián. E cá estamos, de volta a ele.

A presença de Kylián revela-se enriquecedora não apenas em si, pela potência de suas obras, mas também pelas múltiplas intersecções que oferece. Como se, magicamente, os pontos de sua trajetória encontrassem uma correspondência na história desse grupo de dança sul-americano. Depois de estudar no Conservatório de Praga, o então jovem bailarino recebeu uma bolsa de estudos para o Royal Ballet School, de Londres. Na Inglaterra, Kylián conheceu John Cranko que lhe ofereceu um lugar no Stuttgart Balé, no qual era diretor. Sua primeira coreografia, *Kommen und Gehen*, foi criada em parceria com Márcia Haydée e Richard Cragun. Mais adiante, quando Cranko funda a Noverre Company, para criar peças que acompanhem óperas, chama Kylián. E ele só deixa o Stuttgart Balé nos anos 1970, após a morte de Cranko, quando recebe um convite da NDT (uma história sobre a qual já falamos). Outros tantos pontos de contato se revelam quando olhamos para esses grandes coreógrafos que a SPCD visitou. Em cada um deles, encontramos todos; em todos, encontramos cada um. A Companhia que completa seu décimo aniversário é, de certa maneira, a soma de suas partes, mas não só, não se esgota aí. Nesse caso, qualquer matemática é imprecisa e redutora. Sua imagem se constrói de muitas partes que se completam, de todas essas criações e remontagens, assim como do que nasce desses encontros: de uma coreografia com a outra, de um artista com o outro, de um grupo com uma plateia. É um jogo de ver e ser visto, uma história ainda (e sempre) em construção.

REPERTÓRIO ARTÍSTICO 2008—2018

2008
2009
2010
2011
2012
2013
2014
2015
2016
2017
2018

2008

2009
2010
2011
2012
2013
2014
2015

POLÍGONO

CRIAÇÃO ORIGINAL PARA A
SÃO PAULO COMPANHIA DE DANÇA
ESTREIA | PREMIERE
Teatro Mario Covas Caraguatatuba SP
8 de agosto de 2008
Em 2009, nova versão revisitada e interpretada ao vivo pelo conjunto belga Het Collectief
COREOGRAFIA | **DIREÇÃO** | **CONCEPÇÃO CÊNICA**
CHOREOGRAPHY | DIRECTION | SCENIC DESIGN
Alessio Silvestrin
MÚSICA | MUSIC
Johann Sebastian Bach, *Oferenda Musical BWV 1079*, revisitada pelo conjunto belga Het Collectief
ILUMINAÇÃO | LIGHTING DESIGN
Wagner Freire | Alessio Silvestrin
FIGURINOS | COSTUME DESIGN
Alessio Silvestrin
ASSISTENTE DE DIREÇÃO | ASSISTANT DIRECTOR
Maurício de Oliveira
COLABORAÇÃO COREOGRAFICA
CHOREOGRAPHY CONTRIBUTOR
Maurício de Oliveira | Ricardo Scheir

ENTREATO

CRIAÇÃO ORIGINAL PARA A
SÃO PAULO COMPANHIA DE DANÇA
ESTREIA | PREMIERE
Teatro Alfa São Paulo SP
6 de novembro de 2008
COREOGRAFIA | CHOREOGRAPHY
Paulo Caldas
MÚSICA | MUSIC
Sacha Amback
ILUMINAÇÃO | LIGHTING DESIGN
Renato Machado
FIGURINOS | COSTUME DESIGN
Raquel Davidowicz
VÍDEO-CENÁRIO | VIDEO SCENERY
Jurandir Muller
ASSISTENTE DE COREOGRAFIA
ASSISTANT CHOREOGRAPHER
Carolina Wiehoff

LES NOCES

SÃO PAULO COMPANHIA DE DANÇA
ESTREIA | PREMIERE
Teatro Alfa São Paulo SP
6 de novembro de 2008
ESTREIA MUNDIAL | WORLD PREMIERE | **1923**
Ballets Russes Paris França
COREOGRAFIA | CHOREOGRAPHY
Bronislava Nijinska (1891–1972)
sobre música homônima de Igor Stravinsky (1882–1971)
FIGURINOS E CENÁRIOS | COSTUME AND SET DESIGN
Natalia Gontcharova (1881–1962)
REMONTAGEM | RESTAGING
Maria Palmeirim
ADAPTAÇÃO DE ILUMINAÇÃO | LIGHTING ADAPTATION
Wagner Freire

SERENADE

SÃO PAULO COMPANHIA DE DANÇA
ESTREIA | PREMIERE
Teatro Alfa São Paulo SP
6 de novembro de 2008
ESTREIA MUNDIAL | WORLD PREMIERE | **1935**
American Ballet Theatre Nova Iorque EUA
COREOGRAFIA | CHOREOGRAPHY
George Balanchine (1904–1983)
MÚSICA | MUSIC
Serenade for Strings in C, Op. 48 [1880]
Peter Ilyitch
Tchaikovsky (1840–1893)
REMONTAGEM | RESTAGING
Ben Huys
ILUMINAÇÃO ORIGINAL
ORIGINAL LIGHTING DESIGN
Roland Bates
FIGURINOS | COSTUME DESIGN
Barbara Karinska (1886–1983)

**A apresentação de Serenade, um Ballet Balanchine®, é feita mediante acordo com a The George Balanchine Trust e foi produzida de acordo com os padrões do Balanchine Style® e Balanchine Technique®, estabelecidos e fornecidos pela Trust*

POLÍGONO

ENTREATO

LES NOCES

SERENADE

2009

2010

2011

2012

2013

2014

2015

2016

2017

2018

BALLO

CRIAÇÃO ORIGINAL PARA A
SÃO PAULO COMPANHIA DE DANÇA
ESTREIA | PREMIERE
Teatro Sérgio Cardoso São Paulo SP
2 de abril de 2009
COREOGRAFIA | CHOREOGRAPHY
Ricardo Scheir
MÚSICA ORIGINAL | ORIGINAL MUSIC
André Mehmari
ENCENAÇÃO | **DIREÇÃO DE ARTE** | **DESENHO DE LUZ**
MISE-EN-SCÈNE | ART DIRECTION | LIGHTING DESIGN
Marcio Aurelio
ASSISTENTE DE COREOGRÁFIA | ASSISTANT CHOREOGRAPHER
Andrea Pivatto
ASSISTENTE DE DIREÇÃO | ASSISTANT DIRECTOR
Ligia Pereira

PASSANOITE

CRIAÇÃO ORIGINAL PARA A
SÃO PAULO COMPANHIA DE DANÇA
ESTREIA | PREMIERE
Teatro Alfa São Paulo SP
22 de outubro de 2009
COREOGRAFIA | CHOREOGRAPHY
Daniela Cardim
MÚSICA | MUSIC
Marcelo Petraglia
Hermelino Neder
Mário Manga
André Mehmari
ILUMINAÇÃO | LIGHTING DESIGN
Domingos Quintiliano
FIGURINOS | COSTUME DESIGN
Ronaldo Fraga

**A apresentação de Tchaikovsky Pas de Deux, um Ballet Balanchine é feita mediante acordo com a The George Balanchine Trust e foi produzida de acordo com os padrões do Balanchine Style e Balanchine Technique, estabelecidos e fornecidos pela Trust.*

GNAWA

SÃO PAULO COMPANHIA DE DANÇA
ESTREIA | PREMIERE
Teatro Sérgio Cardoso São Paulo SP
26 de março de 2009
ESTREIA MUNDIAL | WORLD PREMIERE | **2005**
Hubbard Street Dance Chicago Chicago EUA
COREOGRAFIA | CHOREOGRAPHY
Nacho Duato
MÚSICA | MUSIC
Hassan Hakmoun
Adam Rudolph
Juan Alberto Arteche
Javier Paxariño
Rabih Abou-Khalil
Velez, Kusur
Sarkissian
FIGURINOS | COSTUME DESIGN
Luis Devota
Modesto Lomba
ILUMINAÇÃO | LIGHTING DESIGN
Nicolás Fischtel
REMONTAGEM | RESTAGING
Hilde Koch
Tony Fabre (1964–2013)
ORGANIZAÇÃO | **PRODUÇÃO ORIGINAL**
ORGANIZATION | ORIGINAL PRODUCTION
Carlos Iturrioz Mediart Producciones SL Spain

TCHAIKOVSKY PAS DE DEUX

SÃO PAULO COMPANHIA DE DANÇA
ESTREIA | PREMIERE
Teatro Miguel Cury Ourinhos SP
21 de agosto de 2009
ESTREIA MUNDIAL | WORLD PREMIERE | **1960**
New York City Ballet Nova Iorque EUA
COREOGRAFIA | CHOREOGRAPHY
George Balanchine (1904–1983)
MÚSICA | MUSIC
Peter Ilyitch Tchaikovsky (1840–1893)
FIGURINOS | COSTUME DESIGN
Barbara Karinska (1886–1983)
REMONTAGEM | RESTAGING
Ben Huys

BALLO

PASSANOITE

GNAWA

TCHAIKOVSKY PAS DE DEUX

2010

2011

2012

2013

2014

2015

2016

2017

2018

OS DUPLOS

CRIAÇÃO ORIGINAL PARA A
SÃO PAULO COMPANHIA DE DANÇA

ESTREIA | PREMIERE
Teatro Guaíra Curitiba PR
27 de março de 2010

COREOGRAFIA | CHOREOGRAPHY
Maurício de Oliveira

TRILHA ORIGINAL | ORIGINAL SOUNDTRACK
André Abujamra

DESENHO DE LUZ E ESPAÇO CÊNICO
SET AND LIGHTING DESIGN
Wagner Freire

FIGURINO PELE | SECOND SKIN DANCEWEAR
Maurício de Oliveira

CONCEPÇÃO | **DIREÇÃO DOS FIGURINOS FACETADOS**
COSTUME DESIGN AND SUPERVISION
Jum Nakao

CRIAÇÃO | **REALIZAÇÃO DOS FIGURINOS FACETADOS**
COSTUME
Bruna Valente | Joceli Oliveira | Juliana Zampini | Patricia Grossi | Roberto Slusarz Filho

ASSISTENTE DE ILUMINAÇÃO | LIGHTING ASSISTANT
Alessandra Botega Baptista

THEME AND VARIATIONS

SÃO PAULO COMPANHIA DE DANÇA

ESTREIA | PREMIERE
Teatro Guaíra Curitiba PR
27 de março de 2010

ESTREIA MUNDIAL | WORLD PREMIERE | **1947**
American Ballet Theather Nova Iorque EUA

COREOGRAFIA | CHOREOGRAPHY
George Balanchine (1904-1983)

MÚSICA | MUSIC
Movimento Final da Suíte n°3 para Orquestra em Sol Maior Op. 55
Pyotr Ilyich Tchaikovsky

REMONTAGEM | RESTAGING
Ben Huys

EXECUÇÃO DOS FIGURINOS | DANCEWEAR
Tânia Agra

ADAPTAÇÃO DE ILUMINAÇÃO | LIGHTING ADAPTATION
Wagner Freire

PRÊMIO | 2010

A DIRETORA DA SPCD, INÊS BOGÉA, RECEBEU O TROFÉU FENDAFOR DE RESPONSABILIDADE CULTURAL, *10° FESTIVAL INTERNACIONAL DE DANÇA DE FORTALEZA-CE | FENDAFOR.*

PRELUDE À L'APRÈS-MIDI D'UN FAUNE

SÃO PAULO COMPANHIA DE DANÇA

ESTREIA | PREMIERE
Teatro Alfa São Paulo SP
9 de setembro de 2010

ESTREIA MUNDIAL | WORLD PREMIERE | **1994**
Taipei International Festival Taipei Taiwan

COREOGRAFIA | CHOREOGRAPHY
Marie Chouinard

MÚSICA | MUSIC
Prélude à L'Aprés Midi d'un Faune
Claude Debussy

FIGURINOS | COSTUME DESIGN
Marie Chouinard e Luc Courchesne

ILUMINAÇÃO | LIGHTING DESIGN
Alain Lortie

MAQUIAGEM | MAKEUP
Jacques-Lee Pelletier

EQUIPE ADICIONAL SÃO PAULO

DIREÇÃO ARTÍSTICA | ARTISTIC DIRECTOR
Isabelle Poirier

DIREÇÃO DE ENSAIO | REHEARSAL DIRECTOR
Carol Prieur

CONSULTOR DE ILUMINAÇÃO | LIGHTING CONSULTANT
François Marceau

REMONTAGEM DE FIGURINO | COSTUME FITTING
Liz Vandal

ENSAIADOR | REHEARSER
Allan Falieri

SECHS TÄNZE

SÃO PAULO COMPANHIA DE DANÇA

ESTREIA | PREMIERE
Teatro Alfa São Paulo SP
9 de setembro de 2010

ESTREIA MUNDIAL | WORLD PREMIERE | **1986**
Nederlands Dans Theatre Amsterdã Países Baixos

COREOGRAFIA | **CENÁRIO** | **FIGURINOS**
CHOREOGRAPHY | SET DESIGN | COSTUME DESIGN
Jirí Kylián

MÚSICA | MUSIC
Sechs Deutsche Tänze KW571
Wolfgang Amadeus Mozart

DESENHO DE LUZ | LIGHTING DESIGN
Joop Caboort

REMONTAGEM | RESTAGING
Patrick Delcroix

ADAPTAÇÃO TÉCNICA | TECHNICAL ADAPTATION
Eric Van Houten

OS DUPLOS

THEME AND VARIATIONS

PRELUDE À L'APRÈS-MIDI D'UN FAUNE

SECHS TÄNZE

2011

2012
2013
2014
2015
2016
2017
2018

INQUIETO

CRIAÇÃO ORIGINAL PARA A
SÃO PAULO COMPANHIA DE DANÇA
ESTREIA | PREMIERE
Teatro Paulo Autran
Sesc Pinheiros São Paulo SP
26 de março de 2011
COREOGRAFIA | ILUMINAÇÃO
CHOREOGRAPHY | LIGHTING DESIGN
Henrique Rodovalho
TRILHA SONORA | SOUNDTRACK
André Abujamra
FIGURINOS | COSTUME DESIGN
Cássio Brasil
CENOGRAFIA | SET DESIGN
Shell Jr (1963-2015)
EXECUÇÃO DE CENÁRIO | SET CONSTRUCTION
FCR | Fábio Brando

LEGEND

SÃO PAULO COMPANHIA DE DANÇA
ESTREIA | PREMIERE
Teatro Paulo Autran
Sesc Pinheiros São Paulo SP
26 de março de 2011
ESTREIA MUNDIAL | WORLD PREMIERE | **1972**
Stuttgart Ballet, Stuttgart, Alemanha
COREOGRAFIA | CHOREOGRAPHY
John Cranko (1927-1973)
MÚSICA | MUSIC
Legend, op.17 | 1959
de Henryk Wieniawski
REMONTAGEM | RESTAGING
Richard Cragun (1944-2012)
FIGURINOS | COSTUME DESIGN
Arte & Cia

SUPERNOVA

SÃO PAULO COMPANHIA DE DANÇA
ESTREIA | PREMIERE
Teatro Alfa São Paulo SP
26 de agosto de 2011
ESTREIA MUNDIAL | WORLD PREMIERE | **2009**
Scapino Ballet Rotterdam Roterdã Países Baixos
COREOGRAFIA | FIGURINOS
CHOREOGRAPHY | COSTUME DESIGN
Marco Goecke
MÚSICA | MUSIC
Pierre Louis Garcia-Leccia
álbum *Ohimé* faixa *Aka*
Antony & The Johnsons
álbum *Another Word* faixa *Shake That Devil*
Fabian Smit, composição *Washing Up*
ILUMINAÇÃO ORIGINAL | ORIGINAL LIGHTING DESIGN
Udo Haberland
DRAMATURGIA | DRAMATURGY
Nadja Kadel
REMONTAGEM | RESTAGING
Giovanni Di Palma

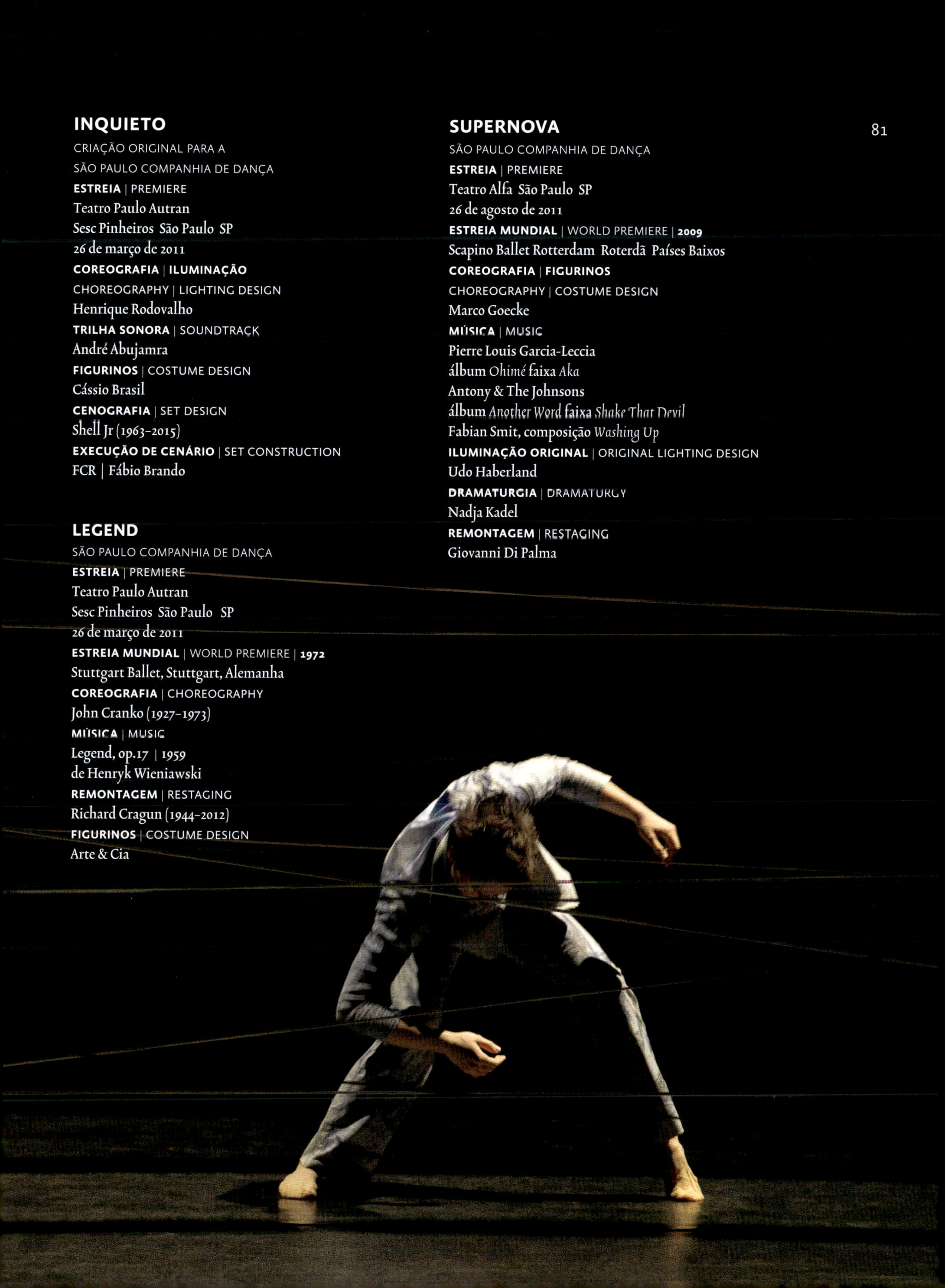

INQUIETO

LEGEND

SUPERNOVA

2012

2013

2014

2015

2016

2017

2018

BACHIANA Nº 1

CRIAÇÃO ORIGINAL PARA A
SÃO PAULO COMPANHIA DE DANÇA

ESTREIA | PREMIERE
Teatro Municipal
Dr Losso Netto Piracicaba SP
31 de março de 2012

COREOGRAFIA | CHOREOGRAPHY
Rodrigo Pederneiras

MÚSICA | MUSIC
*Bachianas Brasileiras nº 1**
Heitor Villa-Lobos

EXECUÇÃO | MUSIC PERFORMERS
Violoncelistas da
OSESP | Orquestra Sinfônica do Estado de São Paulo
com participação especial de Antonio Meneses e
regência de Roberto Minczuk gravação selo BIS 2003

ILUMINAÇÃO | LIGHTING DESIGN
Gabriel Pederneiras

FIGURINOS | COSTUME DESIGN
Maria Luiza Malheiros Magalhães

ASSISTENTE DE COREOGRAFIA | ASSISTANT CHOREOGRAPHER
Ana Paula Cançado

* *Por acordo com G.Schimer, INC,
editor e proprietário dos direitos autorais*

PRÊMIO | 2012

BACHIANA Nº 1, DE RODRIGO PEDERNEIRAS PARA A
SÃO PAULO COMPANHIA DE DANÇA FOI ELEITO
*O MELHOR ESPETÁCULO DE DANÇA DE 2012, PELA
REVISTA VEJA SÃO PAULO.*

BALLET 101

SÃO PAULO COMPANHIA DE DANÇA

ESTREIA | PREMIERE
Teatro Municipal
Dr Losso Netto Piracicaba SP
31 de março de 2012

ESTREIA MUNDIAL | WORLD PREMIERE | **2006**
Noverre Gesellschaft Stuttgart Stuttgart Alemanha

COREOGRAFIA | CHOREOGRAPHY
Eric Gauthier

NARRADOR | NARRATOR
William Moragas

REMONTAGEM | RESTAGING
Renato Arismendi

GRAND PAS DE DEUX DE DOM QUIXOTE

SÃO PAULO COMPANHIA DE DANÇA

ESTREIA | PREMIERE
Oscar Niemeyer Goiânia GO
6 de junho de 2012

ESTREIA MUNDIAL | WORLD PREMIERE | **1869**
Imperial Ballet Moscou Rússia

COREOGRAFIA | CHOREOGRAPHY
Marius Petipa

MÚSICA | MUSIC
Leon Minkus

REMONTAGEM | RESTAGING
Manoel Francisco

FIGURINOS | COSTUME DESIGN
Tânia Agra

ILUMINAÇÃO | LIGHTING DESIGN
Wagner Freire

IN THE MIDDLE, SOMEWHAT ELEVATED

SÃO PAULO COMPANHIA DE DANÇA

ESTREIA | **PREMIERE**
Teatro Alfa São Paulo SP
13 de setembro de **2012**

ESTREIA MUNDIAL | WORLD PREMIERE | **1987**
Ballet de L' Ópera de Paris, Paris, França

COREOGRAFIA | **CENOGRAFIA** | **FIGURINOS** | **ILUMINAÇÃO**
CHOREOGRAPHY | SET DESIGN | **COSTUME DESIGN** | LIGHTING DESIGN
William Forsythe

MÚSICA | MUSIC
Thom Willems

REMONTAGEM | RESTAGING
Agnès Noltenius

* *Licenciado por William Forsythe representado por
Verlag Der Autoren, Frankfurt, Alemanha*

PRÊMIO | 2012

IN THE MIDDLE, SOMEWHAT ELEVATED,
DE WILLIAM FORSYTHE, FOI ELEITO
*O SEGUNDO MELHOR ESPETÁCULO DE DANÇA
PELO GUIA DA FOLHA DE S. PAULO*, VOTO DO JÚRI.

GRAND PAS DE DEUX DE O QUEBRA-NOZES

SÃO PAULO COMPANHIA DE DANÇA

ESTREIA | PREMIERE*

Centro Integrado de Apoio à Educação de Indaiatuba
Indaiatuba SP
30 de setembro de 2012

ESTREIA MUNDIAL | WORLD PREMIERE | **1892**

Imperial Ballet Moscou Rússia

COREOGRAFIA | CHOREOGRAPHY

Marius Petipa (1818–1910)
Lev Ivanov (1834–1901)

MÚSICA | MUSIC

Pyotr Ilyich Tchaikovsky (1840–1893)

REMONTAGEM | RESTAGING

Tatiana Leskova

ILUMINAÇÃO | LIGHTING DESIGN

Wagner Freire

FIGURINOS | COSTUME DESIGN

Marilda Fontes

* *Nova versão, de Yoshi Suzuki estreia no Teatro Municipal Miguel Monico, Garça, SP, Brasil, em 29 de setembro de 2017*

PORMENORES

CRIAÇÃO ORIGINAL PARA A
SÃO PAULO COMPANHIA DE DANÇA,
NO PROGRAMA ATELIÊ DE COREÓGRAFOS BRASILEIROS

ESTREIA | PREMIERE

Teatro GEO São Paulo SP
12 de dezembro de 2012

COREOGRAFIA | CHOREOGRAPHY

Alex Neoral

MÚSICA | MUSIC

Andante da Sonata n°2 e
Sarabande da Partita n°1, para violino solo
Johann Sebastian Bach

ILUMINAÇÃO | LIGHTING DESIGN

Binho Schaefer

FIGURINOS | COSTUME DESIGN

André Vytall

ASSISTENTE DE COREOGRAFIA
ASSISTANT CHOREOGRAPHER

Clarice Rêgo

AZOUGUE

CRIAÇÃO ORIGINAL PARA A
SÃO PAULO COMPANHIA DE DANÇA,
NO PROGRAMA ATELIÊ DE COREÓGRAFOS BRASILEIROS

ESTREIA | PREMIERE

Teatro GEO São Paulo SP
12 de dezembro de 2012

COREOGRAFIA | CHOREOGRAPHY

Rui Moreira

ASSISTENTE DE COREOGRAFIA
ASSISTANT CHOREOGRAPHER

Bete Arenque

MÚSICA | MUSIC

Rui Moreira e Lobi Traoré

ILUMINAÇÃO | LIGHTING DESIGN

Domingos Quintiliano

FIGURINOS | COSTUME DESIGN

Eduardo Ferreira

DESIGNER GRÁFICO | GRAPHIC DESIGNER

Guili Seara

ASSISTENTE DE DESIGNER GRÁFICO
GRAPHIC DESIGNER ASSISTANT

Juarez Tanure

MAMIHLAPINATAPAI

CRIAÇÃO ORIGINAL PARA A
SÃO PAULO COMPANHIA DE DANÇA,
NO PROGRAMA ATELIÊ DE COREÓGRAFOS BRASILEIROS

ESTREIA | PREMIERE

Teatro GEO São Paulo SP
12 de dezembro de 2012

COREOGRAFIA | CHOREOGRAPHY

Jomar Mesquita com colaboração de Rodrigo de Castro

MÚSICA | MUSIC

Marina de La Riva (cantora),
composição de Silvio Rodríguez | Te Amaré Y Después
Rodrigo Leão | No Se Nada
Cris Scabello | Tema final
Cartola e Grupo Planetangos | As Rosas não Falam

ILUMINAÇÃO | LIGHTING DESIGN

Joyce Drummond

FIGURINOS | COSTUME DESIGN

Cláudia Schapira

BACHIANA N° 1

BALLET 101

GRAND PAS DE DEUX DE DOM QUIXOTE

IN THE MIDDLE, SOMEWHAT ELEVATED

GRAND PAS DE DEUX DE O QUEBRA-NOZES

PORMENORES

AZOUGUE

MAMIHLAPINATAPAI

2013

2014
2015
2016
2017
2018

PEEKABOO

CRIAÇÃO ORIGINAL PARA A
SÃO PAULO COMPANHIA DE DANÇA
ESTREIA | PREMIERE
Movimentos Festwochen der Autostadt
Wolfsburg Alemanha
16 de abril de 2013
COREOGRAFIA | **FIGURINOS**
CHOREOGRAPHY | COSTUME DESIGN
Marco Goecke
MÚSICA | MUSIC
Simple Symphony
Benjamin Britten,
H.Y.V.Ä Sininen javalkoinen,
com o coral Mieskuoro Huutajat
EXECUÇÃO DE FIGURINOS | DANCEWEAR
Thomas Lampertz
DESENHO DE LUZ | LIGHTING DESIGN
Udo Haberland
DRAMATURGIA | **ORGANIZAÇÃO**
DRAMATURGY | ORGANIZATION
Nadja Kadel
COPRODUÇÃO | CO-PRODUCTION
Movimentos Festival Wolfsburg

UTOPIA OU O LUGAR QUE NÃO EXISTE

CRIAÇÃO ORIGINAL PARA A
SÃO PAULO COMPANHIA DE DANÇA
NO PROGRAMA ATELIÊ DE COREÓGRAFOS BRASILEIROS
ESTREIA | PREMIERE
Teatro Sérgio Cardoso São Paulo SP
20 de junho de 2013
COREOGRAFIA | CHOREOGRAPHY
Luiz Fernando Bongiovanni
MÚSICA | MUSIC
Ponteios—
Ponteio 18, nostálgico
Ponteio 26, calmo
Ponteio 24, tranquilo
Ponteio 15, incisivo e
Ponteio 1, calmo
Camargo Guarnieri (1907–1993)
CONCEPÇÃO | **DESENHOS DE FIGURINOS** | COSTUME DESIGN
Naum Alves de Souza | Miko Hashimoto
CENÁRIO | SET DESIGN
Soraya Kölle | Dilson Tavares
TKCeno Cenografia e Produções
ILUMINAÇÃO | LIGHTING DESIGN
Ligia Chaim

POR VOS MUERO

SÃO PAULO COMPANHIA DE DANÇA
ESTREIA | PREMIERE
Teatro Sérgio Cardoso São Paulo SP
6 de junho de 2013
ESTREIA MUNDIAL | WORLD PREMIERE | **1996**
Compañía Nacional de Danza, Madri, Espanha
COREOGRAFIA | CHOREOGRAPHY
Nacho Duato
REMONTAGEM | RESTAGING
Thomas Klein
Tony Fabre (1964–2013)
MÚSICA | MUSICS
Jordi Savall | Música antiga espanhola
DESENHO DE LUZ | LIGHTING DESIGN
Nicolás Fischtel
POEMA | POEM
Garcilaso de la Vega
VOZ | VOICE
Miguel Bosé
ORGANIZAÇÃO | ORGANIZATION
Carlos Iturrioz Mediart Producciones SL, Spain

PETITE MORT

SÃO PAULO COMPANHIA DE DANÇA
ESTREIA | PREMIERE
Teatro Alfa São Paulo SP
22 de agosto de 2013
ESTREIA MUNDIAL | WORLD PREMIERE | **1991**
Salzburgo, Áustria
COREOGRAFIA | **CENOGRAFIA**
CHOREOGRAPHY | SET DESIGN
Jirí Kylián
ASSISTENTE DE COREOGRAFIA | **REMONTAGEM**
ASSISTANT CHOREOGRAPHER | RESTAGING
Patrick Delcroix
MÚSICA | MUSIC
Concerto para Piano em Lá Maior KV 488 [Adagio] e
Concerto para Piano em Sol Maior KV 467 [Andante]
Wolfgang Amadeus Mozart
DESENHO DE FIGURINO | COSTUME DESIGN
Joke Visser
DESENHO DE LUZ | LIGHTING DESIGN
Jirí Kylián | concepção
Joop Caboort | realização
SUPERVISÃO TÉCNICA DE LUZ E PALCO
TECHINICAL SUPERVISION OF STAGE AND LIGHTING
Kees Tjebbes

ROMEU E JULIETA

CRIAÇÃO ORIGINAL PARA A
SÃO PAULO COMPANHIA DE DANÇA

ESTREIA | PREMIERE
Teatro Sérgio Cardoso São Paulo SP
21 de novembro de 2013

ENCENAÇÃO | **COREOGRAFIA** | STAGING | CHOREOGRAPHY
Giovanni Di Palma

MÚSICA | MUSIC
Sergei Prokofiev (1891-1953)

CENÁRIO | **FIGURINOS** | SET | COSTUME DESIGN
Jérôme Kaplan

DESENHO DE LUZ | LIGHTING DESIGN
Udo Haberland

DRAMATURGIA | DRAMATURGY
Nadja Kadel

COLABORADORES ROMEU E JULIETA | COLLABORATORS

ASSISTENTE DE FIGURINO | ASSISTANT COSTUME DESIGN
Céline Marin

COORDENAÇÃO | **ACOMPANHAMENTO CENÁRIO** | **FIGURINO**
COORDINATION | SUPERVISION OF SET DESIGN I DANCEWEAR
João Carlos Couto

ASSISTENTE DE PRODUÇÃO | **ACOMPANHAMENTO CENÁRIO** | **FIGURINO**
ASSISTANT PRODUCER | SUPERVISION OF SET | DANCEWEAR
Márcia Correa

PINTURA DE ARTE | SCENIC PAINTING
Bia Pessoa | coordenação
Veronica Dubin | Suzana Olival

VISAGISMO | MAKEUP ARTIST
Eliseu Cabral

ASSISTENTES DE VISAGISMO | ASSISTANT MAKEUP ARTISTS
Guilherme Junqueira
Carlos Leite

CONFECÇÃO DE MÁSCARAS | MASKS
Helô Cardoso | coordenação

PREPARAÇÃO DE ESGRIMA | FENCING DIRECTOR
Abel Mélian

PREPARAÇÃO EM INTERPRETAÇÃO | ACTING INSTRUCTION
Marcos Daud

ADEREÇOS DE CABEÇA | HEAD PROPS
Viva Perucas

MEGAHAIR | MEGAHAIR STYLING
Flávia Silva

VADIANDO

CRIAÇÃO ORIGINAL PARA A
SÃO PAULO COMPANHIA DE DANÇA,
NO PROGRAMA ATELIÊ DE COREÓGRAFOS BRASILEIROS

ESTREIA | PREMIERE
Teatro Sérgio Cardoso São Paulo SP
5 de dezembro de 2013

COREOGRAFIA | CHOREOGRAPHY
Ana Vitória

ASSISTENTE DE COREOGRAFIA
ASSISTANT CHOREOGRAPHER
Renata Costa

TRILHA ORIGINAL | ORIGINAL SOUNDTRACK
Jorge Peña | Célio Barros

ASSISTENTE DE COMPOSIÇÃO
ASSISTANT MUSIC COMPOSITION
Natália Fagá

FIGURINOS | COSTUME DESIGN
Sonia Ushiyama

CONCEPÇÃO CENOGRÁFICA | **VÍDEOS**
SET DESIGN | VIDEOS
Carmen Luz

DESENVOLVIMENTO DE CENÁRIO
SET DESIGN DEVELOPMENT
Marcos Arruzzo | Alvaro Souza

EDIÇÃO DE VÍDEO | VIDEO EDITING
Guido Marcondes | Carmen Luz

FILME | MOVIE
Alexandre Robatto

ILUMINAÇÃO | LIGHTING DESIGN
Wagner Freire

PRÊMIO | 2013

ROMEU E JULIETA, DE GIOVANNI DI PALMA PARA A
SÃO PAULO COMPANHIA DE DANÇA FOI
ELEITO *O MELHOR ESPETÁCULO DE DANÇA 2013*
PELO *GUIA DA FOLHA DE S. PAULO*, VOTO DO JÚRI.

PEEKABOO

POR VOS MUERO

UTOPIA OU O LUGAR QUE NÃO EXISTE

PETITE MORT

ROMEU E JULIETA

VADIANDO

2014

2015

2016

2017

2018

GRAND PAS DE DEUX DE O CISNE NEGRO

CRIAÇÃO ORIGINAL PARA A
SÃO PAULO COMPANHIA DE DANÇA

ESTREIA | PREMIERE
Teatro Luiz Mendonça Recife PE
25 de janeiro de 2014

ESTREIA MUNDIAL | WORLD PREMIERE
Estreia da obra de Marius Petipa
The Imperial Ballet
São Petersburgo Rússia 1895

COREOGRAFIA | CHOREOGRAPHY
Mario Galizzi, a partir do original de
Marius Petipa (1818–1910)

MÚSICA | MUSIC
Pyotr Ilyich Tchaikovsky (1840–1893)

FIGURINOS | COSTUME DESIGN
Tânia Agra

ILUMINAÇÃO | LIGHTING DESIGN
Guilherme Paterno

THE SEASONS

CRIAÇÃO ORIGINAL PARA A
SÃO PAULO COMPANHIA DE DANÇA

ESTREIA | PREMIERE
Teatro José de Castro Mendes Campinas SP
25 de abril de 2014

COREOGRAFIA | CHOREOGRAPHY
Édouard Lock

MÚSICA ORIGINAL | ORIGINAL MUSIC
The Seasons, Gavin Bryars,
publicada pela Schott Music Ltd
executada ao vivo pela Percorso Ensemble
dirigida por Ricardo Bologna

MÚSICOS | MUSICIANS
Elisa Monteiro | Sarah Nascimento (violas) | Douglas Kier |
Heloísa Meirelles (violoncelos) | Pedro Gadelha (contrabaixo)

FIGURINOS | COSTUME DESIGN
Liz Vandal | Mulheres
Édouard Lock | Homens

CENOGRAFIA | SET DESIGN
Armand Vaillancourt

BINGO!

CRIAÇÃO ORIGINAL PARA A
SÃO PAULO COMPANHIA DE DANÇA,
NO PROGRAMA ATELIÊ DE COREÓGRAFOS BRASILEIROS

ESTREIA | PREMIERE
Teatro Sérgio Cardoso São Paulo SP
13 de novembro de 2014

COREOGRAFIA | FIGURINOS *
CHOREOGRAPHY | COSTUME DESIGN
Rafael Gomes

TRILHA REMIXADA | SOUNDTRACK REMIX
Dj Hisato com edições de The End,
Jim Morrisson, The Solo Tempist,
"Vic Firth e Take Five", de Paul Desmond

CENÓGRAFO | SET DESIGNER
Kleber Matheus

ILUMINAÇÃO | LIGHTING DESIGN
Wagner Freire

* *Os bailarinos vestem coleção de Alexandre Herchcovitch*

GEN

CRIAÇÃO ORIGINAL PARA A
SÃO PAULO COMPANHIA DE DANÇA,
NO PROGRAMA ATELIÊ DE COREÓGRAFOS BRASILEIROS

ESTREIA | PREMIERE
Teatro Sérgio Cardoso São Paulo SP
13 de novembro de 2014

COREOGRAFIA | CHOREOGRAPHY
Cassi Abranches

TRILHA ORIGINAL | ORIGINAL SOUNDTRACK
Marcelo Jeneci | Zé Nigro

FIGURINOS | COSTUME DESIGN
Janaína Castro

ILUMINAÇÃO | LIGHTING DESIGN
Gabriel Pederneiras

ASSISTENTE DE COREOGRAFIA
ASSISTANT CHOREOGRAPHER
Ana Paula Cançado

PRÊMIO | 2014

THE SEASONS DE EDOUARD LOCK PARA A SÃO PAULO COMPANHIA DE DANÇA FOI ELEITO O *MELHOR ESPETÁCULO DE DANÇA 2014 PELO GUIA DA FOLHA DE S. PAULO*, VOTO DO JÚRI.

PRÊMIO | 2016

ÉDOUARD LOCK, CRIADOR DA COREOGRAFIA *THE SEASONS* (2014), FOI O VENCEDOR DO *GRAND PRIX DE LA DANSE DE MONTRÉAL 2016*, PELA SUA CARREIRA E PELA CRIAÇÃO DESTA OBRA APRESENTADA EM MONTREAL *NO FESTIVAL DANSE DANSE EM 2015*.

PRÊMIO | 2014

A DIRETORA INÊS BOGÉA RECEBEU O *PRÊMIO DE PERSONALIDADE DA DANÇA* OFERECIDO PELA CÂMARA DE VEREADORES DE PIRACICABA DE AUTORIA DO VEREADOR PEDRO KAWAI.

LA SYLPHIDE

CRIAÇÃO ORIGINAL PARA A
SÃO PAULO COMPANHIA DE DANÇA

ESTREIA | PREMIERE
Teatro Sérgio Cardoso São Paulo SP
11 de junho de 2014

ESTREIA MUNDIAL | WORLD PREMIERE
Estreia da obra de Bournonville:
The Royal Danish Ballet
Copenhague Dinamarca 1836

COREOGRAFIA | CHOREOGRAPHY
Mario Galizzi a partir do original de 1836 de
August Bournonville (1805-1879)

MÚSICA | MUSIC
La Sylphide
Herman Severin Lovenskiold (1815-1850)

CENÁRIO | SET DESIGN
Marco Lima

FIGURINOS DAS SYLPHIDES | SYLPHIDES COSTUME DESIGN
Marilda Fontes

FIGURINOS DAS DEMAIS PERSONAGENS | CHARACTER'S COSTUME DESIGN
Beth Filipecki

ILUMINAÇÃO | LIGHTING DESIGN
José Luis Fiorruccio

COLABORADORES LA SYLPHIDE | COLLABORATORS

PREPARAÇÃO EM INTERPRETAÇÃO | ACTING INSTRUCTIONS
Vivien Buckup

ASSISTENTE DE FIGURINO | **CONFECÇÃO**
ASSISTANT DANCEWEAR DESIGN | PRODUCTION
Ateliê Sandra Fukelmann

COORDENAÇÃO DE EXECUÇÃO CENOGRÁFICA
SET CONSTRUCTIONS COORDINATORS
Jorge Ferreira Silva | Denis Nascimento

PINTURA DA FLORESTA | FOREST SCENE PAINTING
Vincent Eduardo | Alex Berlin

PINTURA DE ARTE E ADEREÇOS CENOGRÁFICOS
SCENIC PAINTING AND STAGE PROPS
Karen Luizi | Alicio Silva | Julia Lopes | Michael Almeida | Caio Hirobara | Marcelo Thome | Agda Camila | Isabella Neves | Raisa Rocha | Jacqueline Nascimento | Rosana Rocha

VISAGISMO | MAKEUP ARTIST
Eliseu Cabral

LE SPECTRE DE LA ROSE

CRIAÇÃO ORIGINAL PARA A
SÃO PAULO COMPANHIA DE DANÇA

ESTREIA | PREMIERE
Teatro Alfa São Paulo SP
21 de agosto de 2014

ESTREIA MUNDIAL | WORLD PREMIERE
Estreia da obra de Michel Fokine:
Diaghilev's Ballets Russes
Monte Carlo Mônaco 1911

COREOGRAFIA | CHOREOGRAPHY
Mario Galizzi, a partir do original de
Michel Fokine (1880–1942)

MÚSICA | MUSIC
Carl Maria von Weber (1786–1826)
executada ao vivo, na estreia,
no piano por Cristian Budu

CENÁRIO | **FIGURINOS** | SET DESIGN |
COSTUME DESIGN
Fabio Namatame

ILUMINAÇÃO | LIGHTING DESIGN
Wagner Freire

WORKWITHINWORK

SÃO PAULO COMPANHIA DE DANÇA

ESTREIA | **PREMIERE**
Teatro Alfa São Paulo SP
21 de agosto de 2014

ESTREIA MUNDIAL | WORLD PREMIERE | **1998**
Frankfurt Ballet Frankfurt Alemanha

COREOGRAFIA | **PALCO** | **ILUMINAÇÃO**
CHOREOGRAPHY | STAGE MANAGEMENT |
LIGHTING DESIGN
William Forsythe*

MÚSICA | MUSIC
Duetti per due violini, vol. 1
Luciano Berio
executada ao vivo, na estreia, no violino por
Simona Cavuoto | Anca Gavris

REMONTAGEM | RESTAGING
Allisson Brown | Noah Gelber

FIGURINOS | COSTUME DESIGN
Stephen Galloway

* *Licenciado por William Forsythe representado por Verlag Der Autoren, Frankfurt, Alemanha*

GRAND PAS DE DEUX DE O CISNE NEGRO

THE SEASONS

BINGO!

GEN

LA SYLPHIDE

LE SPECTRE DE LA ROSE

WORKWITHINWORK

2015

2016

2017

2018

LITORAL

CRIAÇÃO ORIGINAL PARA A
SÃO PAULO COMPANHIA DE DANÇA

ESTREIA | PREMIERE
Teatro do Engenho "Erotídes de Campos", Piracicaba SP
28 de abril de 2015

COREOGRAFIA | CHOREOGRAPHY
Maurício Wainrot

ASSISTENTE DE COREOGRAFIA
ASSISTANT CHOREOGRAPHER
Laura Marini

MÚSICA | MUSIC
Raul Barboza
La Tierra Sin Mal, Invierno en Paris e Serie de Oro: Grandes Exitos
Pedro de Cervi
El Vestido Celeste

FIGURINOS | COSTUME DESIGN
Graciela Galán

ILUMINAÇÃO | LIGHTING DESIGN
Domingos Quintiliano

O SONHO DE DOM QUIXOTE

CRIAÇÃO ORIGINAL PARA A
SÃO PAULO COMPANHIA DE DANÇA

ESTREIA | PREMIERE
Teatro Sérgio Cardoso São Paulo SP
12 de novembro de 2015

COREOGRAFIA | CHOREOGRAPHY
Márcia Haydée

MÚSICA | **MUSICS**
Ludwig Minkus (1826-1917)
Norberto Macedo (1939-2011)

FIGURINOS | COSTUME DESIGN
Tânia Agra

CENÁRIO | SET DESIGN
Hélio Eichbauer (1941-2018), com imagens de oito desenhos de Candido Portinari*

ILUMINAÇÃO | LIGHTING DESIGN
José Luiz Fiorruccio

POEMAS | POEMS
Carlos Drummond de Andrade

CONSULTORIA DA LEITURA DOS POEMAS
POEM READING CONSULTANT
Marcio Aurélio

* *Os direitos de reprodução das obras foram gentilmente cedidos por João Candido Portinari*

VOZ OFF | VOICE-OFF
Leopoldo Pacheco

COLABORADORES | COLLABORATORS

CONFECÇÃO DE FIGURINOS | DANCEWEAR
Ateliê Tânia Agra

CENOTÉCNICOS RESPONSÁVEIS | SCENOGRAPHERS IN CHARGE
Denis Nascimento, Jorge Ferreira Silva

COORDENAÇÃO DE EXECUÇÃO CENOGRÁFICA
SET CONSTRUTION COORDINATOR
Jonas Soares

PRÊMIO | 2015

O SONHO DE DOM QUIXOTE DE MARCIA HAYDÉE PARA A SÃO PAULO COMPANHIA DE DANÇA FOI ELEITO O ***SEGUNDO MELHOR ESPETÁCULO DE DANÇA 2015 PELO GUIA DA FOLHA DE S. PAULO***, VOTO DO JÚRI.

CÉU CINZENTO

CRIAÇÃO ORIGINAL PARA A
SÃO PAULO COMPANHIA DE DANÇA,
NO PROGRAMA ATELIÊ DE COREÓGRAFOS BRASILEIROS

ESTREIA | PREMIERE
Teatro José de Castro Mendes Campinas SP
6 de março de 2015

COREOGRAFIA | **CENÁRIO** | **FIGURINOS**
CHOREOGRAPHY | SET DESIGN | COSTUME DESIGN
Clébio Oliveira

MÚSICA ORIGINAL | ORIGINAL MUSIC
Matteo Nicolai

ILUMINAÇÃO | LIGHTING DESIGN
Mirella Brandi

EPIDERME

CRIAÇÃO ORIGINAL PARA A
SÃO PAULO COMPANHIA DE DANÇA,
NO PROGRAMA ATELIÊ DE COREÓGRAFOS BRASILEIROS

ESTREIA | PREMIERE
Teatro Sérgio Cardoso São Paulo SP
26 de novembro de 2015

COREOGRAFIA | **FIGURINOS**
CHOREOGRAPHY | COSTUME DESIGN
Binho Pacheco

MÚSICA | MUSIC
Johann Sebastian Bach (1685-1750)

ILUMINAÇÃO | LIGHTING DESIGN
Guilherme Paterno

GRAND PAS DE DEUX DE O CORSÁRIO

SÃO PAULO COMPANHIA DE DANÇA

ESTREIA | PREMIERE
Auditório Nacional del Sodre Montevideo Uruguai
23 de novembro de 2015

ESTREIA MUNDIAL | WORLD PREMIERE | **1858**
Ballet Bolshoi, Teatro Imperial Bolshoi Kamenny, São Petersburgo, Rússia

COREOGRAFIA | **CENOGRAFIA**
CHOREOGRAPHY | SCENOGRAPHY
Giovanni Di Palma | Alfredo Ligabue
a partir do original de 1858 de
Marius Petipa (1818-1910)
baseado em O Corsário, de Lord Byron.

MÚSICAS | MUSICS
Adolphe Adam (1803-1856)

FIGURINO | COSTUME DESIGN
Tânia Agra

INDIGO ROSE

SÃO PAULO COMPANHIA DE DANÇA

ESTREIA | **PREMIERE**
Teatro Sérgio Cardoso São Paulo SP
4 de junho de 2015

ESTREIA MUNDIAL | WORLD PREMIERE | **1998**
Lucent Danstheater Haia Holanda

COREOGRAFIA | **CENOGRAFIA** |
CHOREOGRAPHY | SCENOGRAPHY
Jirí Kylián

MÚSICAS | MUSICS
Robert Ashley | *Factory Preset*
FranÇois Couperin | *Plainte des Memes*
John Cage | *Três Danças para Dois Pianos Preparados: Dança n° 1*
J.S. Bach | *O Cravo Bem Preparado: Fuga No. 8 em Mí Menor*

ASSISTENTE DE COREOGRAFIA
ASSISTANT CHOREOGRAPHER
Amos Ben-Tal

FIGURINOS | COSTUME DESIGN
Joke Visser

DESENHO DE LUZ ORIGINAL
ORIGINAL LIGHTING DESIGN
Michael Simon

DESENHO DE LUZ NOVO | NEW LIGHTING DESIGN
Kees Tjebbes | Nederlands Dans Theater II, 2005

CÂMERA | CAMERA
Hans Knill

EDIÇÃO | EDITION
Rob de Groot | Videoshot MultiMedia

PRÊMIO | 2015

INDIGO ROSE DE JIRÌ KYLIÁN APRESENTADO PELA SÃO PAULO COMPANHIA DE DANÇA FOI ELEITO *O MELHOR ESPETÁCULO DE DANÇA 2015 PELO GUIA DA FOLHA DE S. PAULO*, VOTO POPULAR.

MUSEU DANÇANTE

CURADORIA | CURATORIAL DESIGN
Felipe Chaimovich | Inês Bogéa

PROJETO EXPOGRÁFICO
EXPOGRAPHIC DESIGN
Metrópole Arquitetos
Marta Bogéa | Anna Helena Villela

DESIGN VISUAL | VISUAL DESIGN
Celso Longo e Daniel Trench

CO-REALIZAÇÃO
COLLABORATIVE PARTNERSHIP
Museu de Arte Moderna de São Paulo e
São Paulo Companhia de Dança

COREOGRAVITY

site especific | Museu Dançante | 2015

ESTREIA | PREMIERE
Museu de Arte Moderna São Paulo 2015

COREOGRAFIA | **FIGURINOS**
CHOREOGRAPHY | COSTUME DESIGN
Clébio Oliveira

MÚSICA | MUSIC
Mateo Niccolai

ILUMINAÇÃO | LIGHTING DESIGN
Alessandra Domingues

SONHO DE VALSA

site especific | Museu Dançante | 2015

ESTREIA | PREMIERE
Museu de Arte Moderna São Paulo 2015

COREOGRAFIA | **FIGURINOS**
CHOREOGRAPHY | COSTUME DESIGN
Rafael Gomes

TRILHA REMIXADA | SOUNDTRACK REMIX
Hisato Tanaka

ILUMINAÇÃO | LIGHTING DESIGN
Fernando Peccoits

LITORAL

O SONHO DE DOM QUIXOTE

CÉU CINZENTO

EPIDERME

GRAND PAS DE DEUX DE O CORSÁRIO

INDIGO ROSE

COREOGRAVITY

SONHO DE VALSA

2016

2017

2018

SIX ODD PEARLS

CRIAÇÃO ORIGINAL PARA A
SÃO PAULO COMPANHIA DE DANÇA

ESTREIA | PREMIERE
Teatro Sérgio Cardoso São Paulo SP
2 de junho de 2016

COREOGRAFIA | CHOREOGRAPHY
Richard Siegal*

MÚSICA | MUSIC
Suite em D Minor—Major I. Les Tendres Plaintes,
Suite em E Minor V Le Rappel des Oiseaux,
Suite em E Minor IX Tambourin,
Suite em e Minor III.
Gigue en rondeau I,
Suite em D Minor—Major III
Le Soupirs e Suite em A Minor—Major VII,
Jean-Philippe Rameau (1683-1764)
interpretadas por Tzimon Barto

FIGURINOS | COSTUME DESIGN
Simone Mina

ILUMINAÇÃO | LIGHTING DESIGN
Gilles Gentner

* Richard Siegal é representado por Verlag der Autoren, Frankfurt, Germany I *choreography@verlagderautoren.de*

SUÍTE PARA DOIS PIANOS

SÃO PAULO COMPANHIA DE DANÇA

ESTREIA | PREMIERE
Teatro Sérgio Cardoso São Paulo SP
23 de junho de 2016

ESTREIA MUNDIAL | WORLD PREMIERE | **1987**
Ballet Zurich | Zurich Opera House Zurique Suíça

COREOGRAFIA | **CENÁRIO** | **FIGURINOS**
CHOREOGRAPHY | SET DESIGN | COSTUME DESIGN
Uwe Scholz (1958-2004)

REMONTAGEM | RESTAGING
Giovanni Di Palma

MÚSICA | MUSIC
Suíte para Dois Pianos Opus 17
Sergei Rachmaninoff (1873-1943)
interpretada por Martha Argerich | Nelson Freire

ILUMINAÇÃO PARA SPCD | LIGHTING DESIGN
André Boll

FADA DO AMOR

SÃO PAULO COMPANHIA DE DANÇA

ESTREIA | PREMIERE
Centro Integrado de Apoio à Educação de Indaiatuba, Indaiatuba SP
4 de setembro de 2016

ESTREIA MUNDIAL | WORLD PREMIERE | **1993**
Ballet de Santiago | Teatro Municipal de Santiago Chile

COREOGRAFIA | CHOREOGRAPHY
Marcia Haydée

FIGURINOS | COSTUME DESIGN
Evandro Machado

ILUMINAÇÃO | LIGHTING DESIGN
Nicolas Marchi

MÚSICAS | MUSICS
La Nymphe de Diane, nº 16 B
Léo Delibes (1836-1891)
Solo de violino executado por
Jean Baptiste Marie e Roger André

CARMEN PAS DE DEUX

SÃO PAULO COMPANHIA DE DANÇA

ESTREIA | PREMIERE
Complexo Cultural Baía dos Vermelhos Ilhabela SP
9 de setembro de 2016

ESTREIA MUNDIAL | WORLD PREMIERE | **2004**
Ballet de Santiago | Teatro Municipal de Santiago Chile

COREOGRAFIA | CHOREOGRAPHY
Marcia Haydée

FIGURINOS | COSTUME DESIGN
Tânia Agra

ILUMINAÇÃO | LIGHTING DESIGN
Nicolas Marchi

MÚSICAS | MUSICS
Georges Bizet (1838-1875)
executada por Orquestra Filarmônica de Santiago

PRÊMIO | 2016

A DIRETORA DA SPCD, INÊS BOGÉA, RECEBEU *MEDALHA DE MÉRITO ARTÍSTICO DA DANÇA*, OUTORGADA PELO *"CONSELHO BRASILEIRO DA DANÇA" CBDD*, POR SEUS SERVIÇOS PRESTADOS À DANÇA BRASILEIRA.

NGALI... *

CRIAÇÃO ORIGINAL PARA A
SÃO PAULO COMPANHIA DE DANÇA
ESTREIA | PREMIERE
Teatro Sérgio Cardoso São Paulo SP
17 de novembro de 2016
COREOGRAFIA | CHOREOGRAPHY
Jomar Mesquita
com colaboração de Rodrigo de Castro
MÚSICAS | MUSICS
Por Toda a Minha Vida
Tom Jobim e Vinícius de Moraes
cantada por Cibelle
Melancolia e Uma Canção pra Você (Jaqueta Amarela)
Assucena Assucena
executada por As Bahias e a Cozinha Mineira
Segunda Chance
composta e executada por Johnny Hooker
Volta
Lupicínio Rodrigues
cantada por Adriana Calcanhoto
O Desejo do Desejo do Desejo
Celso Sim e Pepe Mata Machado
Vai Saber
Adriana Calcanhoto
cantada por Marisa Monte
FIGURINOS | COSTUME DESIGN
Fernanda Yamamoto
ILUMINAÇÃO | LIGHTING DESIGN
Joyce Drummond
* Obra inspirada em ideia de Marcos Daud

PRÊMIO | 2016

NGALI... DE JOMAR MESQUITA COM COLABORAÇÃO DE RODRIGO DE CASTRO PARA A SÃO PAULO COMPANHIA DE DANÇA FOI ELEITO *O MELHOR ESPETÁCULO DE DANÇA 2016* PELO *GUIA DA FOLHA DE S. PAULO*, VOTO POPULAR E O TERCEIRO MELHOR ESPETÁCULO DE DANÇA PELO VOTO DO JÚRI.

PIVÔ

CRIAÇÃO ORIGINAL PARA A
SÃO PAULO COMPANHIA DE DANÇA,
NO PROGRAMA ATELIÊ DE COREÓGRAFOS BRASILEIROS
ESTREIA | PREMIERE
Teatro Sérgio Cardoso São Paulo SP
17 de novembro de 2016
COREOGRAFIA | CHOREOGRAPHY
Fabiano Lima
MÚSICA | MUSIC
Quem sabe? | 1859
cantada por Adriana de Almeida
executada ao piano por Olinda Allessandrini
Bailado dos Índios da ópera O Guarani | 1870
Carlos Gomes (1836-1896)
executada pela Orquestra do Teatro Municipal de São Paulo, sob regência de Armando Bellardi
FIGURINOS | COSTUME DESIGN
Cássio Brasil
ILUMINAÇÃO | LIGHTING DESIGN
Guilherme Paterno

PRÊMIO | 2016

***PIVÔ* DE FABIANO LIMA PARA A SÃO PAULO COMPANHIA DE DANÇA FOI ELEITO O** *TERCEIRO MELHOR ESPETÁCULO DE DANÇA 2016 PELO GUIA DA FOLHA DE S. PAULO*, **VOTO DO JÚRI.**

ABERTURA GALA | VALSA

SÃO PAULO COMPANHIA DE DANÇA
ESTREIA | PREMIERE
Teatro Sérgio Cardoso São Paulo SP
24 de novembro de 2016
COREOGRAFIA | CHOREOGRAPHY
Giovanni Di Palma
MÚSICA | MUSIC
Valsa das Flores
do balé Bela Adormecida
Pyotr Ilyich Tchaikosky (1840-1893)
ILUMINAÇÃO | LIGHTING DESIGN
Nicolas Marchi

O TALISMÃ PAS DE DEUX

SÃO PAULO COMPANHIA DE DANÇA
ESTREIA | **PREMIERE**
Teatro Sérgio Cardoso São Paulo SP
24 de novembro de 2016
ESTREIA MUNDIAL | WORLD PREMIERE | **1955**
Teatro Mariiynsky São Petersburgo Rússia
COREOGRAFIA | CHOREOGRAPHY
Pablo Aharonian a partir do
original de Pyotr Gusev (1904-1987)
MÚSICA | MUSICS
Riccardo Drigo (1846-1930)
Cesare Pugni (1802-1870)
ILUMINAÇÃO | LIGHTING DESIGN
Nicolas Marchi
FIGURINOS | COSTUME DESIGN
Fábio Namatame

SIX ODD PEARLS

SUÍTE PARA DOIS PIANOS

FADA DO AMOR

CARMEN PAS DE DEUX

NGALI...

PIVÔ

ABERTURA
GALA | VALSA

O TALISMÃ PAS DE DEUX

2017

2018

PRIMAVERA FRIA

CRIAÇÃO ORIGINAL PARA A
SÃO PAULO COMPANHIA DE DANÇA
ESTREIA | PREMIERE
Teatro Sérgio Cardoso São Paulo SP
1 de junho de 2017
COREOGRAFIA | FIGURINOS
CHOREOGRAPHY | COSTUME DESIGN
Clébio Oliveira
MÚSICA ORIGINAL | ORIGINAL MUSIC
Matresanch
ILUMINAÇÃO | LIGHTING DESIGN
Mirella Brandi

SUÍTE DE RAYMONDA

CRIAÇÃO ORIGINAL PARA A
SÃO PAULO COMPANHIA DE DANÇA,
NO PROGRAMA ATELIÊ DE COREÓGRAFOS BRASILEIROS
ESTREIA | PREMIERE
Teatro Sérgio Cardoso São Paulo SP
1 de junho de 2017
ESTREIA MUNDIAL DA OBRA DE PETIPA |
WORLD PREMIERE OF PETIPA'S PIECE
Teatro Maryinski São Petersburgo Rússia 1898
COREOGRAFIA | CHOREOGRAPHY
Guivalde de Almeida a partir do original de
1898 de Marius Petipa (1818–1910)
MÚSICA | MUSIC
Raymonda
Alexander Glazunov (1865–1936)
executada pela Orquestra Filarmônica de Nice,
com regência de Klaus Weise e
Orquestra Sinfônica de Moscou,
com regência de Alexander Anisimov
FIGURINOS | COSTUME DESIGN
Tânia Agra
ILUMINAÇÃO | LIGHTING DESIGN
Wagner Freire
IDEALIZAÇÃO DO VÍDEO PROJEÇÃO | VIDEO PROJECTION DESIGN
Luca Baldovino
DESIGN GRÁFICO DA PROJEÇÃO | PROJECTION GRAPHIC DESIGN
Cyro Menna Barreto
MAQUIAGEM | MAKEUP
Guto Sargo

14'20"

SÃO PAULO COMPANHIA DE DANÇA
ESTREIA | PREMIERE
Teatro Sérgio Cardoso São Paulo SP
8 de junho de 2017
ESTREIA MUNDIAL | WORLD PREMIERE | 2002
Nederlands Dans Theater II The Hage Holanda
COREOGRAFIA | CENOGRAFIA | PRODUÇÃO
CHOREOGRAPHY | SET DESIGN | PRODUCTION
Jirí Kylián
ASSISTENTE DE COREOGRAFIA | ASSISTANT CHOREOGRAPHER
Nina Botkay
MÚSICA | MUSIC
Dirk Haubrich, nova composição baseada em
dois temas de Gustav Mahler (1860 1911)
FIGURINOS | COSTUME DESIGN
Joke Visser
ILUMINAÇÃO | LIGHTING DESIGN
Kees Tjebbes
SUPERVISÃO DE ILUMINAÇÃO E CENÁRIO
LIGHTING DESIGN AND SET DESIGN SUPERVISION
Loes Schakenboss

PRÊMIO | 2017

PRÊMIO APCA—ASSOCIAÇÃO PAULISTA DE CRÍTICOS DE ARTE *NA CATEGORIA INTERPRETAÇÃO*, COM OS BAILARINOS ANA PAULA CAMARGO E ANDRÉ GRIPPI DANÇANDO 14'20", DE JIRÍ KYLIÁN.

DUO PÁSSARO DE FOGO

SÃO PAULO COMPANHIA DE DANÇA
ESTREIA | PREMIERE
Teatro Sérgio Cardoso São Paulo SP
8 de junho de 2017
ESTREIA MUNDIAL | WORLD PREMIERE |
Scapino Ballet Maastrich Holanda 2010
COREOGRAFIA | PALCO | FIGURINOS
CHOREOGRAPHY | STAGE | COSTUME DESIGN
Marco Goecke
MÚSICA | MUSIC
The Firebird—Berceuse e Final
Igor Stravinsky (1882–1971)
DESENHO DE LUZ | LIGHTING DESIGN
Udo Haberland
Implantação para a SPCD
Wagner Freire
DRAMATURGIA | DRAMATURGY
Nadja Kadel
REMONTAGEM | RESTAGING
Giovanni Di Palma

PULCINELLA

CRIAÇÃO ORIGINAL PARA A
SÃO PAULO COMPANHIA DE DANÇA

ESTREIA | PREMIERE
Theatro São Pedro São Paulo SP
19 de agosto de 2017

ESTREIA MUNDIAL | WORLD PREMIERE
Teatro Nacional da Ópera de Paris Paris França
15 de maio de 1920

COREOGRAFIA | CHOREOGRAPHY
Giovanni Di Palma

DIREÇÃO CÊNICA | **CONCEPÇÃO DE CENÁRIO**
DIRECTION SCENIC | SET DESIGN
William Pereira

MÚSICA | MUSIC
Pulcinella
Igor Stravinsky (1882–1971)

FIGURINOS | COSTUME DESIGN
Fábio Namatame

ILUMINAÇÃO | LIGHTING DESIGN
Mirella Brandi

CO-PRODUÇÃO | CO-PRODUCTION
Associação Pró-Dança
Santa Marcelina Cultura

PRÊMIO | 2017

PRÊMIO REVISTA CONCERTO 2017, NA CATEGORIA ÓPERA, COM O ESPETÁCULO PULCINELLA & ARLECCHINO, EM PARCERIA COM A ORTHESP.

INSTANTE

CRIAÇÃO ORIGINAL PARA A
SÃO PAULO COMPANHIA DE DANÇA
NO PROGRAMA ATELIÊ DE
COREÓGRAFOS BRASILEIROS

ESTREIA | PREMIERE
Sesc Jundiaí São Paulo SP
28 de outubro de 2017

COREOGRAFIA | CHOREOGRAPHY
Lucas Lima

FIGURINOS | COSTUME DESIGN
Fábio Namatame

MÚSICA | MUSIC
On the Nature of Daylight
Max Richter

ILUMINAÇÃO | LIGHTING DESIGN
Nicolas Marchi

PRÊMIOS | 2017

INÊS BOGÉA RECEBEU UMA HOMENAGEM NA CÂMARA MUNICIPAL DE SÃO PAULO PELO ESPAÇO DEDICADO A ARTE DA DANÇA NO ESTADO DE SÃO PAULO E EM TODO O BRASIL. A INICIATIVA FOI DA BAILARINA PRISCILLA YOKOI E DA VEREADORA EDIR SALES NO DIA MUNICIPAL DO BALLET CLÁSSICO.

A SÃO PAULO COMPANHIA DE DANÇA RECEBEU O *PRÊMIO "GÜTESIEGEL" PUBLIC PRIZE OF 16/17* MELHOR PERFORMANCE DO ANO DE 2017 E A MELHOR COMPANHIA DE DANÇA 2017, VOTO POPULAR EM GUTERSLOH (ALEMANHA).

II ATO DE O LAGO DOS CISNES

CRIAÇÃO ORIGINAL PARA A
SÃO PAULO COMPANHIA DE DANÇA

ESTREIA | PREMIERE
Sala São Paulo São Paulo SP
09 de novembro de 2017

ESTREIA MUNDIAL DA OBRA DE IVANOV |
WORLD PREMIERE OF IVANOV' PIECE
Teatro Mariinsky São Petersburgo Russia 1895
09 de novembro de 2017

COREOGRAFIA | CHOREOGRAPHY
Mario Galizzi a partir do original de
Marius Petipa (1818–1910)
Lev Ivanov (1934–1901)

ASSISTENTE DE COREOGRAFIA
ASSISTANT CHOREOGRAPHER
Sabrina Streiff

MÚSICA | MUSIC
Piotr Ilitch Tchaikovsky (1840-1893)

ILUMINAÇÃO | LIGHTING DESIGN
Wagner freire

FIGURINOS | COSTUME DESIGN
Tânia Agra

PERUCAS | WIGS
Emi Perucas

ADEREÇOS | PROPS
Robson Rui

CO-PRODUÇÃO | CO-PRODUCTION
Associação Pró-Dança
Fundação Orquestra Sinfônica do Estado de São Paulo

PRÊMIO | 2017

*II ATO DE O LAGO DOS CISNE*S, DE MARIO GALIZZI, FOI ELEITO O *MELHOR ESPETÁCULO DE DANÇA* DE 2017 PELO GUIA DA *FOLHA DE S. PAULO*, VOTO POPULAR.

PRIMAVERA FRIA

SUÍTE DE RAYMONDA

14’20”

DUO PÁSSARO DE FOGO

PULCINELLA

II ATO DE O LAGO DOS CISNES

INSTANTE

2018

MELHOR ÚNICO DIA

CRIAÇÃO ORIGINAL PARA A
SÃO PAULO COMPANHIA DE DANÇA
ESTREIA | PREMIERE
SESC Santos São Paulo SP Brasil
20 de janeiro de 2018
COREOGRAFIA | **ILUMINAÇÃO**
CHOREOGRAPHY | LIGHTING DESIGN
Henrique Rodovalho
MÚSICA ORIGINAL | ORIGINAL MUSIC
Pupillo com voz de Céu
FIGURINOS | COSTUME DESIGN
Cássio Brasil

PRÊMIO | 2018

MELHOR ÚNICO DIA, DE HENRIQUE RODOVALHO PARA SPCD, GANHOU *PRÊMIO DE MELHOR ESPETÁCULO DE DANÇA* EM 2018 PELA APCA | ASSOCIAÇÃO PAULISTA DE CRÍTICOS DE ARTE.

PETRICHOR

CRIAÇÃO ORIGINAL PARA A
SÃO PAULO COMPANHIA DE DANÇA,
NO PROGRAMA ATELIÊ DE COREÓGRAFOS BRASILEIROS
ESTREIA | PREMIERE
Araras São Paulo SP Brasil
02 de fevereiro de 2018
COREOGRAFIA | **ILUMINAÇÃO**
CHOREOGRAPHY | LIGHTING DESIGN
Thiago Bordin
MÚSICA | MUSIC DESIGN
Hydraulic Lift
Jóhann Jóhannsson
DARPA
Wim Mertens
FIGURINOS | COSTUME DESIGN
Fábio Namatame

BERNSTEIN 100

CRIAÇÃO ORIGINAL PARA A
SÃO PAULO COMPANHIA DE DANÇA
ESTREIA | PREMIERE
Teatro de Vermelhos Ilhabela Brasil
4 de agosto de 2018
DIREÇÃO GERAL | DIRECTOR GENERAL
Samuel Mac Dowell de Figueiredo
ENCENAÇÃO | MISE-EN-SCÈNE
Ulysses Cruz
MÚSICA | MUSIC
Leonard Bernstein
ORQUESTRA JAZZ SINFÔNICA
REGÊNCIA | CONDUCTOR
João Maurício Galindo
CORO | CHOIR
Coral Paulistano
REGÊNCIA | CONDUCTOR
Naomi Munakata
SOLISTAS | SOLOISTS
Camila Titinger
SOPRANO | Carla Cottini
MEZZO-SOPRANO | Luciana Bueno,
TENOR | Daniel Umbelino
BARÍTONO | Johnny Lima
SÃO PAULO COMPANHIA DE DANÇA
DIREÇÃO ARTÍSTICA | ARTISTIC DIRECTOR
Inês Bogéa
COREÓGRAFOS CONVIDADOS | GUEST CHOREOGRAPHERS
Erika Novachi | Edson Guiu
ILUMINAÇÃO | LIGHTING DESIGN
Wagner Freire
FIGURINOS | COSTUME DESIGN
Balletto por Luciana Mantegazza

SCHUMANN OU OS AMORES DO POETA

CRIAÇÃO ORIGINAL PARA A
SÃO PAULO COMPANHIA DE DANÇA
ESTREIA | PREMIERE
Theatro São Pedro São Paulo Brasil
31 de agosto de 2018
CONCEPÇÃO | **DRAMATURGIA** | **DIREÇÃO TEATRAL** | **ESPAÇO CÊNICO**
CREATION | DRAMATURGY | THEATHER DIRECTION | STAGE SETTING
William Pereira
DIREÇÃO MUSICAL | **PIANISTA**
MUSICAL DIRECTOR | PIANIST
Ricardo Ballestero
DIREÇÃO ARTÍSTICO—PEDAGÓGICA DA SANTA MARCELINA CULTURA
ART EDUCATION DIRECTOR AT SANTA MARCELINA CULTURA
Paulo Zuben
SÃO PAULO COMPANHIA DE DANÇA DIREÇÃO ARTÍSTICA
ARTISTIC DIRECTION AT SÃO PAULO COMPANHIA DE DANÇA
Inês Bogéa
COREÓGRAFOS | CHOREOGRAPHER
Cassi Abranches | Milton Coatti
ILUMINAÇÃO | LIGHTING DESIGN
Caetano Vilela
FIGURINOS | COSTUME DESIGN
1° ATO | **BAILARINAS** | **ACERVO SPCD**
CANTORAS | Fabio Namatame
CANTORES | Acervo Theatro São Pedro
2° ATO | **BAILARINAS** | Plié | Fernanda Yamamoto
CANTORAS | Plié | Fabio Namatame
BAILARINOS | **CANTORES** | Highstil

ODISSEIA

CRIAÇÃO ORIGINAL PARA A
SÃO PAULO COMPANHIA DE DANÇA
ESTREIA | PREMIERE
Teatro Alfa São Paulo Brasil
15 de setembro de 2018
COREÓGRAFIA | CHOREOGRAPHY
Joelle Bouvier
ASSISTENTE DE COREOGRAFIA | ASSISTANT CHOREOGRAPHER
Emilio Urbina | Rafael Pardillo
MÚSICA | MUSIC
Trechos de Bachianas Brasileiras
Villa Lobos
Paixão Segundo São Mateus
Johann Sebastian Bach
Trechos de Bachianas Brasileiras
Villa Lobos,
Paixão Segundo São Mateus
Johann Sebastian Bach,
Melodia Sentimental
letra de Dora Vasconcellos
Pátria Minha
poesia de Vinícius de Moraes) cantadas por Maria Bethânia

FIGURINOS | COSTUME DESIGN
Fábio Namatame
ILUMINAÇÃO | LIGHTING DESIGN
Renaud Lagier

MIRA | COREOGRAFIA PARA VR 360 GRAUS

https://www.youtube.com/watch?v=bZMkWzIZjbQ&feature=youtu.be
CRIAÇÃO ORIGINAL PARA A
SÃO PAULO COMPANHIA DE DANÇA
NO PROGRAMA ATELIÊ DE COREÓGRAFOS BRASILEIROS
ESTREIA | PREMIERE
Lançamento do vídeo da coreografia
28 de agosto de 2018
DIREÇÃO | DIRECTION
Inês Bogéa | Luciano Cury
PRODUÇÃO EXECUTIVA | EXECUTIVE PRODUCTION
João Marcello Bôscoli
TRILHA | SOUNDTRACK
Max Richter
The Four Seasons Winter 3
Vivaldi
COREOGRAFIA | CHOREOGRAPHY
Milton Coatti
FILMAGEM E EDIÇÃO | FILM SHOOTING AND EDITING
Panogramma
FIGURINOS | COSTUME DESIGN
Raquel Davidowicz
STYLING
Paula Iglecio

O LAGO DOS CISNES

CRIAÇÃO ORIGINAL PARA A
SÃO PAULO COMPANHIA DE DANÇA
ESTREIA | PREMIERE
Teatro Sérgio Cardoso São Paulo SP
14 de novembro de 2018
COREOGRAFIA | CHOREOGRAPHY
Mario Galizzi a partir do original de 1895 de
Marius Petipa (1818–1910)
Lev Ivanov (1834–1901)
MÚSICA | MUSIC
Piotr Ilitch Tchaikovsky (1840-1893) com
partitura revisada por Riccardo Drigo (1846–1930)
CENOGRAFIA | SET DESIGN
Marco Lima
FIGURINOS | COSTUME DESIGN
Fabio Namatame (1ª e 3ª cenas, todos; 2ª cenas, homens)
Tânia Agra (2ª e 4ª cenas, *tutus* e bruxo; 3ª cena, Odile)
ILUMINAÇÃO | LIGHTING DESIGN
Wagner Freire
ASSISTENTE DE COREOGRAFIA | ASSISTANT CHOREOGRAPHER
Sabrina Streiff

ASSISTENTE DE CENOGRAFIA | ASSISTANT SCENOGRAPHER
César Bento
ADEREÇOS | PREMIERE
Robson Rui (bestas),
Américo Corrêa (Machado, Trompetas e Cetro)
COORDENAÇÃO DE CENÁRIO | COORDINATION OF SET
Ono-Zone Estúdio | Fernando Brettas
VISAGISMO | MAKEUP ARTS
Augusto Sargo
AULAS DE DRAMATURGIA | ACTING INSTRUCTOR
Vivien Buckup

PRÊMIO | 2018

VIVIEN BUCKUP, PROFESSORA DE DRAMATURGIA DE O LAGO DOS CISNES, DA SPCD GANHOU *PRÊMIO TÉCNICO* PELA APCA | ASSOCIAÇÃO PAULISTA DE CRÍTICOS DE ARTE

MELHOR ÚNICO DIA

PETRICHOR

BERNSTEIN 100

SCHUMANN OU OS AMORES DO POETA

ODISSEIA

MIRA

O LAGO DOS CISNES

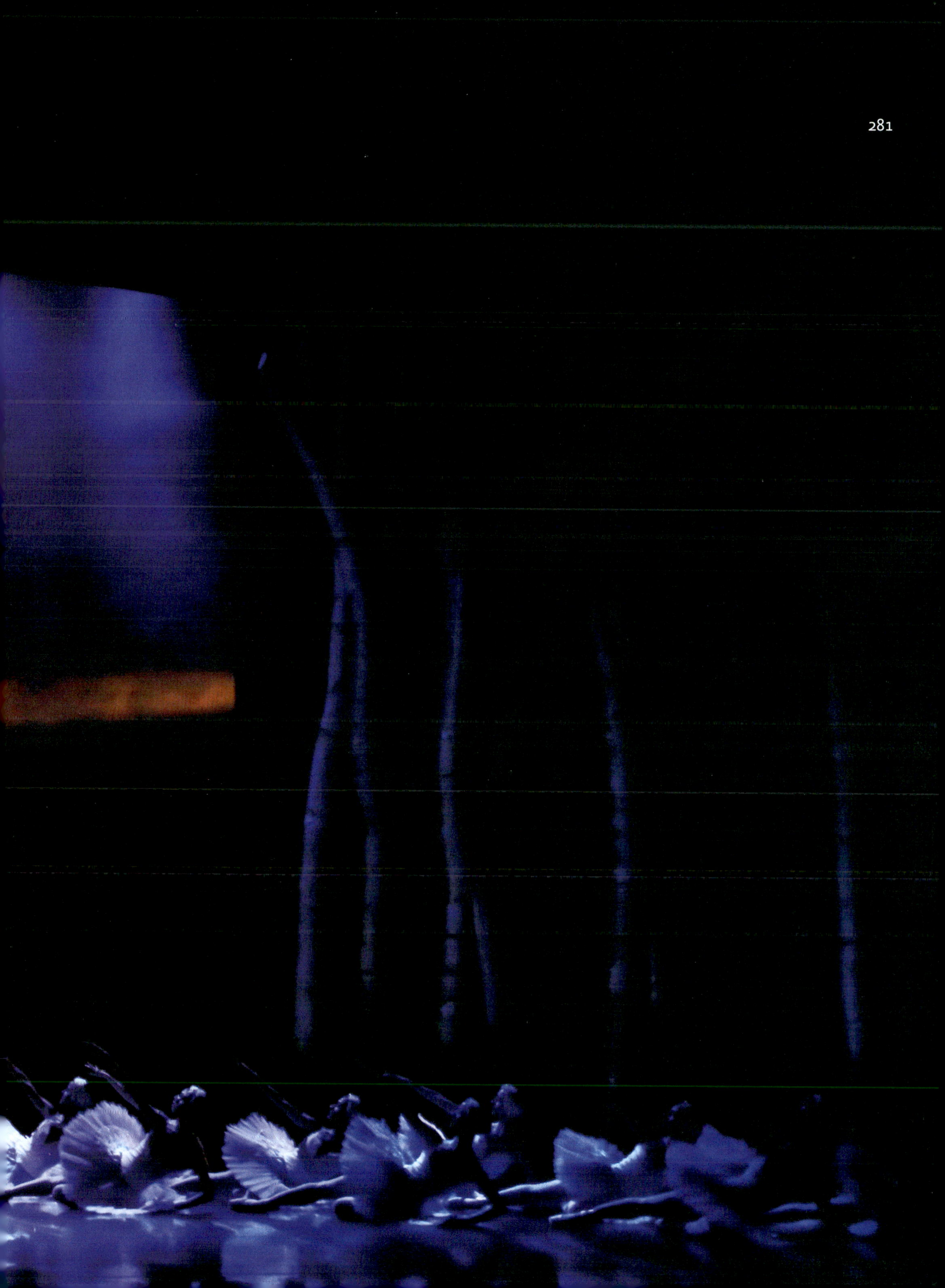

2015
2016
2017
2018

SÃO PAULO

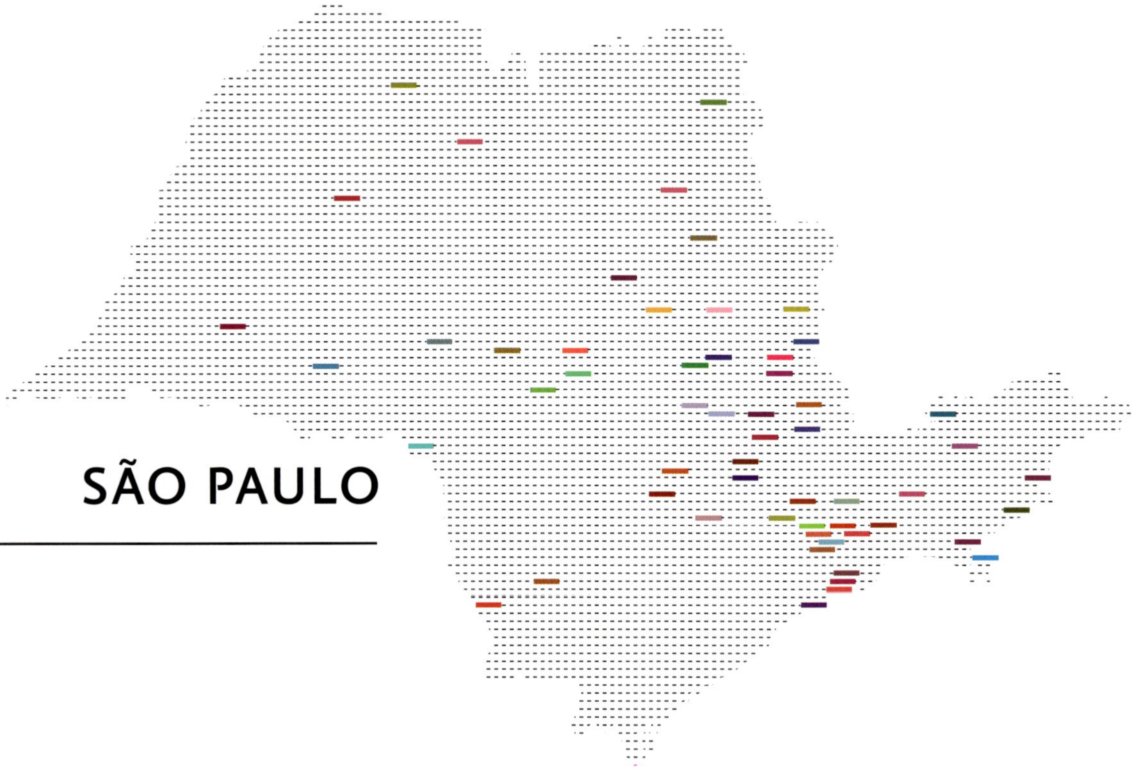

69 CIDADES DO ESTADO DE SÃO PAULO

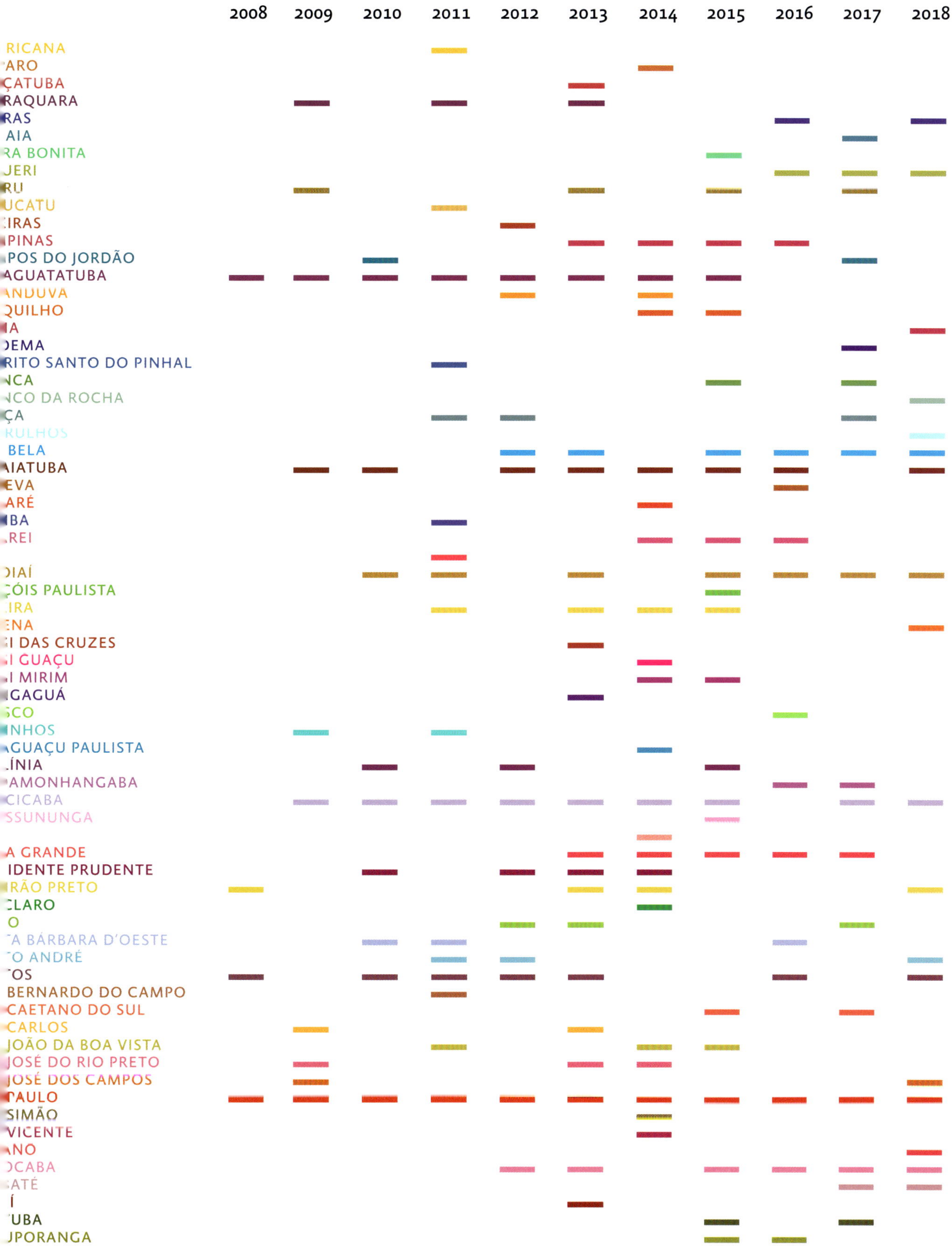

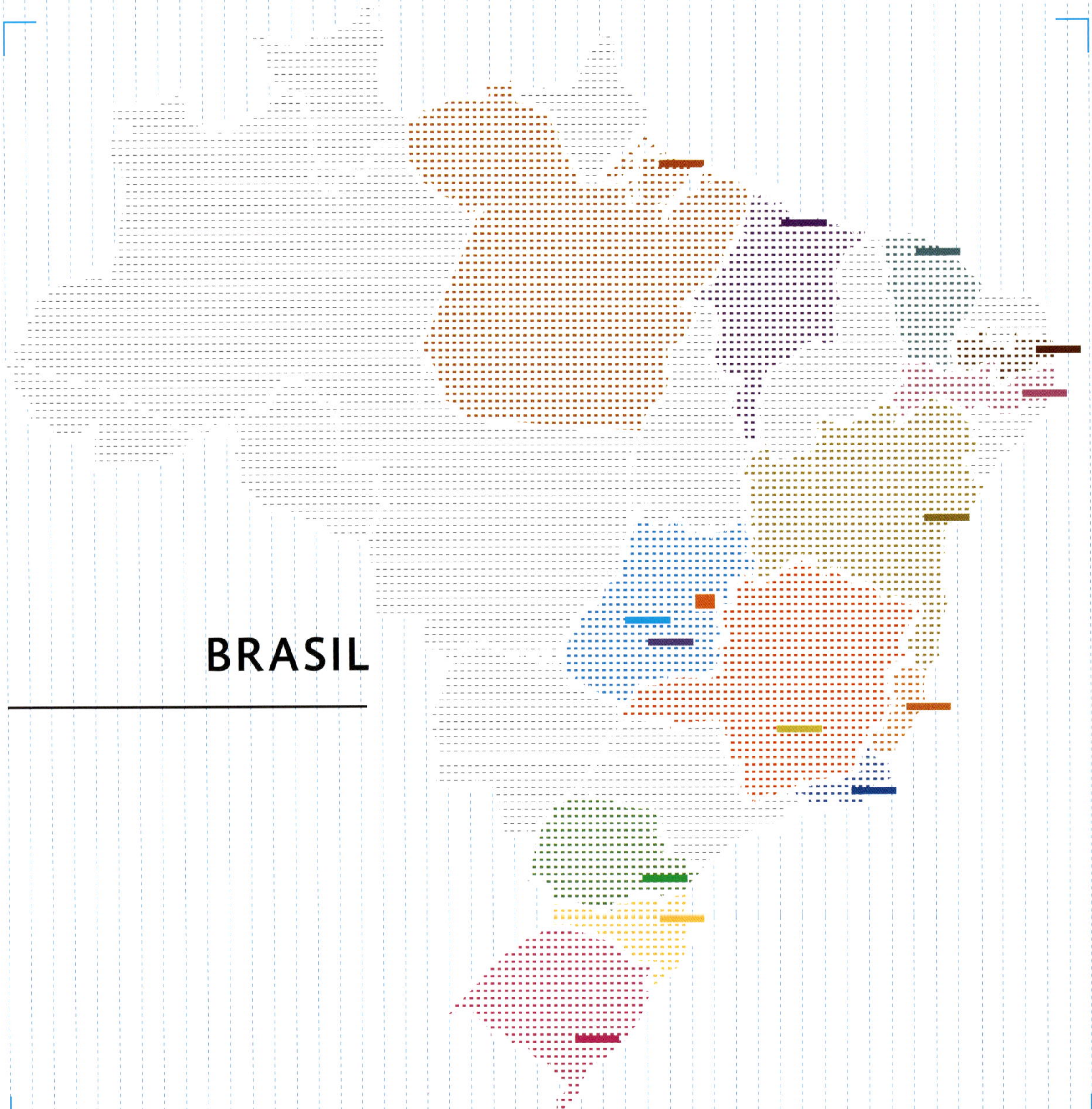

BRASIL

14 ESTADOS DO BRASIL | 17 DIFERENTES CIDADES

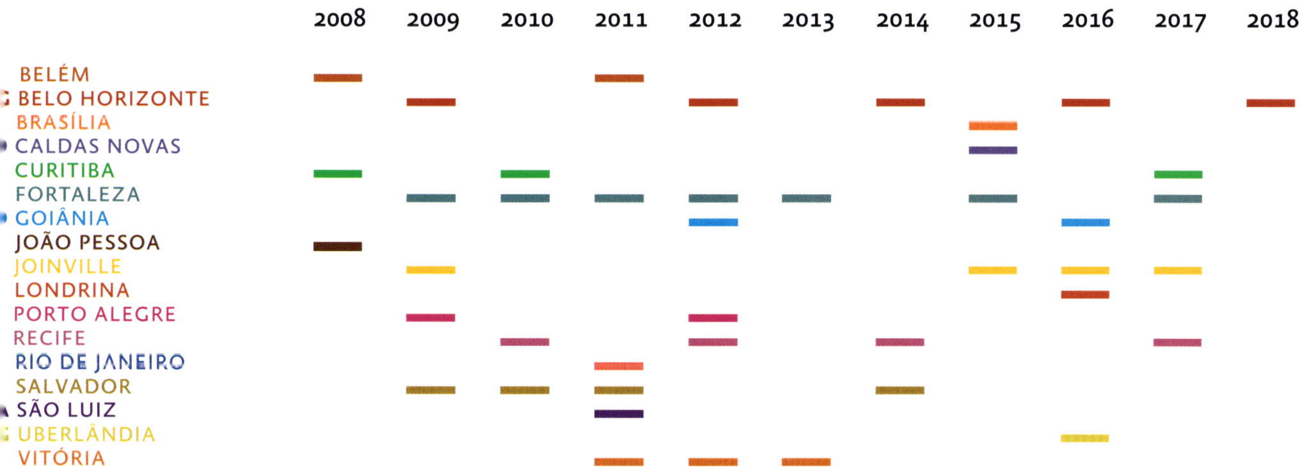

INTERNACIONAL

AGENTES INTERNACIONAIS
MEINRAD HUBER | ECOTOPIA DANCE PRODUCTIONS
GUY DARMET | GUYPANEMA PROMOÇÕES ARTÍSTICAS
OFFER ZAKS | OZ PRODUCTIONS

17 PAÍSES | 51 DIFERENTES CIDADES

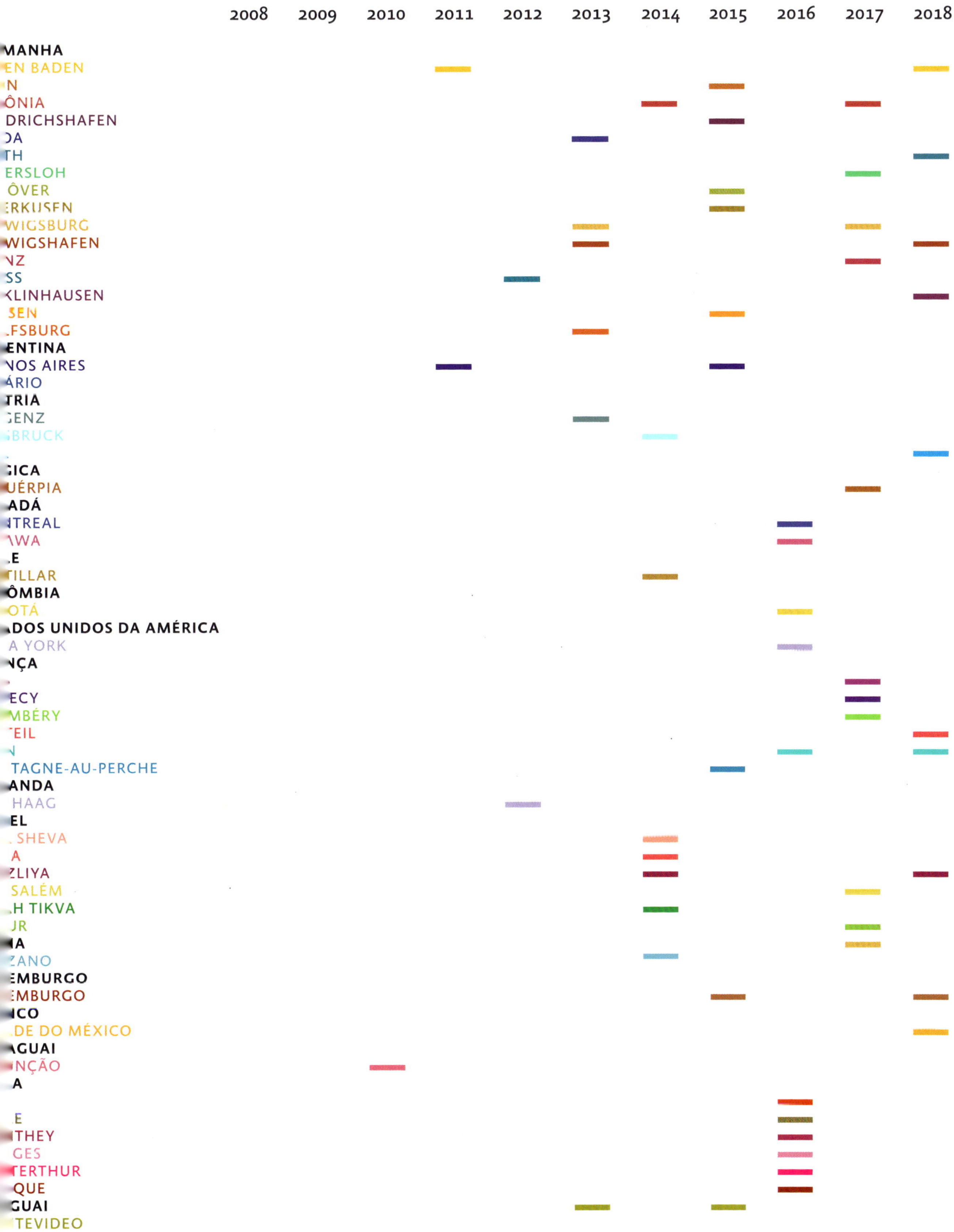

PROGRAMAS EDUCATIVOS E DE FORMAÇÃO DE PLATEIA PARA A DANÇA

COOPERAÇÃO E RESPEITO À DIVERSIDADE: 10 ANOS DE AÇÃO CULTURAL DA SÃO PAULO COMPANHIA DE DANÇA

ANA TERRA

1_EM MEIO A OBSCURIDADE A DANÇA DO PÁSSARO DE FOGO

No ano em que a São Paulo Companhia de Dança (SPCD) completou uma década, sua temporada artística ganhou o título "Pássaro de Fogo". Segundo Inês Bogéa, diretora artística da Companhia, esse pássaro "simboliza a luz. É uma ave lendária, mítica e imortal, capaz de se regenerar, de encontrar potência para sua existência pelo encorajamento e superação." A temática vem ao encontro "das observações, reflexões e transformações do Brasil dos dias atuais". (site da SPCD, 2017)

Sim. Estamos vivendo em tempos um tanto obscuros, desafiadores àqueles que primam pela sensibilidade no contato com a diversidade humana. E, como não poderia deixar de ser, a arte e os artistas se assemelham aos pássaros de fogo em sua capacidade de resistência e resiliência mantendo, mesmo que em estado de latência, a luz, que aqui utilizo como metáfora da capacidade de se regenerar em obras e proposições que nos levam à experiência estética, à apropriação e invenção de sentidos, à reflexão sobre nossas próprias e compartilhadas vidas.

Entendo que tais motivos seriam já suficientes para afirmar a fundamentalidade da arte em nossos cotidianos, mas alguns acontecimentos recentes em nosso país, parecem apontar para outra direção. Cortes orçamentários expressivos na área da cultura, a desconfiguração da disciplina Arte para a condição de mero componente nas novas bases curriculares nacionais[1] e seu enfraquecimento no novo desenho do Ensino Médio[2], ou mesmo, certos movimentos reivindicando a censura de obras devido às suas temáticas ou estéticas, apontam para a restrição da produção, do ensino e do acesso à fruição da arte, em toda sua diversidade.

Esse quadro me mobiliza a refletir sobre o papel e a relevância de algumas das ações desenvolvidas em duas vertentes de trabalho, muito significativas no percurso da SPCD nesses últimos 10 anos—o *educativo* e a *memória*—dedicadas a fortalecer a dança junto à sociedade.

Diferentemente do que acontece em muitos museus e teatros, o *educativo* da SPCD é composto por um conjunto de projetos e ações, que podem tanto acontecer em sua sede, como *viajar* com os integrantes da Companhia em suas temporadas pelo estado de São Paulo, ou por outros estados brasileiros. Espetáculos gratuitos, palestras, aulas, oficinas, seminários e ateliês abarcam um amplo espectro de interessados: aqueles que nunca assistiram a um espetáculo e nem entraram em um teatro, aqueles que já apreciam

1 *Na Base Nacional Curricular Comum a Arte não é tratada como área de conhecimento autônoma; pertence à área das Linguagens. E, apesar do posicionamento contrário das diferentes associações nacionais representativas da formação de professores e pesquisadores das artes, o estudo de certos conteúdos da dança aparecem não apenas nos componentes de ensino da Arte, como também nos componentes de ensino da Educação Física.*

2 *Após muita pressão de diversos segmentos sociais a Arte será obrigatória—tem que estar presente no percurso do Ensino Médio—mas não necessariamente estará contemplada como disciplina na grade, o que dependerá do desenho curricular a ser percorrido pelos alunos. O que fica definido na Base Nacional Comum Curricular (BNCC) do Ensino Médio é a obrigatoriedade do estudo de conteúdos de Arte, mas, esses conteúdos podem ser estudados apenas como temáticas transversais ou objeto de estudo dentro de outra disciplina específica.*

dança, aqueles que estudam e se encaminham para profissionalizar-se e até aqueles que já atuam como artistas e/ou professores na área.

Interseccionando as áreas da cultura e da educação, os projetos e ações que compõem os Programas Educativos e de Formação de Plateia para a Dança da SPCD—o *educativo*—constituem-se em última instância, como "[...] processos de diferentes naturezas cuja meta é promover a aproximação entre indivíduos ou coletividades e obras de cultura e arte" (COELHO, 2012, p. 268).

Concebida a partir do desejo de compartilhar com esses diferentes públicos as inúmeras histórias da dança, na vertente da *memória* do trabalho da SPCD abarca a produção e a difusão de um rico material: vídeos, documentários, exposições, livros, material didático, enciclopédia colaborativa online, livretos, entre outros. Esses materiais, em sua maioria, são distribuídos gratuitamente para instituições culturais e educacionais públicas, não governamentais ou privadas (com ações públicas) e também para escolas e universidades comprometidas com a iniciação artística e a formação profissional em dança. Como é possível ver, o *educativo* e a *memória* se entrelaçam formando uma rede que expande não apenas a produção artística da Companhia, mas investe para que a dança seja acessada e compreendida como um campo de conhecimento singular por diferentes segmentos sociais. Em um artigo anterior (COSTAS, 2013) discute as relações entre criação, *mediação* e *memória* como um movimento direcionado à sustentabilidade da Companhia, alinhado com uma noção preciosa da preservação da vida em nosso planeta. Neste momento comemorativo, pretendo examinar como essa rede de ações culturais da SPCD pode contribuir para o enfrentamento de algumas temáticas que se encontram no centro de inúmeros debates contemporâneos: diversidade, respeito e cooperação.

FOTO_1
Espetáculo gratuito para Estudantes e Terceira Idade

FOTO_2
3° Ateliê Internacional São Paulo Companhia de Dança
Profª Eva Schul

_1

_2

FOTOS_1 _2
Espetáculo Gratuito para Estudantes e Terceira Idade
_1
Participante
_2
Bailarina Fabiana Ikehara

_1

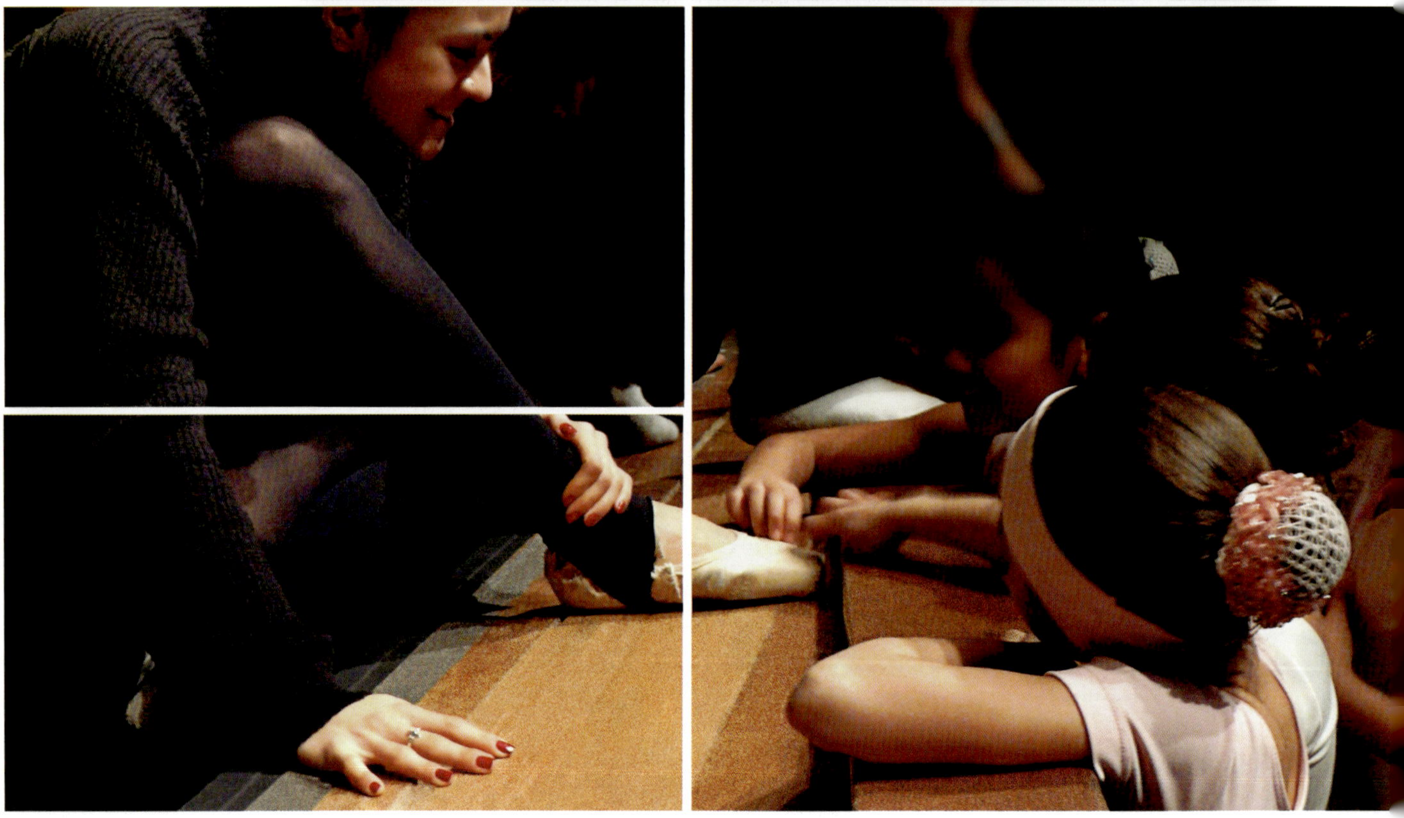
_2

Para tratar dessas três importantes palavras—diversidade, respeito e cooperação—trago a história emblemática de um jovem dançarino.

"Após preconceito e ameaças do EI [Estado Islâmico], dançarino sírio faz carreira na Europa". Essa foi a chamada para uma matéria publicada pelo jornal a *Folha de S. Paulo* em que se pôde acessar um pouco da trajetória do dançarino sírio-palestino Ahmad Joudeh. Em uma das fotos que ilustram essa matéria em forma de depoimento, ele figura dançando na praça dos Direitos Humanos, em Paris, no centro de uma imensa roda composta por pessoas de diferentes etnias, a maioria trajando vestes brancas, acredito que em alusão à paz. (BERCITO, 2017)

Ahmad Joudeh, então com 27 anos, foi chamado para trabalhar na Holanda por um coreógrafo que o descobriu por meio de um documentário produzido por um cineasta desse mesmo país. Até então, o artista dançava escondido no campo de refugiados palestinos de Yarmouk, em Damasco, capital da Síria. Após uma série de ameaças contra sua vida que culminaram com o anúncio de que a milícia terrorista Estado Islâmico iria decapitá-lo, Joudeh tatuou no pescoço: "Dance ou morra".

> Terroristas, como os do Estado Islâmico, acham que o que eu faço, dançando e dando aula de dança para crianças, é uma coisa de infiel. Querem destruir nossa cultura, nossa história, em nome da religião deles—que não sei qual é, mas não é o nosso islã. É outra coisa. Fiz uma reclamação à polícia, mas ninguém se importou. Então fui a um tatuador e pedi que escrevesse "dance ou morra" atrás do meu pescoço, exatamente onde eles me cortariam. (BERCITO,2017)

Em uma atitude extremamente corajosa o artista registra em seu próprio corpo seu protesto à barbárie. Não é necessário que lhe cortem a cabeça. O impedimento de manifestar-se por meio da arte e de compartilhar seus conhecimentos com crianças em um campo de refugiados e o fato de sua dança ser julgada como negação da sua identidade religiosa, já se impõem como uma morte em vida. Para ele, negar seu desejo e direito de dançar, é o mesmo que morrer. Então, ele elege o ato de dançar em oposição à morte pelo terror.

Podemos dizer que se trata de uma situação extrema, com implicações culturais, religiosas, políticas em uma parte do planeta em situação de guerra. Mas, infelizmente, questões relacionadas à intolerância diante da diversidade cultural, étnico-racial, religiosa, sexual e de gênero, entre outras, parecem estar em evidência em todos os cantos. Em 2002, foi elaborada pela UNESCO a Declaração Universal sobre a diversidade cultural.

No preâmbulo dos 12 artigos que apresentam os princípios desta declaração, reafirma-se o entendimento da noção de cultura como o conjunto dos traços distintivos espirituais e materiais, intelectuais e afetivos que caracterizam uma sociedade ou um grupo social e que abrange, além das artes e das letras, os modos de vida, as maneiras de viver juntos, os sistemas de valores, as tradições e as crenças. (UNESCO, 2017)

Seguem-se a essa conceituação algumas considerações que mobilizam a feitura desse importante documento, as quais gostaria de destacar pois irão nortear minhas reflexões mais adiante: [1] entende-se o respeito à diversidade das culturas, à tolerância, ao diálogo e à cooperação, como garantias da paz; [2] a consciência da unidade do gênero humano deve coexistir com o reconhecimento da diversidade cultural como base para o desenvolvimento dos intercâmbios culturais; e, [3] em um mundo globalizado, apesar de as novas tecnologias da informação e da comunicação constituírem-se como um desafio para a diversidade cultural (pois pode levar às homogeneizações), elas podem também criar condições para novos diálogos entre diferentes culturas e civilizações. Propositalmente destaco as palavras respeito e cooperação para evidenciar sua articulação na própria garantia da diversidade.

Apesar da importância desses três aspectos que destaquei na declaração, documentos como esses, que pretendem alcançar uma universalidade exigem nossa atenção.

_1

Identifico-me com o antropólogo Lins Ribeiro (2002) quando ele afirma que, apesar de conferir extremo valor a noções como liberdade, democracia, direitos humanos (e, neste caso, sobre diversidade cultural) tais ideias são histórica e culturalmente construídas. Em um mundo globalizado marcado pelo multiculturalismo (em que muitas culturas habitam um mesmo país ou espaço geográfico), todo cuidado é pouco diante de certas visões políticas que continuam a insistir em universalizar "particularismos locais". Tomemos por exemplo a história de dominação do homem branco ocidental sobre os povos nativos no período do "descobrimento das Américas"; em que uma concepção eurocêntrica de homem foi universalizada como "a" maneira de ser humano. Segundo esse autor, devemos conceber e exercitar perspectivas mais abertas e mais sensíveis aos diferentes contextos e práticas culturais, aos modos de ser e viver—que não atentem à vida alheia—mirando quem sabe, a diversalidade. (RIBEIRO, 2002, p. 32). Considerando que a formação do caráter acontece em um mundo desigual, o sociólogo e historiador americano Richard Sennett (2004) realiza uma profunda investigação sobre como definir, conceituar, o que significa *respeito*. Atravessando noções imbricadas no tema, muitas vezes tidas como sinônimos—*status*, prestígio, reconhecimento, honra e dignidade—o autor irá utilizar da música, sua outra área de conhecimento para destrinchar essa palavra tão importante na vida social. A ideia de respeito implica uma

FOTO_1
Meu Amigo Bailarino
Morgana Lima
Daphne Chequer
Elenco SPCD
FOTO_2
Palestra de Dança

_2

_1

FOTO_2
SPCD Convida no
Teatro Sérgio Cardoso | SP
Instituto Gnética

_2

_3

FOTOS_1 _3
3° Ateliê Internacional
São Paulo Companhia de Dança

_1
Participantes

_3
Diretora Inês Bogéa
Videomaker André Boaretto

relação marcada pela *mutualidade*; segundo Sennett, entre dois, artistas, um cantor e um pianista em um concerto, para além do ímpeto cooperativo em cena, o alcance da mutualidade está na sua tradução em música, resultado de suas potencialidades performativas, interpretativas. Ou seja, não é apenas algo que se intenciona e se deseja ao estar com o outro, mas algo que se aprendeu a fazer fazendo, *junto*. Penso eu, algo como um empoderamento de si que apenas acontece com o empoderamento do outro.

E, seguindo esse pensamento, em obra posterior, com um título mais do que sugestivo —*Juntos*—Sennett irá abordar como tema a *cooperação*; não qualquer uma, mas aquela que segundo o autor, é desafiadora e custosa pois "[...]tenta reunir pessoas de interesses diferentes ou conflitantes, que não se sentem bem em relação umas às outras, que são desiguais ou simplesmente não se entendem." (SENNETT, 2012, p. 19). E, as vantagens de uma cooperação como esta, de caráter complexo é que "sustentam o grupo social nos infortúnios e reviravoltas; ajudam indivíduos e grupos a apreender as consequências de seus atos, facilita a auto-compreensão de cada um" (SOUZA, 2013, p. 187). A base para uma cooperação dessa intensidade seriam habilidades, técnicas apreendidas desde que somos pequenos, para fazer algo bem feito. Cooperar implica sermos capazes de exercer com destreza habilidades sociais sérias, as chamadas "habilidades dialógicas": ouvir atentamente, agir com tato, buscar pontos de convergência e saber gerir momentos de discordância ou evitar frustrar-se em um debate difícil. E, para Sennett, a receptividade que garante tal magnitude de cooperação *aparece na prática* (SENNETT apud SOUZA, 2013, grifo meu).

FOTO_1
3° Ateliê Internacional
São Paulo
Companhia de Dança
Participantes

_1

Inspirados por essas reflexões sigamos ao que nos traz aqui: as *práticas* educativas e de memória da SPCD em seu propósito de cultivar a cooperação e o respeito à diversidade em um país de desigualdades no que diz respeito, por exemplo, ao acesso à arte.

3_ A ARTE DE CONVIVER COM O ESTRANHO E SUAS DIFERENÇAS[3]

Em 2010, a SPCD tornou-se a primeira companhia brasileira a dançar uma obra da coreógrafa canadense Marie Chouinard: *Prélude à l'après-midi dún Faune* (1994). Na primeira versão *L'Après-midi d'un Faune* (1987), a coreógrafa partiu da observação das fotos de Adolphe de Meyer, da coreografia de Nijinsky (1889-1950). Na segunda versão, Chouinard incorporou a música de Claude Debussy (1862-1918); em formato solo, dialogando criativamente com os conceitos e as matrizes da coreografia original: a horizontalidade, a bidimensionalidade, a posição das mãos retas e os pés em rotação interna.
Um século antes, a estreia de *L'Après-midi d'un Faune* chocou até as plateias mais afeitas às estéticas modernas da época; a dança de Nijinski afetou os espectadores por sua intensa sensualidade. Na releitura de Marie Chouinard a obra "ganhou ainda mais erotismo" (PAVLOVA, 2010). Além do hibridismo homem-animal, na versão da canadense, uma mulher-animal assume a centralidade da cena trajando um figurino que além de reforçar aspectos animalescos, sugere também um híbrido homem-mulher. Um ser estranho.
Qual deve ser o impacto do contato ainda hoje, com essa obra, para espectadores que desconhecem sua história, ou que estejam menos habituados às obras de dança contemporânea? Fico imaginando quantas perguntas e sensações, quantos pensamentos podem circular em uma plateia que se dispõe a aprecia-la: essa dança é sobre questões de gênero? Ou, trata-se de uma crítica sobre a animalidade humana? Por que uma mulher veste chifres? Por que se movimenta como se estivesse presa entre duas paredes? Não sei o que quer dizer, mas é forte. Esquisito...
Em outubros de 2017, o encerramento antecipado da exposição *Queermuseu—Cartografias* da Diferença na Arte Brasileira, em cartaz durante um mês no Santander Cultural, em Porto Alegre chocou a todos os cidadãos que defendem a liberdade da expressão artística, que entendem a arte—também—como um universo importante de questionamento, crítica e reflexão, mesmo que muitas vezes nos afete pelo estranhamento, por aquilo que não gostaríamos de ver tão exposto, por exemplo, a violência de toda e qualquer espécie. Apesar de o Ministério Público Federal no Rio Grande do Su (MPF/RS)

3 *O título escolhido para esta seção do texto tem por referência uma reflexão do sociólogo Zygmunt Bauman (2013) que apresentaremos mais adiante.*

_2

_3

FOTO_1
SPCD Convida no
Teatro Sérgio Cardoso | SP
Ballet de Paraisópolis

FOTOS _2 _3
Intercâmbio com Projeto Social
Espetáculo da Terra em Heliópolis

emitir parecer, o qual recomenda ao Santander Cultural a imediata reabertura da exposição até a data em que estava previsto originalmente seu encerramento, a entidade, de caráter privado, não acatou a recomendação. O parecer elaborado pelo procurador da República Fabiano de Moraes, ressaltava que o encerramento de uma exposição artística "causa um efeito negativo a toda liberdade de expressão artística, trazendo à memória situações perigosas da história da humanidade como os episódios envolvendo a 'Arte Degenerada' [...], com a destruição de obras na Alemanha durante o período de governo nazista." (VIEIRA, 2017)

4 | 5 Neste livro, Zygmunt Bauman é entrevistado por Riccardo Mazzeo, tradutor de suas obras para o italiano. Na verdade, trata-se de uma série de diálogos que procuram enfrentar a seguinte pergunta: "Qual o papel da educação num mundo em que não há mais visão clara de futuro? Que função devem desempenhar os educadores quando os jovens se defrontam com profundas incertezas quanto à sua sorte e as expectativas de uma vida estável?" (2013, orelha do livro)

Como dito pelo crítico e curador Teixeira Coelho "A arte não deve nada. Arte é o campo do pode ser, não do deve ser" (COELHO, 2017, p. 45). E a arte pode muitas coisas: encantar, elucidar, enternecer, perturbar, acalmar, e em uma lista que poderia ser infindável, pode estranhar. Isso quer dizer, pode surpreender quando nos coloca diante de algo ou alguém—por exemplo, corpos e movimentos—que desconheço, algo ou alguém, diferente do que conheço.

Em uma obra [4] dedicada a pensar sobre a educação e a juventude, o sociólogo Zygmunt Bauman fala sobre a "necessidade de desenvolver, aprender e praticar a arte de conviver com os estranhos e sua diferença em base permanente e cotidiana". Segundo ele, trata-se de algo inescapável; as diferenças—no caso, o autor reflete sobre a crise europeia frente a entrada de imigrantes e refugiados—estão a bater às portas e é improvável que essas portas consigam se manter fechadas. (BAUMAN, 2013, p.9)

> Há duas reações opostas a esse fenômeno nas cidades contemporâneas: a mixofobia, o típico medo de se envolver com estrangeiros, e a mixofilia, o prazer de estar num ambiente diferente e estimulante. As duas tendências conflitantes têm mais ou menos a mesma força: as vezes prevalece a primeira, as vezes prevalece a segunda. Não podemos dizer qual vai triunfar, mas, em nosso mundo globalizado, interconectado e interdependente, o que fazemos nas ruas, nas escolas primárias e secundárias, nos lugares públicos em que encontramos outras pessoas é extremamente importante não apenas para o futuro do lugar em que vivemos, mas para o futuro do mundo todo [5]. (BAUMAN, 2013, p.8, grifos meus)

A SPCD vem dedicando-se a desenvolver inúmeros projetos voltados às escolas da educação básica, especialmente da rede pública, propiciando a crianças, jovens e adultos—estudantes, educadores e gestores—diferentes contatos com o mundo da dança, a qual é, para muitos, uma arte desconhecida e quem sabe, por isso mesmo, estranha.

A Palestra para os Educadores compõe um programa de encontros preparatórios ministrados por Inês Bogéa e membros do *educativo* em que a dança é apresentada em suas possíveis relações com outras áreas do conhecimento, destacando-se seu potencial na formação cidadã. Contando com a apresentação de um documentário temático, a palestra também é um espaço para perguntas, conversas e reflexões entre os educadores. De 2008 a 2015, seis documentários foram produzidos especialmente para esta ação, dirigidos por Inês Bogéa: *A Escrita da Dança* (2014), *Uma Roupa que Dança* (2010), *Vida de Bailarino* (2009), *Caixa Preta* (2009), *Nos Passos da Dança* (2008), *A Dança no Tempo* (2008). Nos Espetáculos Gratuitos para Estudantes e para a Terceira Idade, a plateia pode conhecer sobre como é o processo de criação e montagem dos espetáculos da Companhia. Além de assistir o espetáculo em temporada, pode acessar os bastidores da cena por meio de vídeos ou passeios monitorados. Essa atividade conta com um rico material impresso, produzido especialmente para o projeto com a colaboração de cartunistas reconhecidos e com o intuito de aproximar o público alvo das obras, por meio de textos e imagens. Em suas pesquisas no Brasil, na França e na Bélgica a pesquisadora Maria Lúcia Pupo analisou diferentes experiências de programas educativos de instituições culturais públicas, privadas, grupos independentes, as quais envolviam composições entre os campos da arte e da educação. Dentre suas inúmeras contribuições sobre o assunto a autora sugere que a formação de espectadores envolve a articulação entre situações em que "se assiste, se experimenta e se reflete sobre teatro" (PUPO, 2015, p. 343).

Trata-se de uma triangulação potente, que observo sendo buscada pela SPCD, especialmente, na extensão das ações do educativo para bailarinos pré-profissionais e profissionais e professores, jornalistas e fotógrafos de dança. Refiro-me aqui a dois importantes eventos: o Seminário Internacional de Dança (2013), que visa abordar a prática da dança em diferentes perspectivas, incluindo a pesquisa desenvolvida nas universidades, e o Ateliê Internacional São Paulo Companhia de Dança (2014, 2015, 2017) que proporciona um ambiente de estudo prático-teórico de técnicas e criação. São encontros que ocasionam, também, o contato entre diferentes informaçoes, formaçoes e modos de trabalhar em dança; os participantes, oriundos das mais distintas regiões do estado e do país, têm a oportunidade de praticar e colaborar criativamente com os artistas e professores—de dança clássica, moderna e contemporânea—atuantes no cenário nacional e internacional. Além disso, alguns temas são trabalhados em oficinas teóricas abrindo-se espaço para o exercício da contextualização e reflexão sobre a dança. Penso que tais eventos cumprem o papel fundamental de ampliar os horizontes técnicos, estéticos e poéticos daqueles que desejam trilhar o caminho profissional em dança

E, esse caminho, nos revela, às vezes muitas surpresas. Há muitos anos atuo como professora formando bacharéis e licenciados em dança; nesse percurso, uma das disciplinas que tenho ministrado aborda o ensino da arte na perspectiva da educação inclusiva, tanto na educação básica, como em outros espaços educacionais não formais de iniciação artística. É impressionante como vem crescendo o interesse de inúmeros jovens em atuar em contextos de ensino da dança nos quais as pessoas com deficiência estão presentes. Poderia dizer também que cada vez mais, tenho testemunhado por meio desses alunos em situação de estágio supervisionado, a presença das pessoas com deficiência nas escolas, nos estúdios ou nas oficinas culturais, em aulas de dança. Para muitos cidadãos brasileiros (ainda) é algo estranho.

Criado em 2017, o projeto da SPCD chama-se Meu Amigo Bailarino. Alguns membros da Companhia realizam visitas em instituições e organizações sociais, as quais atendem públicos que, em alguns casos, dificilmente acessariam espaços de apresentação, por estarem em situação que merecem cuidados especiais. Nessas visitas-encontros, acontecem apresentações de trechos de coreografias, às vezes em pequenos espaços de um quarto de hospital, entre cadeiras de rodas e camas, e também acontecem conversas, apertos de mão, abraços, afeto. Corpos muito diferentes se dispõem a entrar em contato (pura mixofilia, diria Bauman) para se conhecer. E assim, o educativo que pretende direcionar-se para "os outros", acredito eu, propicia aprendizados para os próprios artistas que participam dos encontros e passam a praticar estudos sobre a arte de conviver com o 'estranho' e suas diferenças.

FOTO_1
1° Seminário Internacional de Dança SPCD
Prof.ª Mônica Monteiro
Participante

FOTO_2
1° Ateliê Internacional São Paulo Companhia de Dança
Prof.ª Hilary Cartwright
Participantes

_1

Gostaria de abordar aqui mais uma outra frente da SPCD, as parcerias com a comunidade de Heliópolis e com o Balé de Paraisópolis, ambas iniciadas em 2017.

Desde 2011 a artista multimídia Denise Milan vem realizando o projeto Espetáculo da Terra com crianças, jovens e educadores da comunidade de Heliópolis. Com histórico de engajamento com arte pública, sua proposta artística é desenvolver anualmente um espetáculo em forma de cortejo/ópera tendo por tema elementos da natureza. A principal parceria do projeto é com a UNAS—União de Núcleos, Associações dos Moradores de Heliópolis e Região.

Em sua 7ª edição, a partir do convite de Denise Milan, a SPCD tornou-se parceira desse projeto, o que possibilitou a crianças e jovens participantes dos 11 Centros Para Criança e Adolescente de Heliópolis, os CCAs, o acesso à aprendizagem e aos ensaios de coreografias criadas por Mônica Monteiro, artista convidada pela Companhia. Além do trabalho junto aos aprendizes foram realizados encontros com os coordenadores e educadores da UNAS que participam das atividades do projeto. Esse trabalho culminou em um espetáculo que envolveu bailarinos, direção artística e técnicos da Companhia, em novembro de 2017.

Por um caminho diferente, outra parceria iniciou-se também em 2017. O contato com a comunidade de Paraisópolis aconteceu por meio da ação Meu Amigo Bailarino, que já apresentei anteriormente. A partir de uma visita da SPCD, estabeleceu-se o contato entre a Companhia e o Ballet Paraisópolis, concebido e dirigido pela professora e coreógrafa Monica Tarragó. Depois, foi a vez de o grupo de Paraisópolis ser recebido no programa SPCD de Portas Abertas que acontece em sua sede; lá, seus integrantes puderam fazer aulas, assistir os ensaios e participar de uma palestra sobre dança. No mês de junho de 2017 e em novembro de 2018, o Ballet de Paraisópolis foi convidado, junto com a algumas outras escolas, a se apresentar no Teatro Sérgio Cardoso, antes do espetáculo da Companhia em um espaço alternativo, próximo à sala de espetáculos montada para a temporada.

O que podemos dizer sobre essas formas de cooperação? Retomo aqui as reflexões de Sennett (2012), sobre o tema; segundo o autor, dentre as vantagens alcançadas por tais práticas de cooperação em situação de alteridade, os envolvidos—neste caso, diferentes contextos de estudos e produção em dança—podem encontrar com maior facilidade, cada qual, a auto-compreensão: saber mais sobre quem são.

Penso que para os artistas integrantes da SPCD essa cooperação inspira, mais ainda, a reflexão sobre o papel da dança e do artista, sobre a responsabilidade de atuar em uma companhia—referência—com aporte público, sobre a necessidade de compartilhar seu capital cultural e artístico.

O projeto de iniciação artística de Heliópolis e o projeto de formação artística Ballet Paraisópolis, ambos situados em regiões periféricas da cidade de São Paulo, nasceram mobilizados por duas artistas preocupadas com as desigualdades sociais e de acesso à diversidade cultural nessa metrópole e se firmaram em parceria com organizações comunitárias locais. Penso que para as crianças, jovens, educadores e artistas desses projetos, a cooperação pode igualmente inspirar o enfrentamento de questões semelhantes: qual o papel da dança no tornar-se cidadão? Como as danças—praticadas e compartilhadas dentro e fora da comunidade—expressam seus sentimentos, desejos, pensamentos sobre si, sobre o outro, sobre o mundo? Como reconhecer-se com um capital cultural e artístico próprio a ser, também, compartilhado?

Nas linhas gerais do plano de ação sugerido na declaração universal da UNESCO sobre a diversidade cultural sugere-se:

> Favorecer o intercâmbio de conhecimentos e de práticas recomendáveis em matéria de pluralismo cultural, com vistas a facilitar, em sociedades diversificadas, a inclusão e a participação de pessoas e grupos advindos de horizontes culturais variados.
> (UNESCO, 2017, grifos meus)

Gostaria de ressaltar aqui, como as parecerias desenvolvidas pela SPCD se alinham com essa ação; mesmo não se tratando por hora de trocas entre danças diferentes produzidas pelos envolvidos, entendo ser muito relevante o intercâmbio, o aprendizado mútuo sobre a própria ação de cooperar. E, tratando-se de projetos que têm em comum a arte, esse saber cooperativo está apoiado no respeito às singularidades, fora e dentro da cena, respeito que alcança a *mutualidade*, parafraseando Sennett, pois se conquista na experiência de dançar, juntos.

FOTOS_1 _2 _3
3° Ateliê Internacional
São Paulo Companhia de Dança
Participantes

_1

_2

_3

5_"TENHO ORGULHO DE QUE AGORA TODAS AS PESSOAS ME CONHECEM, SIM, COMO UM DANÇARINO"

Esta fala do dançarino sírio-palestino Ahmad Joudeh manifesta o orgulho em poder ser reconhecido socialmente em sua escolha pela dança como uma profissão. Pareceu-me muito pertinente para abordar o papel que a série de documentários Figuras da Dança vem desempenhando na construção do respeito da sociedade ao artista da dança reconhecendo sua singularidade profissional e também, do cultivo do respeito à diversidade de escolhas e caminhos que pode caracterizar a escolha da dança como profissão, entre os próprios profissionais da área.

Nesses 10 anos de existência a SPCD produziu a série de documentários Figuras da Dança que conta hoje com 34 episódios sobre artistas e professores da dança: Ismael Guiser (1927-2008), Ivonice Satie (1950-2008), Ady Addor (1935-2018), Marilena Ansaldi, Penha de Souza, Ruth Rachou, Luis Arrieta, Hulda Bittencourt, Tatiana Leskova, Angel Vianna, Antonio Carlos Cardoso, Carlos Moraes (1936-2015), Décio Otero, Márcia Haydée, Sônia Mota, Ana Botafogo, Célia Gouvêa, Lia Robatto, Marilene Martins, Ismael Ivo, Edson Claro (1949-2013), Hugo Travers, J. C. Violla, Cecília Kerche, Eva Schul, Janice Vieira, Eliana Caminada, Mara Borba, Jair Moraes (1946-2016), Paulo Pederneiras, Maria Pia Finócchio, Nora Esteves, José Possi Neto e Aracy Evans. São 34 homens e mulheres que elegeram a dança—muitos deles desafiando convenções e enfrentando severos desafios em seus cotidianos—e sustentaram suas vidas exercendo esta profissão!

Os documentários são reunidos em uma caixa de DVDs, acompanhados de livretos informativos sobre cada um desses artistas e professores, com textos de pesquisadores, fotos históricas e uma cronologia. Como disse anteriormente, a série Figuras da Dança não é comercializada; ela é distribuída para instituições educativas e culturais, principalmente as que contam com biblioteca pública, além de universidades e organizações não governamentais. Depois de terem sido veiculados pela TV Cultura, nos últimos anos, os programas têm sido exibidos nos canais Arte 1 e Curta![6] alcançando assim, novos públicos. E, desde 2017, todos os documentários e livretos informativos estão disponíveis para *download* no site da SPCD.

Em 2014, convidada a ministrar o curso Dança do Brasil no 1° Ateliê Internacional da SPCD, em Piracicaba. Em uma das aulas, abordei como tema a formação dos artistas da dança no Brasil, utilizando como material central de consulta a série Figuras da Dança. A partir dos documentários de Tatiana Leskova, Ruth Rachou e Angel Vianna procurei apresentar as trajetórias dessas artistas e mestras como referências significativas na

6 No canal Arte 1, a primeira exibição aconteceu no dia 1 de abril de 2013 com o documentário sobre Ivonice Satie. No canal Curta! a primeira exibição foi do documentário sobre Tatiana Leskova, no dia 05 de agosto de 2014.

gestação das gerações subsequentes, ou seja, da própria diversidade estética da dança produzida na atualidade.

Tomando esse exemplo, posso dizer que além de servir à construção do conhecimento em dança, apoiando estudos históricos, a série de documentários é um importante material de apresentação à sociedade sobre quem é o artista/professor da dança: como se forma, quais são suas principais atividades, quais os impactos de seu trabalho para além dos seus contextos mais imediatos de atuação.

Nas entrevistas, nos depoimentos, nos textos e nas imagens que compõem cada um dos documentários da série Figuras da Dança é possível conhecer um pouco o cotidiano singular do profissional da dança: cuida de seu corpo, pratica exercícios técnicos variados, executa, interpreta, improvisa, cria, coreografa, ensaia, planeja aulas, ensina, assiste à dança, lê, estuda (outras tantas áreas, para além da dança, que irão atravessar e aprimorar sua identidade artística), escreve textos, pesquisa etc. Pode passar a vida entre escolas, estúdios, universidades, casas de cultura, pequenos e grandes palcos, espaços urbanos, compartilhando seu trabalho com diferentes públicos, iniciantes iniciados ou especializados. Essa extensa gama de possibilidades (aqui, muito resumida!), em suas inúmeras combinações implica uma diversidade; aqui, não me refiro às escolhas poéticas e estéticas (em que pesem influenciando as atividades que devem ser feitas para defini-las), mas às diferentes identidades que compõem o que chamamos na atualidade de "artista/professor de dança".

Somando-se ao Figuras da Dança, a série Canteiro de Obras[7] é composta por seis documentários produzidos em 2008, 2009, 2010, 2012, 2013 e 2014, que registram as produções artísticas, os projetos educativos e de memória, as apresentações e alguns depoimentos de diferentes pessoas participantes nas ações da SPCD. Quanto às produções, os documentários revelam os bastidores das atividades da Companhia, mostrando um cotidiano profissional de cooperação e diálogo entre seus integrantes, entre diferentes áreas de conhecimento e entre diferentes profissionais: cenógrafo, iluminador, cenotécnico, figurinista, entre outros tantos.

Ainda na vertente da memória é importante destacar uma outra produção da SPCD também comprometida com a difusão de uma outra forma de produção de conhecimento em e sobre a dança: o texto escrito e a imagem. Foram publicados até o momento seis livros com artigos, ilustrações e ensaios fotográficos, de profissionais da área (artistas, professores, pesquisadores) e convidados de outras áreas. São eles: *Primeira Estação* (2009); *Sala de Ensaio* (2010), *Terceiro Sinal* (2011); *Em Cena* (2012); *Jogo de Corpo* (2013); e, *Passado-Futuro* (2014).

7
A série Canteiro de Obras não é comercializada. Ela é distribuída para instituições educativas e culturais, principalmente as que contam com biblioteca pública, além de universidades e organizações não governamentais e veiculadas pela TV Cultura e nos canais Arte1 e Curta!.

Mais uma vez, trata-se de um espaço de diálogo, a partir de uma diversidade de olhares entre a dança produzida dentro e fora da Companhia.

6_PÁSSAROS DE FOGO (UNI-VOS!) EM REVOADAS

Impossível encerrar esse texto com a tradicional ideia de "considerações finais". Pelo contrário, em tempos desafiadores para as artes, penso apenas na palavra *continuidade*, na necessidade de que essa rede de ações culturais desenvolvidas pela SPCD, ao longo de uma década de intenso e rigoroso trabalho, tenha vida longa, gerando inúmeras novas composições apoiadas no respeito à diversidade e no espírito da cooperação: precisamos de muitos pássaros de fogo, unidos, em revoadas!

FOTO_1
3° Ateliê Internacional São Paulo Companhia de Dança
Participantes

_1

BAUMAN, Zygmunt. **Sobre Educação e Juventude: Conversas com Riccardo Mazzeo.** Tradução de Carlos Alberto Medeiros. Rio de Janeiro: Zahar, 2013.

BOGÉA, Inês. São Paulo Companhia de Dança. **Apresentação da Temporada 2017.** Disponível em: *http://www.spcd.com.br/temporada_2017*.php. Acesso em: 27, set. 2017.

BERCITO, Diogo. **Após Preconceito e Ameaças do EI, Dançarino Sírio Faz Carreira na Europa**. Folha de São Paulo. 03/09/2017. Disponível em: *http://www1.folha.uol.com.br/mundo/2017/09/1915413-apos-preconceito-e-ameacas-do-ei-dancarino-sirio-fazcarreira-na-*europa.shtml. Acesso em: 23, set. 2017.

COELHO, José Teixeira. **A Arte Deve Educar?** Coluna Fogo Cruzado. SELECT: Arte e Cultura Contemporânea. Dez/Jan/Fev 2017. Ano 05. São Paulo: Acrobática, 2017.

COELHO, José Teixeira. **Dicionário Crítico de Política Cultural: Cultura e Imaginário.** São Paulo: Iluminuras, 2012.

COSTAS, A M R. **Criação, Mediação e Memória: a Coreografia de Um Movimento Sustentavel na São Paulo Companhia de Dança.** In: BOGÉA. I. Em Cena: Ensaios sobre a São Paulo Companhia de Dança. São Paulo: WMF, Martins Fontes, 2013.

UNESCO. United Nations Education, Scientific and Cultural Organization. **Declaração Universal Sobre a Diversidade Cultural**. Disponível em: *http://www.unesco.org/fileadmin/MULTIMEDIA/HQ/CLT/diversity/pdf/declaration-cultural_diversity_pt.pdf*. Acesso em: 20, set. 2017.

LINS RIBEIRO, Gustavo. **Diversidade Cultural Enquanto Discurso Global**. Avá, n. 15, dic. 2009 . p. 9–39. Disponível em: *http://www.scielo.org.ar/scielo.php?script=sci_rttext&pid=S1851169420090002000001&lng=es&nrm=iso*. Acesso em 17, set. 2017.

PAVLOVA, Adriana. **História de Fauno Ganha Erotismo em Releitura da São Paulo Companhia de Dança**. Folha de S. Paulo. 10 Set, 2010.

PUPO, Maria Lúcia Souza Barros. Universidade de São Paulo, São Paulo, Brasil. **Luzes sobre o Espectador: Artistas e Docentes em Ação**. Revista Brasileira de Estudos da Presença, [S.l.], v. 5, n. 2, p. 330 355, nov. 2014. ISSN 2237-2660. Disponível em: *http://seer.ufrgs.br/index.php/presenca/article/view/50327*. Acesso em: 29 set. 2017.

SANT'ANNA, Denise B. de. **Corpos de Passagem: Ensaios Sobre a Subjetividade Contemporânea**. 2.ed. São Paulo: Estação Liberdade, 2001.

SENNETT, Richard. **Juntos: Rituales, Placeres y Política de Cooperación**. Barcelona: Editorial Anagrama, 2012.

————————. **Respeito: a Formação do Caráter em um Mundo Desigual**. Rio de Janeiro: Record, v. 1, 2004.

SOUZA, J. P. B. **Compreendendo a Cooperação Dialógica: Uma Leitura de Juntos de Richard Sennett. O Público e o Privado**. Revista do PPG em Sociologia da Universidade Estadual do Ceará—UECE, n. 21. 2013. Disponível em: *http://www.seer.uece.*

VIEIRA, FREDY. Para o MPF, o Santander Cultural deve realizar nova exposição com objetivos similares da **'Queermuseu'**. Jornal do Comércio. RGS. Disponível em: *http://jcrs.uol.com.br/_conteudo/2017/09/cultura/588214-mpf-pede-reabertura-da exposicao-queermuseu-em-porto-alegre.html*. Acesso em: 29, set. 2017.

2008

DOCUMENTÁRIOS PARA PROFESSORES

A DANÇA NO TEMPO
DIREÇÃO
Inês Bogéa
TEXTO
Flávia Fontes Oliveira | Cyro del Nero | Inês Bogéa
ATIVIDADES PARA SALA DE AULA
Marcio Junji Sono
Inês Bogéa
Alexandra Itacarambi

NOS PASSOS DA DANÇA
DIREÇÃO
Inês Bogéa
TEXTO
Marcio Junji Sono | Inês Bogéa | Alexandra Itacarambi
ATIVIDADES PARA SALA DE AULA
Flávia Fontes Oliveira
Inês Bogéa
Alexandra Itacarambi

FOLHETOS PARA ESTUDANTES

LES NOCES
COREOGRAFIA
Bronislava Nijinska (1891–1972)
ARTE
Maria Eugenia
TEXTO
Inês Bogéa
PROJETO GRÁFICO
Mayumi Okuyama
IMAGENS
Reprodução

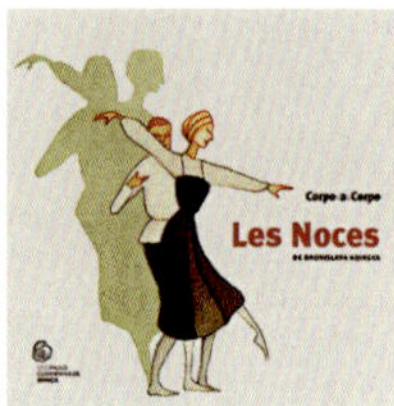

ENTREATO
COREOGRAFIA E CENÁRIO
Paulo Caldas
ARTE
Caco Galhardo
TEXTO
Luciana Araújo
PROJETO GRÁFICO
Mayumi Okuyama
FOTOS
João Caldas
Antonio Carlos Cardoso

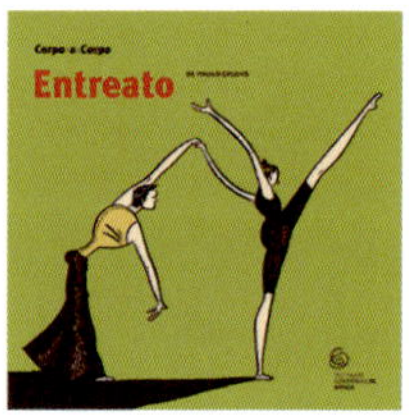

SERENADE
COREOGRAFIA
George Balanchine (1904–1983)
ARTE
Alex Cerveny
TEXTO
Alexandra Itacarambi
PROJETO GRÁFICO
Mayumi Okuyama
FOTOS
João Caldas | Alceu Bett | Rômulo Fialdini

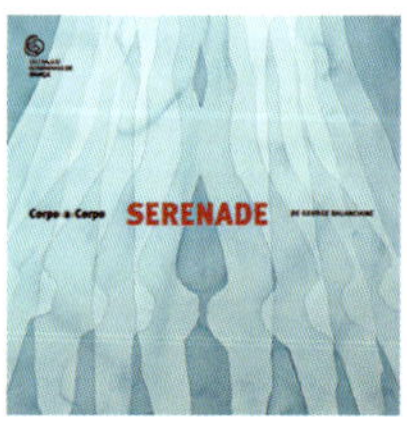

2009

DOCUMENTÁRIO PARA PROFESSORES

VIDA DE BAILARINO
DIREÇÃO
Inês Bogéa
TEXTO
Marcio Junji Sono
ATIVIDADES PARA A SALA DE AULA
Flávia Fontes Oliveira

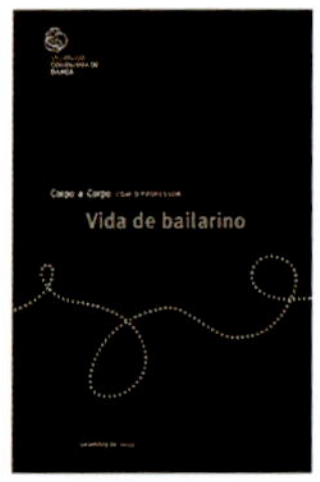

CAIXA-PRETA
DIREÇÃO
Inês Bogéa
CONCEPÇÃO
Luca Baldovino | Inês Bogéa
TEXTO
Flávia Fontes Oliveira
Cyro del Nero
ATIVIDADES PARA SALA DE AULA
Marcio Junji Sono

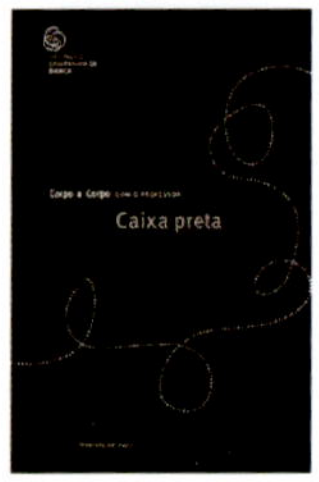

FOLHETOS PARA ESTUDANTES

BALLO
COREOGRAFIA
Ricardo Scheir
ARTE
Marcelo Cipis
TEXTO
Flavia Fontes Oliveira
PROJETO GRÁFICO
Mayumi Okuyama
FOTOS
André Porto
Fáustulo Machado (Marcio Aurelio)
Gal Oppido (André Mehmari)

PASSANOITE
COREOGRAFIA
Daniela Cardim
ARTE
Odilon Moraes
TEXTO
Marcio Junji Sono
PROJETO GRÁFICO
Mayumi Okuyama
FOTOS
Reginaldo Azevedo

TCHAIKOVSKY PAS DE DEUX
COREOGRAFIA
George Balanchine (1904–1983)
ARTE
Ionit Zilberman
TEXTO
Marcio Junji Sono
PROJETO GRÁFICO
Mayumi Okuyama
FOTOS
Silvia Machado

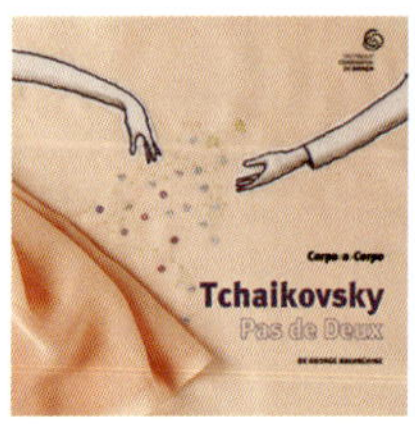

2010

DOCUMENTÁRIO PARA PROFESSORES

UMA ROUPA QUE DANÇA
DIREÇÃO E TEXTO
Inês Bogéa
CURIOSIDADES
Marcela Benvegnu
ATIVIDADES PARA SALA DE AULA
Flávia Fontes Oliveira

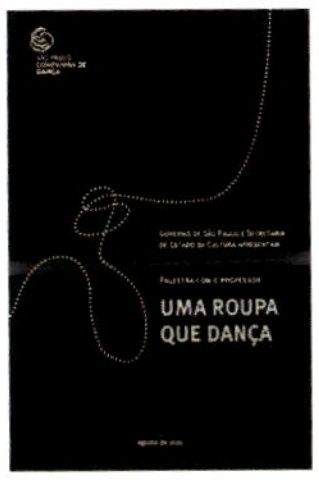

FOLHETOS PARA ESTUDANTES

OS DUPLOS
COREOGRAFIA
Maurício de Oliveira
ARTE
Daniel Almeida
TEXTO
Marcela Benvegnu
PROJETO GRÁFICO
Mayumi Okuyama
FOTOS
Tom Lisboa | João Caldas

SECHS TÄNZE (SEIS DANÇAS)
CONCEPÇÃO E COREOGRAFIA
Jirí Kylián
ARTE
Paulo von Poser
TEXTO
Camila Coppini
Flávia Fontes Oliveira
PROJETO GRÁFICO
Mayumi Okuyama
FOTOS
João Caldas

2011

FOLHETOS PARA ESTUDANTES

LEGEND
COREOGRAFIA
John Cranko (1927-1973)
INQUIETO
COREOGRAFIA E ILUMINAÇÃO
Henrique Rodovalho
ARTE
Laurabeatriz
TEXTOS
Marcela Benvegnu | Inês Bogéa
PROJETO GRÁFICO
Mayumi Okuyama
FOTOS
Silvia Machado | Wilian Aguiar

2012

FOLHETOS PARA ESTUDANTES

BACHIANA Nº 1
COREOGRAFIA
Rodrigo Pederneiras
BALLET 101
COREOGRAFIA
Eric Gauthier
ARTE
Madalena D'Agostinho
TEXTOS
Marcela Benvegnu | Inês Bogéa
PROJETO GRÁFICO
Mayumi Okuyama
FOTOS
Wilian Aguiar

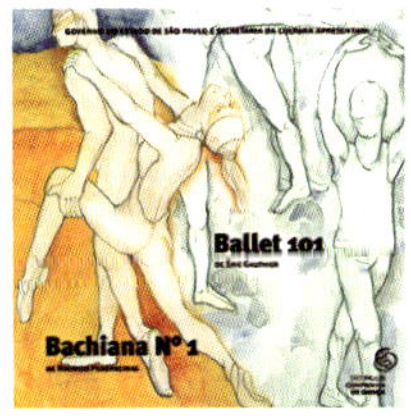

IN THE MIDDLE, SOMEWHAT ELEVATED
COREOGRAFIA | CENOGRAFIA | FIGURINO | ILUMINAÇÃO
William Forsythe
ARTE
Rafael Coutinho
TEXTO
Liana Vasconcelos
PROJETO GRÁFICO
Mayumi Okuyama
FOTOS
Silvia Machado | Wilian Aguiar

2013

FOLHETOS PARA ESTUDANTES

POR VOS MUERO
COREOGRAFIA
Nacho Duato
ARTE
Renato Moriconi
TEXTO
Katia Calsavara
PROJETO GRÁFICO
Mayumi Okuyama
FOTOS
Silvia Machado

PEEKABOO
COREOGRAFIA E FIGURINO
Marco Goecke
ARTE
Angeli
TEXTO
Marcela Benvegnu
PROJETO GRÁFICO
Mayumi Okuyama
FOTOS
Marcela Benvegnu

PETITE MORT
COREOGRAFIA
Jirí Kylián
ARTE
Marcos Garuti
TEXTO
Flávia Fontes Oliveira
PROJETO GRÁFICO
Mayumi Okuyama
FOTOS
Wilian Aguiar

ROMEU E JULIETA
ENCENAÇÃO E COREOGRAFIA
Giovanni Di Palma
ARTE
Zélio
TEXTO
Paula Freitas | Marcela Benvegnu
PROJETO GRÁFICO
Mayumi Okuyama
FOTOS
Marcela Benvegnu | Silvia Machado

O 1º SEMINÁRIO INTERNACIONAL DE DANÇA
PALESTRANTES
Kara Medoff Barnett | Martin Wechsler
PARTICIPANTES DAS MESAS
Benoît André | Cinthia Napoli | Guy Darmet | Hélio Bejani | Inês Bogéa | Juliano Azevedo | Maria Thereza Bosi de Magalhães | Marianne Feder | Mauricio Wainrot | Pethso Vilaisarn
COORDENADORA DAS EXPERIÊNCIAS COMPARTILHADAS
Kathya Godoy
PARTICIPANTES DAS EXPERIÊNCIAS COMPARTILHADAS
Arnaldo Siqueira | Beth Bastos | Denise Namura | Eliana Malanga | Eva Schul | Glória Reis | Ivani Santana | Márcia Strazzacappa | Marianna Monteiro | Michael Bugdahn | Mônica Monteiro | Paola Rettore | Zélia Monteiro

DOCUMENTÁRIO PARA PROFESSORES

A ESCRITA DA DANÇA
DIREÇÃO
Inês Bogéa
TEXTOS
Márcia Strazzacappa
Inês Bogéa
ATIVIDADES PARA SALA DE AULA
Inês Bogéa
Marcela Benvegnu

2014

FOLHETOS PARA ESTUDANTES

GRAND PAS DE DEUX DE O CISNE NEGRO
COREOGRAFIA
Mario Galizzi, a partir do original de 1895 de Marius Petipa
ARTE
Erasmo Spadotto
TEXTO
Marcela Benvegnu
PROJETO GRÁFICO
Mayumi Okuyama
FOTOS
Juliana Hilal | Rogério Alves | Wilian Aguiar

LE SPECTRE DE LA ROSE
COREOGRAFIA
Mario Galizzi, a partir do original de Michel Fokine
ARTE
Takako Nakayama
TEXTO
Marcela Benvegnu
Paula Freitas
PROJETO GRÁFICO
Mayumi Okuyama
FOTOS
Clarissa Lambert

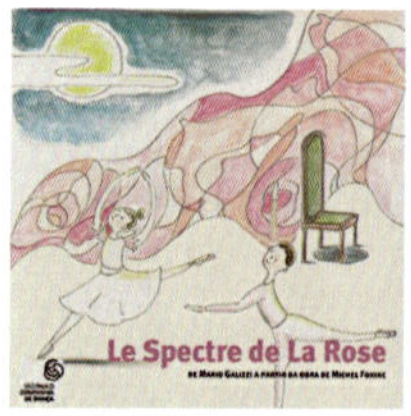

LA SYLPHIDE
COREOGRAFIA
Mario Galizzi, a partir da obra de August Bournonville
ARTE
Milla Pizzi
TEXTO
Inês Bogéa
PROJETO GRÁFICO
Mayumi Okuyama
FOTOS
Arthur Wolkovier
Wilian Aguiar

BRINCADEIRAS DE DANÇA
CADERNO DE ATIVIDADES
ARTE
Luiza Whitaker
Zélio
TEXTO
Inês Bogéa
Marcela Benvegnu
Bruno Alves
Cláudia Trento

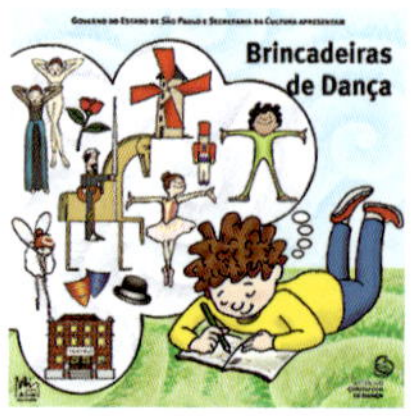

1° ATELIÊ INTERNACIONAL
SÃO PAULO
COMPANHIA DE DANÇA

PROFESSORES E ORIENTADORES
Ana Terra | Dimitri Magitov | Eleni Destro | Henrique Rochelle | Hilary Cartwright | Liudmila Sinel Nikova | Luiz Fernando Bongiovanni | Marcela Benvegnu | Miriam Druwe | Paulo Caldas | Tindaro Silvano | Vera Aragão | Wilian Aguiar

COREÓGRAFOS
Allan Falieri | Beatriz de Almeida | Clébio Oliveira | Daniela Cardim | Eric Frederic | Erika Novachi | Jorge Teixeira | Samuel Kavalerski

ESPETÁCULOS
São Paulo Companhia de Dança | Cedan (Companhia Estável de Dança de Piracicaba)
Apresentação dos Processos Coreográficos

2015

FOLHETOS PARA ESTUDANTES
BRINCADEIRAS DE DANÇA 2015
CADERNO DE ATIVIDADES INFANTIL

TEXTOS
Inês Bogéa
Marcela Benvegnu
Bruno Alves

ARTE
Luiza Whitaker
Zélio

PROJETO GRÁFICO
Arco W

2° ATELIÊ INTERNACIONAL
SÃO PAULO
COMPANHIA DE DANÇA 2015

COREÓGRAFOS
Graça Sales | Jussara Miller | Milton Coatti | Giovanni Di Palma | Renata Pacheco | Monique Paes | Daniela Severian | Fabiano Lima

PROFESSORES E ORIENTADORES
Andrea Pivatto | Beatriz Cerbino | Gícia Amorim | Graça Sales | Jussara Miller | Simone Alcântara | Penha de Souza | Milton Coatti | Giovanni Di Palma | Eleni Destro (orientadora de jornalismo) | **Wilian Aguiar** (orientador de fotografia) | **Sandra Elizabeth Joussef Carvalho** (fisioterapeuta)

PALESTRANTE
Sandra Elizabeth Joussef Carvalho

ESPETÁCULOS
São Paulo Companhia de Dança | Cedan/Companhia Estável de Dança de Piracicaba
Apresentação dos Processos Coreográficos

2017

3° ATELIÊ INTERNACIONAL
SÃO PAULO
COMPANHIA DE DANÇA 2017

COREÓGRAFOS | PROFESSORES | PALESTRANTES
Ady Addor (professora e orientadora dos professores)
Eva Schul (professora e coreógrafa)
Edison Araya (professor e coreógrafo)
Edson Santos (professor e coreógrafo)
Sérgio Rocha (professor e coreógrafo)
Joseph Arena (professor de fotografia)
Ana Cláudia de Mattos Carvalho (professora de jornalismo)
Inês Bogéa
Carlos Eduardo Pereira da Silva
Gisele Santoro

PIANISTA
Al Barker

ESPETÁCULOS
São Paulo Companhia de Dança

ABERTURA
Núcleo de Dança da Fundação Lia Maria Aguiar
Escolas de Dança Vanessa Ballet
Expressão em Movimento
Apresentação dos Processos Coreográficos

MEU AMIGO BAILARINO

INSTITUIÇÕES
Casa Betinho | Casa Madre Teodora | GRAAC | Ballet Paraisópolis | Lar Batista | Casa Ronald McDonald | Fraternidade Irmã Clara | Casas André Luiz | Casa de Ação Social Padre Paschoal Bianco | Cruz Verde

INTERCÂMBIO COM PROJETOS SOCIAIS

INSTITUIÇÕES
Heliópolis com a artista Denise Millan no projeto Espetáculo da Terra com coreografias de Mônica Monteiro.
Ballet de Paraisópolis | SP dirigido por Mônica Tarragó.

AULAS ABERTAS

INSTITUIÇÕES
PRIDANSP | Instituto Cultural RV

2018

MEU AMIGO BAILARINO

INSTITUIÇÃO
Ação Comunitária São José Operário–Projeto Integrado ao CCA –Centro de Criança e do Adolescentes | Paraisópolis | CCA Itaquera | EPG Dorcelina de Oliveira Folador | Casa do Idoso | GRAAC | CCA Paschoal Bianco | Casa André Luiz | Fraternidade Irmã Clara–Bom Retiro | ILPI | Casa da Vila | Fundação Casa Novo Tempo–Franco da Rocha

INTERCÂMBIO COM PROJETOS SOCIAIS

INSTITUIÇÃO
Paraisópolis

AULAS ABERTAS

INSTITUIÇÕES
PRIDANSP | Residance

REGISTRO E MEMÓRIA DA DANÇA

MEMÓRIA: AQUI, AGORA, SEMPRE

IARA BIDERMAN

A mais velha nasceu em 1922, a mais nova, em 1960. Tatiana Leskova e Cecília Kerche, duas gerações da dança brasileira, são algumas das Figuras da Dança, projeto de memória da São Paulo Companhia de Dança.
São companheiras de Figuras Marilena Ansaldi, Ana Botafogo, Paulo Pederneiras, José Possi Neto, entre outros, nesse projeto que envolve intérpretes, coreógrafos e diretores. Desde o início da série, em 2008, já foram produzidos 34 episódios.
Como um quebra-cabeças, as peças dessa história pouco documentada vão se unindo em um acervo público, uma enciclopédia audiovisual da dança, em um país onde não há uma organização enciclopédica (ou abrangente e sistemática) deste gênero de arte.
É uma enciclopédia do século 21, não só pelo formato—vídeos transmitidos na TV e disponíveis na internet—mas também pelo foco narrativo: essa história é contada por seus próprios criadores.
Os documentários revelam e preservam suas biografias, o contexto e as conexões entre cada artista e a dança de seu tempo lugar.
Não à toa, a figura que presta depoimento sobre o colega em um episódio, surge como protagonista em outro. No episódio de 2012 sobre o bailarino e diretor Ismael Ivo, por exemplo, o protagonista reencontra Ruth Rachou, documentada na temporada de 2009. É memória viva e em movimento.

DOCUMENTAÇÃO

"Por que documentar a dança?". Essa é a pergunta lançada em uma publicação da Dance Heritage Coalition, organização sem fins lucrativos criada nos Estados Unidos em 1992 para preservar, tornar acessível e ampliar os registros sobre esta arte.
Seria uma pergunta retórica, já que o livro se chama justamente *Documentando Dança*. Mas, como argumentam os autores, "Historicamente, a dança tem recebido menos patrocínio e menos atenção que outras artes visuais e performáticas; é possível atribuir parte dessa negligência a falta de documentação ou registros incompletos da criação e da prática de dança."
Para a Dance Heritage Coalition, a documentação (entendida desde a notação coreográfica até o depoimento ou registro filmados) garante a estudantes, professores, pesquisadores e críticos o acesso a material de estudo e análise. Serve também para a formação de público e, tirando a dança da "invisibilidade", em última análise atrai apoiadores e financiadores.

TATIANA LESKOVA

CECÍLIA KERCHE

MARILENA ANSALDI

ANA BOTAFOGO

PAULO PEDERNEIRAS

ISMAEL IVO

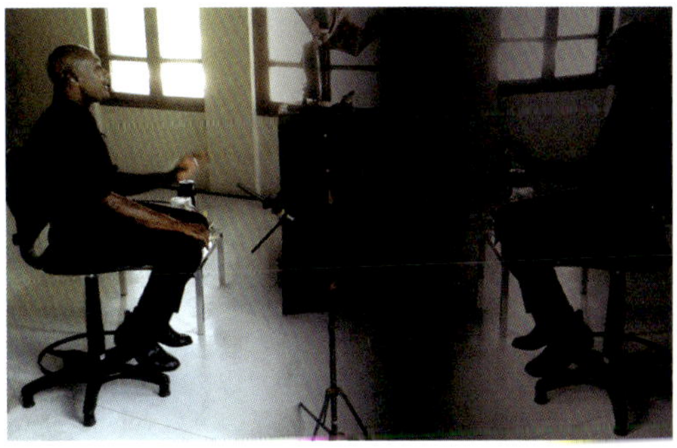

JOSÉ POSSI NETO

RUTH RACHOU

Além disso há a questão de base, a importância da preservação da cultura e de suas manifestações e o desafio de conservar a memória de uma expressão que, a rigor, é a do "aqui e agora", como a dança. A essa questão, somam-se problemas como direitos autorais e de imagem, em obras que geralmente envolvem diferentes grupos (bailarinos, músicos, artistas plásticos etc).

O desafio cresce ainda mais em um país como o Brasil, em que a preservação do patrimônio ainda engatinha, por questões que vão desde a falta de verbas até as dimensões continentais do país. As fontes e os documentos estão espalhados, há coisas perdidas e (ainda) muito material a ser organizado.

O projeto Figuras da Dança avançou neste campo. Em cada episódio, a série reúne de imagens do Ballet do Theatro Municipal do Rio ou do Balé do IV Centenário, de São Paulo, às performances em teatros de arena das décadas de 1960-70 e às experimentações da dança contemporânea.

ADY ADDOR

PENHA DE SOUZA

ANTONIO CARLOS CARDOSO

LUIS ARRIETA

Há uma frase muito repetida na área da dança: "trabalho de formiguinha". É usada nos mais diferentes contextos, da dificuldade de se fazer essa arte à formação de público ou, no que interessa aqui, a preservação da memória.

Por isso é mais do que oportuno falar agora, nesses 10 anos da SPCD, do conjunto da obra (ainda em processo) do Figuras da Dança.

Porque assim como a do trabalho de formiga, a imagem do mosaico cabe bem ao projeto. Cada peça tem um valor inestimável, mas ganha outros significados quando vista em conjunto.

Olhando um pouco mais de longe, para a visão do todo, fica mais claro como esse mosaico, embora ainda incompleto, ainda em andamento, como é seu próprio objetivo, já oferece um painel muito significativo da história da dança brasileira.

Mesmo olhando mais de perto, para cada ano da linha cronológica dos títulos produzidos e lançados, percebe-se o esforço de contemplar as diferentes correntes, origens e geografias que se abrigam sob o grande guarda-chuva da dança brasileira.

Alguns aspectos pinçados em cada temporada exemplificam isso. Em 2008, quando a série se inicia, as figuras documentadas—Marilena Ansaldi, Penha de Souza, Ady Addor, (1935–2018) Ismael Guiser (1927–2008) e Ivonice Satie (1950–2008)—passam pela vanguarda da dança-teatro no Brasil, pela profissionalização dos corpos de baile dos teatros públicos, pela disseminação das técnicas modernas e pela internacionalização da dança brasileira. No "combo" de 2009, temos Antonio Carlos Cardoso, Tatiana Leskova, Luis Arrieta, Hulda Bittencourt e Ruth Rachou.

Algumas figuras mais ligadas às origens da tradição da dança no país, outras mais lembradas por rupturas que apontaram novos caminhos, juntando algumas das peças do quebra-cabeças da história.

Em 2010, a série retratou Carlos Moraes (1936-2015), Sônia Mota, Márcia Haydée, Décio Otero e Angel Vianna e, também, os deslocamentos geográficos da dança brasileira, tanto dentro do país quanto no exterior. As duas figuras de 2011, Ana Botafogo e Célia Gouvêa, artistas nascidas com menos de uma década de diferença, mostram as trajetórias de excelência em duas das vertentes em que a produção brasileira tem se desenvolvido. Já em 2012, são documentados artistas que ajudaram a moldar a cena da dança mineira (Marilene Martins), as vanguardas da primeira escola de dança em nível superior do Brasil, na Bahia (Lia Robatto), a expansão das fronteiras da atuação do bailarino (Ismael Ivo) e da própria dança (Edson Claro, 1949-2013).

2008

MARILENA ANSALDI

PENHA DE SOUZA

ADY ADDOR

ISMAEL GUISER

IVONICE SATIE

2009

ANTONIO CARLOS CARDOSO

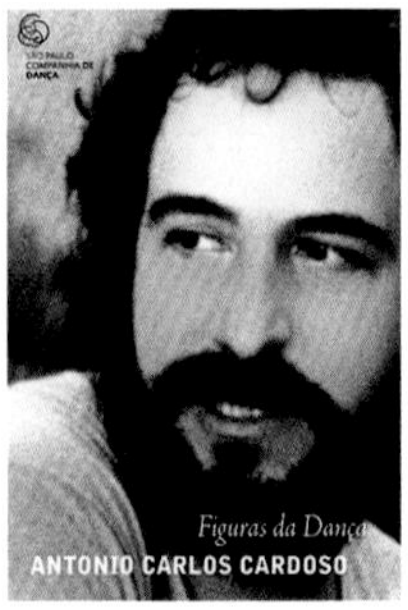

TATIANA LESKOVA

LUIS ARRIETA

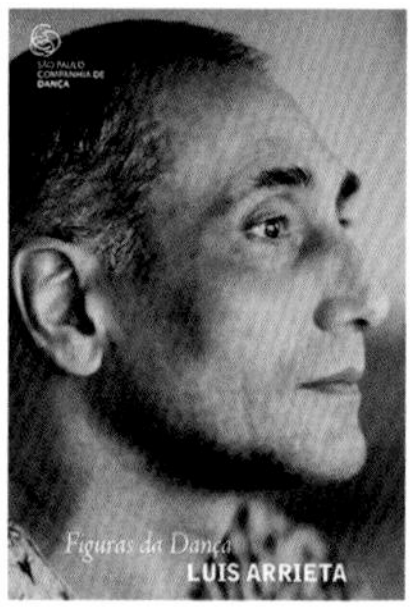

HULDA BITTENCOURT

RUTH RACHOU

2010

CARLOS MORAES

SÔNIA MOTA

MÁRCIA HAYDÉE

DÉCIO OTERO

ANGEL VIANNA

2011

ANA BOTAFOGO | CÉLIA GOUVÊA

2012

MARILENE MARTINS

LIA ROBATTO

ISMAEL IVO

ÉDSON CLARO

2013

JANICE VIEIRA

CECÍLIA KERCHE

J.C. VIOLLA

HUGO TRAVERS

EVA SCHUL

2014

ELIANA CAMINADA

JAIR MORAES

MARA BORBA

PAULO PEDERNEIRAS

2015

NORA ESTEVES | MARIA PIA FINÓCCHIO

2016

JOSÉ POSSI NETO

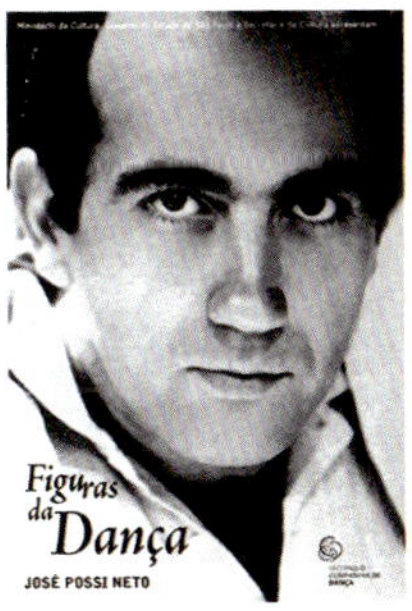

2017

ARACY EVANS

Você pode assistir aos vídeos e ler os folhetos em
http://www.spcd.com.br/figuras—da—danca.php

Mais um pouco da história de como as danças clássicas, modernas e contemporâneas se desenvolveram no Brasil é retratado nos documentários de 2013: Janice Vieira, Cecília Kerche, J.C. Violla, Eva Schul e Hugo Travers.

Em 2014, a importância dos mestres, diretores ou pesquisadores ampliando caminhos e formas de atuação é uma das lições a se extrair das trajetórias de Eliana Caminada, Jair Moraes (1946-2016), Mara Borba e Paulo Pederneiras.

Em 2015, Maria Pia Finócchio e Nora Esteves contam, por meio de suas histórias, os percursos das grandes companhias de balé do Rio e de São Paulo.

José Possi Neto, um dos muitos que já haviam prestado depoimentos para documentários de outros artistas, é o protagonista de 2016, uma espécie de elo entre duas manifestações das artes cênicas no Brasil, a dança e o teatro.

E a figura de 2017, no documentário que vai ao ar neste 2018 em que a SPCD completa 10 anos, retrata a "professora das professoras", Aracy Evans.

Tudo isso é apenas um sumário, muito abreviado, que não dá conta da riqueza dessas trajetórias, das informações e do material documental de cada episódio, porque não daria para contar em texto tudo o que o Figuras da Dança já mostrou e vai continuar a contar e guardar. Só vendo os documentários que estão disponíveis à consulta.

É preciso de fato assistir cada um e todos. A forma de realização de cada documentário, em que diferentes profissionais dão depoimentos sobre o protagonista da vez, desdobra e multiplica o repertório uma vez que cada um deles são também professores, alunos, colaboradores, diretores, admiradores, que surgem ao vivo ou em material de acervo no audiovisual. A consolidação da memória, além de ganhar sentidos, cria diálogos.

CARLOS MORAES

SÔNIA MOTA

ANGEL VIANNA

CÉLIA GOUVÊA

ISMAEL GUISER

IVONICE SATIE

EDSON CLARO

J.C. VIOLLA

MÁRCIA HAYDÉE

DÉCIO OTERO

MARILENE MARTINS

LIA ROBATTO

EVA SCHUL

HUGO TRAVERS

HULDA BITTENCOURT

MARA BORBA

ELIANA CAMINADA

JAIR MORAES

NORA ESTEVES

ARACY EVANS

JANICE VIEIRA*

MARIA PIA FINÓCCHIO

* *Andréia Nhur*

PASSADO, PRESENTE E FUTURO

Passado e presente se unem nos depoimentos gravados com os artistas especialmente para a série. É um aspecto particularmente interessante do Figuras da Dança, porque mistura registro atual com história, criando um diálogo entre passado e presente para o futuro. (Um parênteses: a proposta de criar e manter esse diálogo é uma espécie de DNA da Companhia).

O formato, além de fornecer material para estudiosos, é valioso para os protagonistas de cada documentário. Como disse a Nobel de Literatura Alice Munro, "Memória é o modo de continuarmos contando a nós mesmos a nossa história".

Boa parte dos depoimentos são gravados com o público. Colegas de trabalho, contemporâneos, admiradores lançam suas perguntas e dão os seus próprios depoimentos, ajudando e ampliando essa infinita rede que forma a memória.

Outra peculiaridade do projeto é o fato de os episódios terem sido feitos, desde o início, também para a exibição em TV—os quais são exibidos nos canais Arte1, Curta! e na TV Cultura, além de estarem disponíveis no site da SPCD[8]. Isso se reflete em uma linguagem que atinge o grande público e a memória cultural de um país é de todos—e é reflexo de um modo de pensar o "saber enciclopédico" em nossa era.

Projeto de uma companhia pública, a série não é comercializada, mas distribuída gratuitamente, em forma de DVDs, para instituições educativas e culturais, universidades e ONG's. Desde a primeira temporada, em 2008, os episódios do ano são reunidos em caixas de DVDs acompanhadas de material impresso com informações sobre cada artista, texto de pesquisadores, fotos históricas e cronologia.

É também na internet que o projeto de preservação (e atualização) da memória se desdobra. Dança em Rede é uma enciclopédia virtual "em progresso", que visa reunir informações sobre a dança no Brasil e no mundo. Nos moldes da Wikipédia, os visitantes podem se cadastrar para escrever e postar verbetes relacionados à dança. As informações são checadas e editadas por uma equipe da SPCD. Na página, além de verbetes sobre grupos, escolas, companhias e artistas, há informações sobre estilos de dança, coreografias e profissionais ligados à área, como produtores, músicos ou figurinistas.

8 *Em comemoração aos 10 anos da SPCD os Canais Arte1, Curta! e a Galeria Produções criaram curtas e vídeos especiais sobre a Companhia, que foram exibidos durante os anos de 2017 e 2018. A Galeria Produções realizou, ainda, um documentário sobre os 10 anos da São Paulo Companhia de Dança.*

Canteiro de Obras é outro braço do projeto de memória da SPCD. De 2008, ano da fundação da companhia, a 2014, o dia a dia de trabalho e os bastidores das produções de cada ano (com exceção de 2011) foram gravados e editados em vídeos.

É memória garantida desde o momento em que nasce. Para quem faz, assiste ou pesquisa, os DVDs ampliam o entendimento e prolongam cada momento, efêmero por natureza, da dança.

Além de construir e preservar o histórico da Companhia os documentários, são também uma forma de aprender e estudar dança, por acompanharem as fases de criação e montagem sob diferentes olhares: os dos coreógrafos e dos bailarinos, certamente, mas também os dos técnicos e os dos próprios cineastas, uma visão "de fora" que entra na dança.

Os seis documentários foram assinados por diferentes diretores. Nos três primeiros, Inês Bogéa, diretora da SPCD, divide a direção com Carlos Rebesco (2008), Sergio Roizemblit (2009) e Moira Toledo (2010). Os últimos foram dirigidos por Evaldo Mocarzel (2012), Kiko Goifman e Jurandir Muller (2013) e Rica Saito (2014).

Esse acervo audiovisual conversa com os seis livros de ensaios já lançados pela SPCD de 2009 a 2014. Para montar a fortuna crítica, a cada ano foram convidados profissionais de diferentes áreas para escrever e refletir não apenas sobre a temporada da companhia, mas sobre a própria arte da dança e suas conexões com diferentes repertórios, da psicanálise às artes gráficas.

Ganha-se em profundidade e diversidade: ao lado de textos de estudiosos e críticos de arte, estão os de escritores como Antonio Prata, que, como como a maioria das pessoas, no Brasil, "não está acostumado a frequentar balés" (palavras do autor em *Sala de Ensaio*, livro de 2010, que também conta com um "ensaio" desenhado pelo cartunista Caco Galhardo).

Os textos são acompanhados de imagens capturadas no processo de trabalho e nas apresentações por fotógrafos que acompanharam a companhia em diferentes fases: Alceu Bett, André Porto, João Caldas, Jurandir Müller, Marcelo Maragni, Silvia Machado, Tom Lisboa, Wilian Aguiar, entre outros.

Os DVDs da série Canteiro de Obras não são comercializados, e sim distribuídos nos mesmos moldes da série Figuras da Dança. Os livros são distribuídos para instituições de ensino e pesquisa e comercializados.

EXPOSIÇÕES[9]

Ainda no projeto memória, a SPCD tem realizado exposições fotográficas das imagens produzidas nestes 10 anos da Companhia.

A primeira, Dança das Imagens, de 2012, foi uma mostra itinerante nas estações Brás, Luz e do Paraíso do metrô de São Paulo. Com fotos de Alceu Bett, João Caldas, Reginaldo Azevedo, Silvia Machado e Wilian Aguiar, foi uma retrospectiva da trajetória da Companhia até aquele ano. De brinde ao público, os bailarinos realizaram improvisações nestas estações.

Em 2014, os usuários do metrô foram de novo presenteados com as visões da dança —desta vez, fotografadas por Marcela Benvegnu, Silvia Machado, Thomas Kolish e Wilian Aguiar. A mostra Amor, Vida e Morte (tema da temporada 2013) foi realizada nas estações Sé, Clínicas e Luz.

No mesmo ano, o da Copa do Mundo no Brasil, a mostra Jogo de Corpo teve três edições, uma no Parque da Juventude, uma na Biblioteca de São Paulo e outra em estações da CPTM (Companhia Paulista de Trens Metropolitanos). O ensaio fotográfico de André Porto retratou movimentos ou "jogadas" inspiradas em imagens marcantes do futebol brasileiro realizados pelos bailarinos da SPCD.

Já em 2015, duas iniciativas do projeto geral de memória deram-se as mãos: imagens e frases de personalidades da dança brasileira documentadas na série Figuras da Dança deram forma aos trinta painéis fotográficos da mostra realizada no Shopping Mueller Joinville, a cidade de Santa Catarina onde é realizado o maior festival de dança do Brasil. A exposição, realizada em parceria com o projeto Dança in Foco, foi acompanhada por exibições dos episódios da série Figuras da Dança e incluiu quatro entrevistas ao vivo, aberta à participação do público, com os artistas Ady Addor, Cecília Kerche, Eliana Caminada e Jair Moraes.

9 A São Paulo Companhia de Dança realizou também 6 exposições em 2017 e 2018, as quais compreenderam fotografias e figurinos das obras de repertório.

FOTOS_1 _2 _3
Montagens
_3
Antonio Magnoler
Luiz Antonio Dias
Luca Baldovino

FOTO_4
Charles Lima

_1

_2

_3

_4

Os programas dos espetáculos são um dos materiais mais valiosos para quem documenta dança. Em alguns casos, como em épocas em que o registro por imagens (fotos ou vídeos) era precário, são praticamente a única forma de documentação da apresentação, ao lado de cartazes.

Não é o caso hoje, claro, mas esses documentos continuam imprescindíveis. Os programas impressos de certa forma condensam o que acontece antes, durante e depois do espetáculo: o que, quando, onde, como, quem, por que uma dança acontece.

São objetos para fruição imediata, documentando "em tempo real" o que o público verá em um determinado tempo-espaço, e para lembrança, prolongamento do que aconteceu. É o acervo que cada um, qualquer um, pode levar para casa, além de juntar-se a todo material de um acervo oficial, como registro histórico.

Nos programas dos espetáculos da SPCD, essa qualidade documental é explorada de uma forma muito especial, fazendo de cada publicação um pequeno livro sobre as histórias/memórias da dança.

Nesses 10 anos, a cada temporada a SPCD tem elaborado um pequeno panorama sobre coreografias, criadores, intérpretes e sobre a própria trajetória da Companhia. Estão lá todas as informações de praxe, o chamado "serviço" do espetáculo: ficha técnica, título das obras, ano de criação, nomes do elenco etc, mas os programas não se limitam a isso.

Textos introdutórios apresentam–às vezes de forma mais didática, às vezes mais poética —o tema que orienta o trabalho da Companhia em cada ano. É uma forma de contextualizar (e de certa forma, antecipar o clima) as informações que virão a seguir, seja na leitura do programa, seja na apreciação do espetáculo ou na pesquisa histórica.

As informações técnicas são enriquecidas com uma explicação sobre cada obra que vão além do que normalmente se encontra em programas desse tipo. Há não apenas minibiografias dos coreógrafos, remontadores (quando é o caso), músicos, figurinistas ou iluminadores, mas também depoimentos da maior parte deles.

Assim, nas mais de vinte publicações em forma de programa já produzidas nesses 10 anos, reuniu-se material sobre alguns dos criadores mais importantes da dança internacional, de Marius Petipa (1818–1910) e George Balanchine (1904–1983) a William Forsythe, Jirí Kylián e Édouard Lock, e da dança nacional, de Márcia Haydée e Rodrigo Pederneiras a Henrique Rodovalho, Jomar Mesquita e Cassi Abranches, entre tantos outros que criaram ou tiveram trabalhos remontados pela Companhia.

Os textos também situam como cada obra foi criada e, nas remontagens, seu contexto histórico. Isso também é feito com os criadores da trilha sonora original, sejam monstros sagrados da música, como Bach, Stravinski ou Tchaikovsky, sejam contemporâneos e conterrâneos, como André Mehmari ou André Abujamra. O cuidado se estende à apresentação de figurinistas e iluminadores.

O material fotográfico e o design gráfico é uma atração extra para os colecionadores de programa de dança. Em algumas ocasiões, as capas são obras de importantes artistas nacionais, como Cândido Portinari, cujo filho cedeu os desenhos para a montagem de *O Sonho de Dom Quixote*. Não é um programa para se esquecer na cadeira da plateia, para dizer o mínimo. Trechos de resenhas e de críticas publicadas na imprensa nacional e internacional (em dez anos, a SPCD já fez 18 turnês fora do Brasil) também são incluídos nos programas, como pílulas de diferentes visões sobre a Companhia em geral ou sobre determinado espetáculo—o que significa tanto mais informação para o espectador nos momentos que antecedem ou sucedem o acontecimento da dança, quanto mais material para a construção da memória da Companhia e da dança.

2008

2008

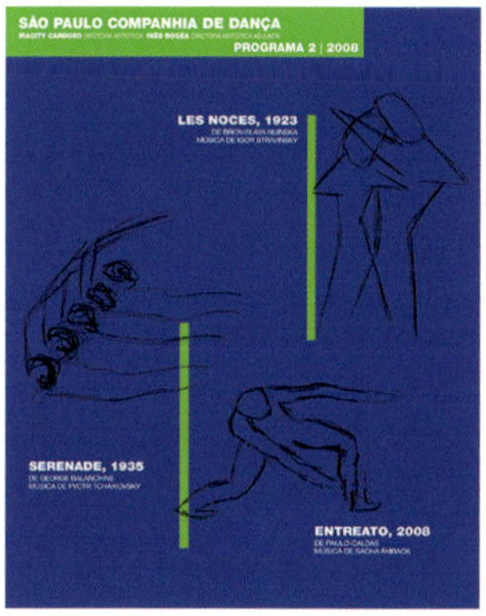

2009

2009

2010

2010

2011

2011

2012

2012

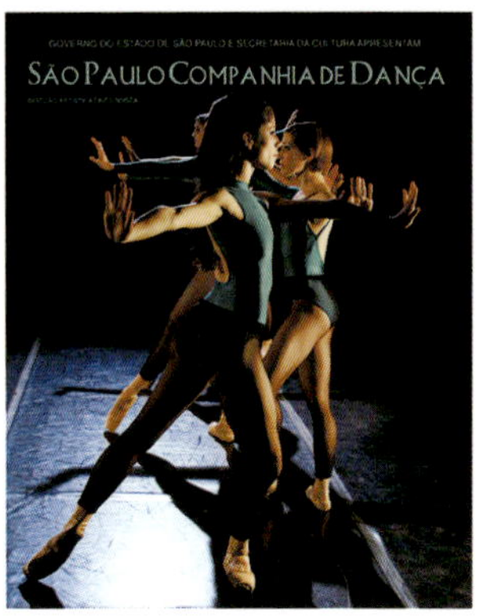

2013

2013

2013

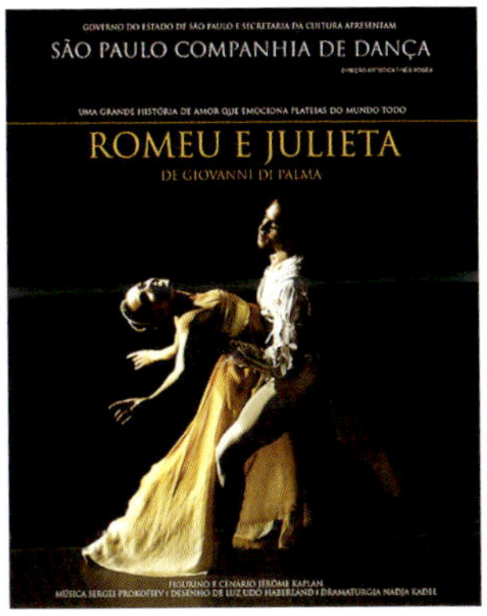

2014

2014

2015

2015

2015

2016

2016

2017

2017

2018

2018

2008

DOCUMENTÁRIOS

CANTEIRO DE OBRAS: PRIMEIROS PASSOS; CONSTRUÍNDO POLÍGONO; DO SÉCULO XX AO XXI

DIREÇÃO
ANTÔNIO CARLOS REBESCO (PIPOCA)
INÊS BOGÉA
DIREÇÃO DE TV
ANTÔNIO CARLOS REBESCO (PIPOCA)
CONCEPÇÃO
INÊS BOGÉA
IRACITY CARDOSO
PRODUÇÃO DO FOLHETO
MARCIO JUNJI SONO

FIGURAS DA DANÇA

DIREÇÃO
ANTÔNIO CARLOS REBESCO (PIPOCA)
INÊS BOGÉA
DIREÇÃO DE TV
ANTÔNIO CARLOS REBESCO (PIPOCA)
CONCEPÇÃO
INÊS BOGÉA | IRACITY CARDOSO
FIGURAS
1_ ADY ADDOR (1935–2018)
FOLHETO
ACÁCIO RIBEIRO VALLIM JÚNIOR
CRONO **FLÁVIA RAGAZZO DE BARROS**
2_ ISMAEL GUISER (1927–2008)
FOLHETO **CÁSSIA NAVAS**
CRONO **ALEXANDRA ITACARAMBI | FLÁVIA RAGAZZO DE BARROS**
3_ IVONICE SATIE (1950–2008)
FOLHETO **INÊS BOGÉA**
CRONO **MARCIO JUNJI SONO**
4_ MARILENA ANSALDI
FOLHETO **MARCIO JUNJI SONO**
CRONO **FLÁVIA RAGAZZO DE BARROS**
5_ PENHA DE SOUZA
FOLHETO **ALEXANDRA ITACARAMBI**
CRONO **ALEXANDRA ITACARAMBI | FLÁVIA RAGAZZO DE BARROS**

2009

LIVRO

PRIMEIRA ESTAÇÃO

ESCRITORES
BEATRIZ CERBINO
CIANE FERNANDES
INÊS BOGÉA (ORGANIZAÇÃO)
IRACITY CARDOSO
JOSÉ POSSI NETO
LILIA MORITZ SCHWARCZ
MARCELO COELHO
MODESTO CARONE
ROBERTO GAMBINI
VADIM NIKITIN
FOTÓGRAFOS
JOÃO CALDAS
JURANDIR MULLER
TRADUTORA
IZABEL MURAT BURBRIDGE
PROJETO GRÁFICO
MAYUMI OKUYAMA
EDITORA
IMPRENSA OFICIAL DO ESTADO | 2009

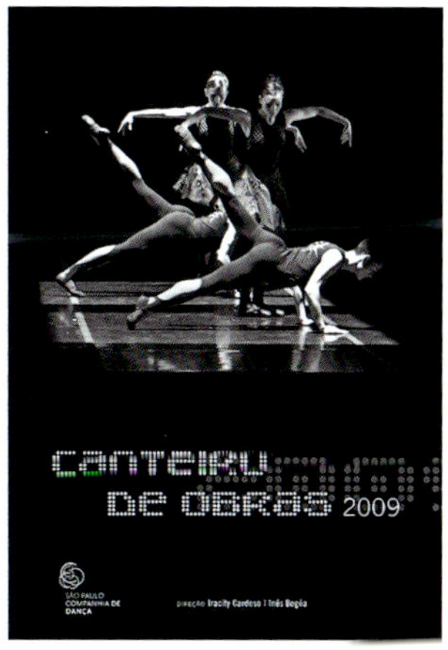

DOCUMENTÁRIOS

CANTEIRO DE OBRAS

DIREÇÃO
SERGIO ROIZENBLIT | INÊS BOGÉA
CONCEPÇÃO
INÊS BOGÉA | IRACITY CARDOSO
PRODUÇÃO DO FOLHETO
MARCELA BENVEGNU

FIGURAS DA DANÇA

DIREÇÃO
SERGIO ROIZENBLIT | INÊS BOGÉA
CONCEPÇÃO
INÊS BOGÉA | IRACITY CARDOSO
FIGURAS
1_ ANTONIO CARLOS CARDOSO
FOLHETO **ACÁCIO RIBEIRO VALLIM JÚNIOR**
CRONO **FLÁVIA FONTES OLIVEIRA**
2_ HULDA BITTENCOURT
FOLHETO **FABIANA CASO**
3_ LUIS ARRIETA
FOLHETO **INÊS BOGÉA**
CRONO **FLÁVIA RAGAZZO DE BARROS | LUCIANA ARAÚJO | MARCIO JUNJI SONO**
4_ RUTH RACHOU
FOLHETO **BERGSON QUEIROZ**
CRONO **BERNADETTE FIGUEIREDO**
5_ TATIANA LESKOVA
FOLHETO **ELIANA CAMINADA**
CRONO **FLÁVIA FONTES OLIVEIRA**

2010

LIVRO

SALA DE ENSAIO

ESCRITORES
AGNALDO FARIAS
ANTONIO PRATA
CACO GALHARDO
FABRÍCIO CORSALETTI
FLÁVIA FONTES OLIVEIRA
FRANCISCO BOSCO
INÊS BOGÉA (ORGANIZAÇÃO)
MANUEL DA COSTA PINTO
MÁRCIA STRAZZACAPPA
SANDRA MEYER
FOTÓGRAFOS
ALCEU BETT
ANDRÉ PORTO
JOÃO CALDAS
REGINALDO AZEVEDO
SILVIA MACHADO
TRADUTORA
IZABEL MURAT BURBRIDGE
PROJETO GRÁFICO
MAYUMI OKUYAMA
EDITORA
IMPRENSA OFICIAL DO ESTADO | 2010

LONGA

SÃO PAULO COMPANHIA DE DANÇA
DIREÇÃO E REALIZAÇÃO
EVALDO MOCARZEL | 2010 | 71 min

DOCUMENTÁRIOS

CANTEIRO DE OBRAS

DIREÇÃO
INÊS BOGÉA
MOIRA TOLEDO
CONCEPÇÃO
INÊS BOGÉA
IRACITY CARDOSO
PRODUÇÃO DO FOLHETO
FLÁVIA FONTES OLIVEIRA

FIGURAS DA DANÇA

DIREÇÃO
INÊS BOGÉA
MOIRA TOLEDO
CONCEPÇÃO
INÊS BOGÉA
IRACITY CARDOSO
FIGURAS
1_ ANGEL VIANNA
FOLHETO **FLÁVIA FONTES OLIVEIRA**
CRONO **FLÁVIA FONTES OLIVEIRA | JULIANA POLO**
2_ CARLOS MORAES (1936-2015)
FOLHETO **JOCEVAL SANTANA**
CRONO **CAMILA COPPINI | FLÁVIA FONTES OLIVEIRA**
3_ DÉCIO OTERO
FOLHETO **RENATA AMARAL**
CRONO **MARCELA BENVEGNU**
4_ MÁRCIA HAYDÉE
FOLHETO **PRISCILA SACCHETTIN**
CRONO **PRISCILA SACCHETTIN | RENATA AMARAL**
5_ SÔNIA MOTA
FOLHETO **MARCELA BENVEGNU**
CRONO **RENATA AMARAL**

2011

LIVRO

TERCEIRO SINAL

ESCRITORES
ALBERTO MARTINS
ALCINO LEITE NETO
DANIEL GALERA
ELIANA CAMINADA
INÊS BOGÉA (ORGANIZAÇÃO)
MARCELA BENVEGNU
NOEMI JAFFÉ
SAYONARA PEREIRA
SIDNEY MOLINA
FOTÓGRAFOS
JOÃO CALDAS
SILVIA MACHADO
TOM LISBOA
WILIAN AGUIAR
TRADUTORA
IZABEL MURAT BURBRIDGE
PROJETO GRÁFICO
MAYUMI OKUYAMA

2012

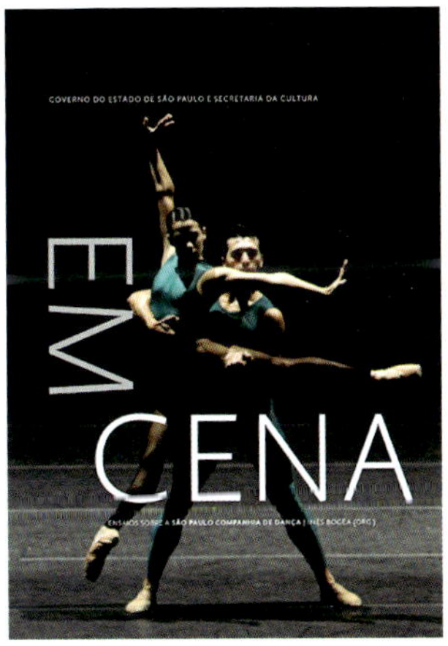

DOCUMENTÁRIOS

FIGURAS DA DANÇA

DIREÇÃO
INÊS BOGÉA
CONCEPÇÃO
INÊS BOGÉA
IRACITY CARDOSO
FIGURAS
1_ ANA BOTAFOGO
FOLHETO
VERA ARAGÃO
CRONO
ERNANI ERNESTO FONSECA
MARCELA BENVEGNU
RENAN KOBAYASHI
2_ CÉLIA GOUVÊA
FOLHETO **SILVIA GERALDI**
CRONO
MARCELA BENVEGNU
MIRNA CARECHO PASSOS
SILVIA GERALD

LIVRO

EM CENA

EDITORES
RODRIGO VILELLA | DOLORES PRADES
ESCRITORES
ANA TERRA | ARNALDO ALVARENGA | ARNALDO SIQUEIRA | ERNESTO GADELHA | JERUSA PIRES FERREIRA | INÊS BOGÉA (ORGANIZAÇÃO) **MÁRCIO JUNJI SONO**
FOTOGRAFOS
WILIAN AGUIAR | SILVIA MACHADO | MARCELA BENVEGNU | MÁRIO VELOSO | ARNALDO J.G. TORRES | ANTONIO CARLOS CARDOSO | EMÍDIO LUISI | ISAUMIR NASCIMENTO | REGINALDO AZEVEDO | JOÃO CALDAS | ALCEU BETT | MARIANO CZARNOBAI
TRADUTORA **IZABEL MURAT BURBRIDGE**
PROJETO GRÁFICO **MAYUMI OKUYAMA**
EDITORA **WMF MARTINS FONTES | 2012**

DANÇA EM REDE

170 VERBETES NO ANO

DOCUMENTÁRIOS

CANTEIRO DE OBRAS
ENSAIO SOBRE O MOVIMENTO

DIREÇÃO
EVALDO MOCARZEL

FIGURAS DA DANÇA

DIREÇÃO
INÊS BOGÉA
CONCEPÇÃO DA SÉRIE
INÊS BOGÉA
IRACITY CARDOSO
FIGURAS
1_ EDSON CLARO (1949-2013)
FOLHETO
INÊS BOGÉA | MARCELA BENVEGNU
CRONO **DEJARDIERI LIMA**
2_ ISMAEL IVO
FOLHETO **JOHANNES ODENTHAL**
CRONO **MARCELA BENVEGNU**
COM COLABORAÇÃO DE
FLÁVIA FONTES OLIVEIRA
3_ LIA ROBATTO
FOLHETO **LAUANA VILARONGA**
CRONO
RENATA AMARAL TEIXEIRA CORRÊA
COM COLABORAÇÃO DE
SUKI VB GUIMARÃES
4_ MARILENE MARTINS
FOLHETO **PAOLA RETTORE**
CRONO **GLÓRIA REIS**

2013

LIVRO

JOGO DE CORPO

ESCRITORES
EVALDO MOCARZEL
INÊS BOGÉA (ORGANIZAÇÃO)
KATHYA MARIA AYRES DE GODOY
LUCIA SANTAELLA
MARIA EUGÊNIA DE MENEZES
PAULO CALDAS
FOTOGRAFOS
ALCEU BETT
ARNALDO J. G. TORRES
JOÃO CALDAS
MARCELA BENVEGNU
MARCELO MARAGNI
REGINALDO AZEVEDO
SANTIAGO BARREIRO RAVERA
SILVIA MACHADO
WILIAN AGUIAR
TRADUÇÃO DO POEMA POR VOS MUERO
NELSON ASCHER
ILUSTRAÇÃO DO POEMA POR VOS MUERO
RENATO MORICONI
TRADUTORA
IZABEL MURAT BURBRIDGE
PROJETO GRÁFICO
MAYUMI OKUYAMA
EDITORA
WMF MARTINS FONTES | 2013

DANÇA EM REDE

170 VERBETES NO ANO

DOCUMENTÁRIOS

CANTEIRO DE OBRAS

DIREÇÃO
JURANDIR MULLER E KIKO GOIFMAN

FIGURAS DA DANÇA

DIREÇÃO
INÊS BOGÉA
FIGURAS
1_ CECÍLIA KERCHE
FOLHETO **WELLEN BARROS**
2_ EVA SCHUL
FOLHETO **MÔNICA DANTAS**
CRONO **RODRIGO FONTANARI**
3_ HUGO TRAVERS
FOLHETO **AMANDA QUEIRÓS**
CRONO **BRUNO ALVES**
4_ JANICE VIEIRA
FOLHETO | CRONO
ANDRÉIA NHUR
5_ J.C. VIOLLA
FOLHETO
NAUM ALVES DE SOUZA (1942–2016)
CRONO **RODRIGO FONTANARI**

2014

LIVRO

PASSADO-FUTURO

ESCRITORES
AMANDA QUEIRÓS
CACÁ MACHADO
FELIPE CHAIMOVICH
INÊS BOGÉA (ORGANIZAÇÃO)
MARCELA BENVEGNU
PETER J. ROSENWALD
RODRIGO LACERDA
ROLAND CLAUZET
FOTÓGRAFOS
ANDRÉ PORTO
ARNALDO J.G. TORRES
ARTHUR WOLKOVIER
CLARISSA LAMBERT
ÉDOUARD LOCK
JOÃO CALDAS
JULIANA HILAL
MARCELA BENVEGNU
MARIANO CZARNOBAI
MICHELLE MOLINA
NANAH D`LUIZE
ROGÉRIO ALVES SOBRADO
SILVIA MACHADO
WILIAN AGUIAR
TRADUTORA
IZABEL MURAT BURBRIDGE
PROJETO GRÁFICO
MAYUMI OKUYAMA
EDITORA
WMF MARTINS FONTES | 2014

DANÇA EM REDE

682 VERBETES NO ANO

DOCUMENTÁRIOS

CANTEIRO DE OBRAS
NOTAS PARA UM OLHAR DANÇAR

DIREÇÃO
RICA SAITO

FIGURAS DA DANÇA

DIREÇÃO
INÊS BOGÉA
FIGURAS
1_ ELIANA CAMINADA
FOLHETO | CRONO
VERA ARAGÃO
2_ JAIR MORAES (1946–2016)
FOLHETO | CRONO
CRISTIANE WOSNIAK
3_ MARA BORA
FOLHETO | CRONO
WLADIMIR SOARES
4_ PAULO PEDERNEIRAS
FOLHETO
INÊS BOGÉA
CRONO
PATRÍCIA GALVÃO
COLABORAÇÃO
INÊS BOGÉA
LARISSA HELENA DA ROCHA MARTINS

2015

DOCUMENTÁRIO

FIGURAS DA DANÇA

DIREÇÃO
INÊS BOGÉA
FIGURAS
1_ MARIA PIA FINÓCCHIO
FOLHETO E CRONO
MARCELA BENVEGNU
COM COLABORAÇÃO DE
CIDA FIORENTIN
2_ NORA ESTEVES
FOLHETO | CRONO
ELIANA CAMINADA

DANÇA EM REDE

400 VERBETES NO ANO

2016

DOCUMENTÁRIO

FIGURAS DA DANÇA

DIREÇÃO
INÊS BOGÉA
FIGURA
1_ JOSÉ POSSI NETO
FOLHETO
AIMAR LABAKI
CRONO
LARISSA HELENA DA ROCHA MARTINS

DANÇA EM REDE

160 VERBETES NO ANO

2017

DOCUMENTÁRIO

FIGURAS DA DANÇA

DIREÇÃO
INÊS BOGÉA
FIGURA
1_ ARACY EVANS
FOLHETO
SIMONE FERRO
CRONO
SIMONE ALCÂNTARA

DANÇA EM REDE

306 VERBETES NO ANO

2018

DANÇA EM REDE

273 VERBETES NO ANO

DOIS OLHARES

ESPECIAL PARA OS 10 ANOS DA SÃO PAULO COMPANHIA DE DANÇA, BRASIL, 2018

UMA ABERTURA POSSÍVEL PARA O PÚBLICO DA BIENAL INTERNACIONAL DE DANÇA DO CEARÁ

ERNESTO GADELHA

Na década de 1990, a exemplo de tantos outros bailarinos brasileiros, decidi aventurar-me internacionalmente em busca de outras possibilidades profissionais. Essa aventura duraria oito anos. O início foi uma breve temporada de seis meses em Amsterdam. Durante esse período, sempre que podia, ia assistir às apresentações do Nederlands Dans Theater, a mais importante companhia de dança da Holanda. A maior parte do repertório do NDT era assinada pelo coreógrafo tcheco Jirí Kylián, à época um dos principais nomes da cena coreográfica internacional. Lembro que me sentia um privilegiado por ter a oportunidade de assistir àquela incrível companhia dançando suas obras.

Dois anos depois, já no meu destino final, a Alemanha, tinha o hábito de viajar a Frankfurt para ver trabalhos daquele que considerava, junto a Pina Bausch (1940-2009), o mais importante coreógrafo atuante na Alemanha: William Forsythe. Uma vez mais, tinha a sensação de ser um afortunado por ter a oportunidade de vivenciar aquele repertório ao vivo, interpretado pelo Balé de Frankfurt.

As inúmeras experiências que tive como espectador nos anos em que vivi na Europa, de alguma forma, tiveram um papel importante para que eu assumisse a função de programador da Bienal Internacional de Dança do Ceará. Atuando como curador, desde o princípio tinha o desejo de que o público cearense pudesse ter acesso a obras relevantes produzidas no Brasil, mas também àquelas criadas no velho mundo e em outros continentes. Até pouco tempo atrás, a possibilidade do público brasileiro presenciar apresentações de criações emblemáticas de coreógrafos como Kylián e Forsythe, para ficar apenas nesses dois exemplos, era privilégio quase que exclusivo de um contingente extremamente reduzido de pessoas que podiam se deslocar para o exterior, notadamente para os países de origem das companhias onde atuavam esses artistas.

A São Paulo Companhia de Dança (SPCD), ao incluir trabalhos importantes desses criadores em seu repertório, contribuiu para transformar essa realidade, tornando alguns desses espetáculos acessíveis para públicos do Brasil. O público cearense que o diga!

A parceria da Bienal Internacional de Dança do Ceará, iniciada na edição de 2011, já possibilitou a apresentação em Fortaleza de quatro obras emblemáticas de Jirí Kylián—*Sechs Tänze, Indigo Rose, Petite Mort* e *14'20"*—e duas criações não menos relevantes de William Forsythe—*In the Middle Somewhat Elevated* e *workwithinwork*. Vinte anos atrás, quando iniciei minhas atividades curatoriais com a Bienal, não teria imaginado que um dia seria possível apresentar esse tipo de repertório ao público local.

Já há algum tempo, falo da importância do investimento na constituição e manutenção de repertórios por companhias e grupos estáveis, permitindo assim que as plateias de hoje tenham acesso não somente a criações importantes realizadas na atualidade, mas também àquelas produzidas em outras épocas e/ou contextos. Para o público, poder assistir essas obras hoje torna-se relevante não somente pela potência e valor artístico intrínseco que essas criações trazem, mas também pelo que elas podem nos dar a ver historicamente. Ademais, é sempre importante lembrar que uma obra de arte não se esgota à primeira vista e que, no caso da dança e das artes cênicas de forma geral, a única forma de vivenciá-la em toda sua intensidade é por meio de sua execução ao vivo. Isso só será possível se a obra integrar o repertório de um grupo ou companhia.

Equilibrando seu repertório a partir de trabalhos construídos especialmente para a Companhia e remontagens de obras referenciais em meio à produção coreográfica ocidental das últimas quatro décadas, a SPCD inaugura um novo possível: aliando a excelência de seu corpo de intérpretes a uma cuidadosa curadoria, a Companhia abre espaço para que o público possa apreciar um rico repertório, do passado recente e do presente, criado por coreógrafos brasileiros e estrangeiros que vêm marcando seus respectivos contextos de produção nos últimos anos. O denominador comum desses espetáculos é a qualidade.

A criação e/ou manutenção de corpos estáveis de dança subvencionados pelo poder público representa, no Brasil, antes uma exceção do que uma regra. O trabalho realizado pela São Paulo Companhia de Dança torna-se assim, com tudo que ela aporta por meio de suas diversas atividades aos vários públicos que atinge, não um modelo a ser copiado, mas um potente exemplo do relevante papel que uma instituição dessa natureza pode exercer enquanto política pública em meio a um dado campo artístico.

Do meu lado, enquanto público e programador, torço para que, para além de São Paulo, os trabalhos apresentados pela SPCD cheguem aos mais distantes rincões do Brasil. Trata-se, pois, de uma Companhia com repertório e qualidade singulares no contexto de nosso país. O desejo é extensivo a outras companhias estáveis do Brasil. Aqueles que acompanham a programação da Bienal Internacional de Dança do Ceará sabem o quanto temos investido na difusão do trabalho dessas companhias.

Espero que nos próximos dez anos a SPCD continue nos surpreendendo com suas remontagens e criações. O público da Bienal, desde já, aguarda ansiosamente!

PASSOU NUM PISCAR DE OLHOS!

AMMANDA ROSA

Digo orgulhosamente que a São Paulo Companhia de Dança (SPCD) é a minha segunda casa. Ela acaba de completar 10 anos e eu tenho a honra de ter presenciado a sua transformação. É uma Companhia conhecida nacional e internacionalmente por meio da sua força, versatilidade, precisão-técnica e artística, e de seu carisma.

Lembro-me que no início de 2008, a classe artística comentava que surgiria uma nova companhia de dança em São Paulo. O burburinho foi aumentando, e então chegou ao meu conhecimento que, na minha cidade, haveria uma audição para uma nova companhia que começaria a funcionar oficialmente no dia 1 de abril, e essa informação não era nenhuma pegadinha do Dia da Mentira, comemorado nessa data. Naquele tempo, ninguém sabia ao certo sobre a Companhia, se ela daria certo, que tipo de repertório dançaria, se havia algum biotipo específico... Eu só sabia que iria prestar essa audição[10].

Assim, nos dias 23 e 25 de fevereiro de 2008, ao lado de mais de 815 bailarinos do Brasil e da Argentina, lá estava eu com apenas 18 anos. Todos eram jovens, tinham sede de arte. Havia apenas quarenta vagas para homens e mulheres. Foram horas exaustivas, dois dias de audições muito intensos, fazendo aulas de ballet clássico, dança moderna e *pas de deux*. Mas quando eu saí dali, tive a certeza de que essa Companhia seria algo diferente e especial, senti uma vontade imensa e inexplicável de fazer parte de tudo isso, de ajudar a escrever sua história.

10 *A audição ocorreu nas cinco regiões do país e Ammanda fez parte da Seleção do Sudeste, realizada em São Paulo, no Teatro Sérgio Cardoso*

E para minha surpresa, no final do segundo dia, bem cansada, porém feliz, fui chamada junto a um pequeno grupo de bailarinos jovens para receber uma proposta para ser estagiária da SPCD. Eu não tive como negar, parecia-me a melhor oportunidade para que eu pudesse seguir a minha carreira em solo brasileiro, passo a passo, crescendo e aprendendo.

E assim, no dia 1 de abril de 2008, eu começava a fazer parte do time da São Paulo Companhia de Dança, junto de bailarinos que eram meus amigos, de bailarinos que ainda não conhecia, junto de professores de dança, diretores, ensaiadores, profissionais da área de produção de espetáculos, de RH. Muita gente talentosa, com muito para ensinar e com muita disposição para fazer dessa nova Companhia um lugar que fosse reconhecido por onde passasse.

Uma década se passou "num piscar de olhos", e eu, junto com alguns colegas, permaneço aqui, dedicando a maior parte dos meus dias a esta casa. Carregamos na bagagem diversos espetáculos dentro e fora do país, a Companhia também desenvolve programas dos quais participamos, como: Espetáculos para Estudantes, Meu Amigo Bailarino, Figuras da Dança, entre outros, que colaboram para a disseminação dessa arte, tornando-a ainda mais acessível para todos.

É impossível mensurar quanto conhecimento este lugar me agregou, não só em termos técnicos e artísticos, mas também como ser humano.

Entrei aqui uma jovem adolescente, sem experiência alguma, eu nem sequer havia saído do país, e hoje, aos 27 anos, sou uma mulher e uma bailarina madura, com uma experiência profissional que nunca sonhei em conseguir trabalhando como bailarina no Brasil.

Aqui tive o prazer de dançar trabalhos incríveis, de coreógrafos reconhecidos pelo mundo a fora, nacionais e internacionais, de ensaiar com pessoas excepcionais, de dançar ao lado de bailarinos de que eu era fã e de me tornar espelho para outros.

Tive a oportunidade de viajar, conhecer muitos lugares do mundo, aprender sobre outras culturas. E tudo isso fazendo o que mais amo: dançando!

É com imenso prazer que faço parte desses 10 anos de história e espero continuar aqui por muitos outros. Seja dançando, seja na plateia, sempre estarei perto, para torcer, vibrar e aplaudir esse legado tão importante que é essa Companhia "de" todos nós brasileiros. A SPCD é um verdadeiro orgulho para o nosso país.

Parabéns, SPCD querida! Que você continue encantando pessoas por onde for, com sua dança ímpar, formada por pessoas tão diferentes, que encontraram sua homogeneidade numa única razão: o amor à arte da dança.

OLHARES: SELEÇÃO DE TRECHOS DE MATÉRIAS E CRÍTICAS

2008—2018

COMEÇAM AS COMEMORAÇÕES DOS 10 ANOS DA SÃO PAULO COMPANHIA DE DANÇA

Nos últimos anos o Brasil sofreu, e ainda sofre muito quando o assunto é manter uma companhia de dança. Muitas foram as vezes que vimos uma companhia ou outra a ponto de findar suas atividades devido à falta de investimento por parte de patrocinadores e/ou governo (de quem ainda se depende muito). Mas as lutas para se manter de pé continuam e grandes nomes da dança brasileira brilham nos palcos nacionais e internacionais. É neste cenário que, há 10 anos, o Governo do Estado de São Paulo criou uma companhia de dança voltada tanto para o público clássico quanto o contemporâneo. Dirigida por Inês Bogéa_doutora em artes, bailarina, escritora, professora de Arte Educação: Teoria e Prática na USP, bailarina do Grupo Corpo por 12 anos—, que sabe como ninguém entender seu público, e fez da São Paulo Companhia de Dança uma das mais sólidas companhias no cenário mundial da dança.

TARCÍSIO CUNHA

AGENDA DA DANÇA | BRASIL | 2018

SÃO PAULO COMPANHIA DE DANÇA: GOECKE E A PSICOFISICALIDADE COREOGRÁFICA

[...] Abrir assim, a série de três programas retrospectivos, em comemoração aos 10 anos de um dos mais importantes grupos coreográficos do país, com uma seleção de obras de Marco Goecke, tem um duplo e significante conceitual artístico.
Afinal, graças à SPCD, seu emblemático inventário estético chegou aos nossos palcos em retomadas nacionais, com a singularidade de uma destas criações (*Peekaboo*) ter sido idealizada para esta Cia, com estreia em uma de suas turnês europeias. Revelando os sérios propósitos e os avanços estilísticos de um grupo brasileiro de dança, provocativo de sólida convivência da tradição clássica à contemporaneidade, através de obras mestras destas duas tendências. Sempre sob o olhar artesanal e o comando seguro de Inês Bogéa, via sua incrível trupe de trinta bailarinos. À diretora artística da SPCD não falta inteligente arrojo ao privilegiar, num mesmo espetáculo, três obras de um coreógrafo sob a prevalente marca criativa de reiterativa linguagem gestual, entre o automatismo simétrico e a mecanicidade nervosa. [...]

WAGNER CORRÊA ARAUJO

ESCRITURAS CÊNICAS | BRASIL | 2018

COM DEDICAÇÃO E TEMPERAMENTO INSPIRADOR, A SÃO PAULO COMPANHIA DE DANÇA TRAZ *O SONHO DE DOM* QUIXOTE DE MÁRCIA HAYDÉE PARA BADEN BADEN

[...] No sul ensolarado, fazendo malabarismos com melancias e garrafões, os camponeses se alegram, Kitri realiza seus *fouettés* quando passa pelos toureiros, enquanto Basílio flerta com as garotas. A Companhia mostra bailarinos expressivos, entre eles o alto Joca Antunes dá a Dom Quixote uma elegância antiquada poética e afugenta todos os adversários, e Bruno Veloso, o homem de pequenos passos, um virtuoso bailarino que interpreta Sancho Panza. Destaque também para André Grippi e Geivison Moreira como os dois toureiros, Diego de Paula como o viril líder sensual dos Ciganos, Luiza Yuk como Dulcinea, Daniel Reca como o jovem Gamacho. Thamiris Prata, como Kitri representando muito bem a dança acadêmica. No geral, um triunfo do conjunto.

NICOLAUS SCHIMIDT

BNN MANTEL KRITIK SCHMIDT | ALEMANHA | 2018

SÃO PAULO NA VANGUARDA

A dança brasileira não se resume necessariamente em samba e carnaval, a São Paulo Companhia de Dança fez vibrar a Casa da Dança de Lyon, com a direção de Inês Bogéa, ex-bailarina do Grupo Corpo, que agora representa e guia essa jovem companhia que, com talento e energia, começa a competir com os maiores grupos internacionais.
Técnica perfeita conquistada no treinamento clássico, juntamente com uma bela sensibilidade de interpretação, que se presta perfeitamente à apresentação de coreógrafos como o alemão Marco Goecke e seu sensível *Peekaboo* para oito bailarinos, ou Uwe Scholz que, com música de Rachmaninov, é inspirada pelas pinturas de Kandinsky para um trabalho de bela elegância pictórica.

MADAME FIGARO

FRANÇA | 2018

QUANDO AS PERNAS COM LINHAS PERFEITAS ENCONTRAM QUADRIS BALANÇANTES

Repetidamente o público chamava os bailarinos de volta ao palco com seus aplausos e batidas de pés no chão, já antes do intervalo e mais ainda no fim de uma hora e meia de apresentação com a São Paulo Companhia de Dança, que deixou todos sem palavras.
[...] Tão perfeitos, precisos e ao mesmo tempo rápidos são os movimentos que o olho quase não consegue acompanhar. Tão suaves, delicados e ao mesmo tempo fortes são os bailarinos, tão incrível a experiência como um todo, que tira o fôlego e fica difícil resumir em palavras. Pura dança, do mais alto nível. [...] Uma noite fascinante, em que o melhor é simplesmente deixar-se levar, para deleitar-se maravilhado.[...]

KASCH

NACHRICHTEN | ÁUSTRIA | 2018

A SÃO PAULO COMPANHIA DE DANÇA SEDUZIU NO LINZ POSTHOF

No sábado, a São Paulo Companhia de Dança apresentou-se com três diferentes coreografias no TanzTagen no Linz Posthof. A plateia local foi eletrificada e agradeceu ao aclamado grupo de dança latino-americano com aplausos intermináveis. [...] A São Paulo Companhia de Dança não deixou nada a desejar: *Gen*, de Cassi Abranches, tinha uma nota feminina e balançante e exigiu do conjunto o mais alto nível. Com *Gnawa*, de Nacho Duato, a Companhia finalmente desencadeou um entusiasmo flamejante!

MC KRONEN ZEITUNG

ÁUSTRIA | 2018

APLAUSOS FRENÉTICOS PARA A SÃO PAULO COMPANHIA DE DANÇA OS BRASILEIROS COMBINAM SENSUALIDADE, TEMPERAMENTO E VIRTUOSIDADE

O entusiasmo do público vem do fundo de seus corações e corta o silêncio no Ruhrfestspielhaus. Neste momento, a São Paulo Companhia de Dança encanta todo o salão. Esse cosmo de movimentos é altamente poético, espirituoso e poderoso, mas preciso, tecnicamente brilhante e surpreendente, que se deseja ter mais olhos para não perder nenhum dos magos do corpo no palco. [...] 75 minutos de puro prazer. Linda muito curta! Somente após vários minutos de aplausos, o público desaparece na agradável noite de primavera.

TINA BRAMBRINK,

RECKLINHÄUSER ZEITUNG | ALEMANHA | 2018

PODER INESGOTÁVEL A SÃO PAULO COMPANHIA DE DANÇA ENCANTA NO TEATRO DA CIDADE

[...] Sem dúvida, o verão fez uma estreia antecipada. No teatro da cidade o termômetro deve subir alguns graus a mais no momento. O que os bailarinos da companhia brasileira mostram é caracterizado por poder irreprimível e aparentemente inesgotável. No final, apenas o público continua a ser uma faixa sem fôlego. [ ] A São Paulo Companhia de Dança é jovem. Fundada há apenas 10 anos, a trupe, liderada por Inês Bogéa, já fez nome. O repertório é extremamente diversificado, inclui obras clássicas e contemporâneas.

SABINE RAMPE

NÜRNBERG NACHRICHTEN | ALEMANHA | 2018

VELHO E NOVO

Apesar da crise financeira do Brasil uma nova companhia de dança surgiu na última década, que coleciona elogios pela qualidade, seu repertório diversificado e seu elenco. [...] Para o décimo aniversário, as festividades começaram com uma turnê de festivais na Alemanha, Áustria, França e Luxemburgo, turnê que deixou o público eletrizado e entusiasmado.

São os trabalhos da SPCD no Brasil, no entanto, que a tornam tão relevante. Ivan Grandi acredita que "a São Paulo é uma das companhias mais sólidas do Brasil, pois oferece obras clássicas e contemporâneas para o público e um amplo campo para coreografias e bailarinos em diferentes estilos e gêneros". Muitos bailarinos brasileiros precisam de um lugar para trabalhar, e Rodrigo Pederneiras pensa: "A SPCD é fundamental para a dança no Brasil. Porque não há muitas companhias no Brasil. O seu repertório eclético, toda a atividade com diferentes coreógrafos, mais o rico trabalho educativo que desenvolve a faz uma líder entre seus pares." [...]

Em uma nota prática, [Mario] Galizzi [uma referência na dança sul Americana] enfatiza que Inês Bogéa é também um exemplo maravilhoso de uma administradora artística. "Ela encontra patrocinadores, organiza turnês e conferências e recebe inúmeros convites para se apresentar em todo o Brasil e além; isso faz dela uma grande diretora". Márcia Haydée também me contou sobre Bogéa em termos semelhantes. [...]

FÁTIMA NOLLEN,

DANCING TIMES | INGLATERRA | 2018

SÃO PAULO COMPANHIA DE DANÇA FAZ NOVE ANOS AO SOM DE 'SAMPA' E 'TREM DAS ONZE'

A companhia, que nos seus nove anos de história mesclou criações clássicas e contemporâneas, também colocou há um mês na internet os vídeos da série *Figuras da Dança*—eles estão disponíveis no site *spcd.com.br/figuras_da_danca.php*. [...]

MARIA LUÍSA BARSANELLI

FOLHA DE SÃO PAULO | BRASIL | 2017

ESPETACULAR DANÇA BRASILEIRA EM COMEMORAÇÃO AO COREÓGRAFO JIRÍ KYLIÁN

Os bailarinos da Companhia são primeiramente bailarinos de balé clássico, mas também recebem treinamento e capacitação do balé contemporâneo. Tudo é executado de forma primorosa: os dançarinos possuem uma técnica excelente, movimentos alongados e esplendorosos, e precisão nos mínimos detalhes, criando assim uma obra maravilhosa de pura limpidez. Quando encontramos bailarinos como esses, juntamente com Kylián, o resultado é maravilhoso. [...] É um excelente programa da companhia com uma coreografia primorosa e atual, e de alto nível de execução.

ORI J. LENSKINSKI
THE JERUSALÉM POST | JERUSALÉM | 2017

ELEGÂNCIA E MUITA ENERGIA

[...] A Companhia, criada há quase 10 anos pela Secretaria de Estado da Cultura do Governo do Estado de São Paulo, exibe e o seu carisma e originalidade em Ludwigsburg, encantando a todos com suas coreografias.

DIETHOLF ZERWECK
LUDWIGSBURG KREISZEITUNG | ALEMANHA | 2017

VIVALDI DE CABEÇA PARA BAIXO

[...] O primeiro desafio é assistir à interpretação de cinquenta minutos de Vivaldi criada pelo fundador de La La La Human Steps, Édouard Lock. Sua técnica fria é executada com facilidade pela Companhia brasileira de altíssimo desempenho.

EVA MARIA MAGEL
SPIELZEIT | ALEMANHA | 2017

DANÇA DE PONTA EM ALTA VELOCIDADE

Realmente os 14 bailarinos e bailarinas da São Paulo Companhia de Dança são imbatíveis no quesito energia, temperamento e paixão. Isto é proveniente de sua origem latino-americana, ou do dom da diretora artística, Inês Bogéa, de escolher seu conjunto ou talvez seja a combinação de ambos. Mas, também, é preciso elogiar os três coreógrafos presentes nesta noite, que extraíram o melhor destes bailarinos.

[...] O ponto alto da noite é a terceira e última coreografia, desta vez criada por um espanhol: Nacho Duato apresenta ao auditório em Mainz sua obra *Gnawa*. [...] Os movimentos dos bailarinos são suaves, harmoniosos e fluentes, a coreografia e o cenário possuem características bem agradáveis—os trinta minutos de duração da peça passam voando. Novamente: aplausos intermináveis, o público ovacionou de pé, pediram bis, e o diretor do festival ficou muito satisfeito, pois manteve a sua promessa.

NATACHA OLBRICH
ALLGEMEINE ZEITUNG | ALEMANHA | 2017

REPERTÓRIO VARIADO COM MUITA EXPRESSÃO

Dança criativa, trocas rápidas e lentas, às vezes movimentos sóbrios, além da dança de salão. Alguns elementos em destaque são: a mistura de repertórios da São Paulo Companhia de Dança (SPCD), criada em 2008, mescla técnicas neoclássicas e criações novas de coreógrafos sul-americanos. Uma combinação quente, e ao mesmo tempo com uma identidade bem particular. Mais uma característica destes jovens, integrantes desse grupo de dança conhecido internacionalmente, vindo da maior metrópole do mundo: não há astros nem estrelismo. [...] em *The Seasons*, uma criação assinada pelo canadense Édouard Lock [...] a dança, a música, o cenário e a projeção de luz, fascinam os espectadores imediatamente. Os bailarinos se movem rapidamente em movimentos intensos de tirar o fôlego, em um vocabulário extremante dinâmico.

ROBIN DANIEL FROMMER
STADT LUDWINGSBURG | ALEMANHA | 2017

THE SEASONS | GNAWA

Em sua primeira vez em Lyon, a brasileira São Paulo Companhia de Dança devora o palco com um programa charmoso e fascinante.

A prestigiosa São Paulo Companhia de Dança tem um repertório rico de obras de grandes personalidades do mundo da dança, algumas delas criadas especialmente para a Companhia. Em sua primeira apresentação em Lyon os bailarinos interrogam sublimemente a história e os códigos da dança clássica em seu programa. [...] Em ambas as coreografias, os bailarinos mostram qualidades técnicas impressionantes a serviço de uma real sensibilidade artística.

MAIRIE DU 8
FRANÇA | 2016

BRASIL EM MOVIMENTO

Brasil está em movimento—e como! A prova é a São Paulo Companhia de Dança e seu desempenho durante o *Steps Festival* no teatro de Winterthur. A colorida noite brasileira termina com *Gnawa* (2005), obra de destaque do espanhol Nacho Duato, sob fortes aplausos. [...] Transe sob controle para os 14 bailarinos apresentarem virtuosismo na dança contemporânea com uma imensa e indispensável técnica clássica, imersos em luz de velas.

EVELYN KLÖTI
DER LANDBOTE | SUÍÇA | 2016

UM MILÍMETRO DE FEITIÇO

[...] Pela primeira vez na Suíça para participar do Festival de Dança *Steps*, a São Paulo Companhia de Dança deixará, sem dúvida alguma, uma memória que ficará por muito tempo na cabeça daqueles que viram seu espetáculo.
Fundada em 2008, já está entre as grandes companhias de dança da América Latina, com um alto nível de reconhecimento mundial. [...] Os bailarinos da São Paulo Companhia de Dança provam que conseguem fazer um espetáculo que é um estouro [...]

FLORENCE LUY
LA GRUYÈRE | SUÍÇA | 2016

A ELETRICIDADE DA DANÇA BRASILEIRA

Os intérpretes são, de fato, formidáveis passado de uma forte técnica clássica a uma forma de transe oriental [na dança] [...]

DAVID S. TRAN
LE PROGES | FRANÇA | 2016

SEASONS E *GNAWA*, DUAS OBRAS EXCEPCIONAIS DANÇADAS PELA SÃO PAULO COMPANHIA DE DANÇA, ENCANTAM A MAISON DE LA DANSE EM LYON

[...] A São Paulo Companhia de Dança simboliza a força e a sensualidade do Brasil e as transmite de forma deslumbrante e maravilhosa. Ao final do espetáculo, o público aplaudiu de pé os bailarinos brasileiros. Desde sua criação em 2008, a São Paulo Companhia de Dança é magistralmente dirigida pela bailarina, roteirista e documentarista, Inês Bogéa. Em menos de uma década, produziu cerca de quarenta obras, incluindo vinte criações originais. A diversidade de seu repertório combinada com o virtuosismo de seus bailarinos contribui para o sucesso da companhia.

ODILE MORAIN,
CULTURE BOX | FRANÇA | 2016

TRÊS EXCELENTES COREOGRAFIAS CONTEMPORÂNEAS PARA A SÃO PAULO COMPANHIA DE DANÇA

[...] Pela primeira vez em Montreal, a São Paulo Companhia de Dança, dirigida por Inês Bogéa, oferece por três noites apenas um programa triplo de altíssima qualidade. A companhia criada há oito anos prova o quanto a formação clássica, com tudo o que inclui os picos, beneficia o virtuosismo exigido nas obras contemporâneas de grandes coreógrafos.

SOPHIE JAMA
LE HUFFINGTON POST | CANADÁ | 2016

SÃO PAULO COMPANHIA DE DANÇA: BAILARINOS EXTREMAMENTE FORTES FAZEM JUSTIÇA A TODOS OS COREÓGRAFOS!

[...] Uma bela noite que deu aos bailarinos da São Paulo Companhia de Dança a chance de nos mostrar a excelência de seu trabalho. Foi uma bela descoberta. Eles estarão de volta? Esperemos.

ALVINA RUPRECHT
CAPITAL CRITICS' CIRCLE | CANADÁ | 2016

DANSE DANSE TRAZ OS BRASILEIROS — E O RETORNO DE ÉDOUARD LOCK

[...] Montreal foi a parada final de uma turnê mundial que levou a jovem companhia brasileira para a Europa.
[...] Os bailarinos foram adoráveis—grande técnica, corpos lindos, totalmente comprometidos. [...] A terceira e última parte foi, para mim, o destaque da noite, em que vemos surgir os verdadeiros poderes desta companhia ágil e dinâmica. *Gnawa*, de Nacho Duato, estava impecável, um grande meio para mostrar a extensão e a força dos bailarinos, e uma alegria de assistir do início ao fim. *Gnawa* utiliza os quatro elementos básicos—água, terra, fogo e ar—para descompactar a relação entre os seres humanos e o universo. A iluminação era quente, a parceria fresca e a ovação final? Impagável!

REBECCA GALLOWAY
BACK TRACK | CANADÁ | 2016

SÃO PAULO COMPANHIA DE DANÇA ENCERRA TURNÊ POR QUATROS PAÍSES, EM NOVA YORK

[...] Habituado em assumir a arte em público, nova-iorquino é exigente. Mas o que se viu na estreia foi uma plateia receptiva e animada, que lotou os 472 lugares do teatro. E ali, longe do Brasil, percebemos que os artistas brasileiros têm sim, carisma e um jeito singular de se movimentar. A crítica internacional ressaltou ainda o fato de a companhia ser jovem (criada em 2008), além da versatilidade, qualidade técnica e sensualidade natural dos brasileiros. [...]

JULIANA RAVELLI
O ESTADO DE SÃO PAULO | BRASIL | 2016

A BELEZA DO CLÁSSICO

[...] O último espetáculo da noite—o grande *pas de deux* de *O Corsário*—trouxe à cidade bailarinos da São Paulo Companhia de Dança: Thamiris Prata e Yoshi Suzuki, dirigidos por Inês Bogéa. [...] [Suzuki] foi vibrante e com técnica exímia. Com a sua presença arrebatou o público e também foi várias vezes aplaudido em cena aberta. Thamiris Prata fez com ele um belo pas de deux, ela é do tipo sorridente, graciosa em seu virtuosismo, e compôs com Suzuki um dos momentos mais bonitos desta edição do Festival de Dança [de Londrina] [...]

CELIA MUSILLI

FOLHA DE LONDRINA | BRASIL | 2016

CRÍTICA 25° FESTIVAL DE DANÇA DO TRIÂNGULO: REFINAMENTO DE GOSTO E REPERTÓRIOS

Coube a São Paulo Companhia de Dança fazer em grande estilo o encerramento da 25° edição do Festival do Triângulo, na terça-feira à noite. [...]

A possiblidade de assistir a espetáculos como o da noite de encerramento fortalece a diversificação de repertórios para o público de dança de Uberlândia, amplia olhares dos criadores de dança locais, propondo novos patamares para as criações coreográficas no sentido da qualificação e refinamento do processo criativo.

É significativa, também, a determinação da São Paulo Companhia de Dança em produzir remontagens de obras fundamentais da história da dança. Assim, oferece ao público e à cena brasileira um leque de opções artísticas que revisitam montagens já estabelecidas e ao mesmo tempo, dá a oportunidade a novos coreógrafos brasileiros para exercitar suas ideias, pensamentos e conceitos artísticos, trazendo ainda à cena brasileira importantes criadores internacionais.

CARLOS SANTOS

PORTAL UBERLÂNDIA | BRASIL | 2016

V GALA INTERNACIONAL DE BALLET DE BUENOS AIRES, MAGNIFICÊNCIA E HUMOR

[...] Encerrou a excelente São Paulo Companhia de Dança, com uma obra jovial de Jíri Kylián: *Sechs Tanze*, música de Mozart e incrível atuação de nove bailarinos de perucas empoeiradas e crinolinas que, entre bolhas de sabão, finalizaram esta magnífica e esperada V Gala Internacional de Ballet de Buenos Aires.

PATRICIA CASAÑAS

MARTIN WULLICH | ARGENTINA | 2015

PAS DE DEUX INTEGRAÇÃO ENTRE BAILARINOS E OBRAS DE ARTE NA EXPOSIÇÃO MUSEU DANÇANTE HUMANIZA ESPAÇO MUSEOLÓGICO

Se fosse um corpo humano, a exposição *Museu Dançante* teria dois pulmões. Eles seriam a *Bolha Vermelha* (1968), de Marcelo Nitsche, e *Templo* (2000), de Franklin Cassaro, ambas obras infláveis, que se apresentam ora plenas de ar, ora esvaziadas. [...] Mas a força vital do Museu Dançante está no corpo de baile da São Paulo Companhia de Dança (SPCD), que interage com cada uma dessas obras em duas coreografias especialmente compostas para o projeto. Com curadoria de Felipe Chaimovich e Inês Bogéa, diretora da SPCD, o projeto coloca em diálogo as obras do acervo do MAM e os bailarinos da companhia. [...] Estáticas ou cinéticas, as obras são sempre disparadoras do movimento dos visitantes—sejam eles bailarinos profissionais ou amadores. [...] Este jogo de interações faz de Museu Dançante um experimento novo e corajoso [...]

PAULA AZULGARAY

REVISTA ISTOÉ | BRASIL | 2015

SÃO PAULO CIA. DE DANÇA *INDIGO ROSE | PETITE MORT | SECHS TÄNZE*

Pelo oitavo ano, a São Paulo Companhia de Dança promove sua temporada no Teatro Sérgio Cardoso. A seleção de montagens costuma ganhar o público pela qualidade e pela mistura de dança contemporânea e clássica.

CAROLINA GIOVANELLI

VEJA SÃO PAULO | BRASIL | 2015

MUSEU DANÇANTE

A proposta desta exposição que levou a São Paulo Companhia de Dança para dentro do MAM chama atenção pela originalidade. Saltos e piruetas são apresentados entre obras de arte—elas funcionam como cenário—e convidam os visitantes a interagir [...] Quando os artistas saem da cena, dá para flagrar pessoas dançando aleatoriamente maravilhadas com a encantadora experiência.

LAURA MING

VEJA SÃO PAULO | BRASIL | 2015

ÁGUA, CORES, LUZ E ATMOSFERAS CINTILANTES

O mais aclamado grupo de dança do Brasil, a São Paulo Companhia de Dança, entusiasmou o Forum Leverkusen. Foram coreografias brilhantes que a Companhia apresentou à plateia entusiasmada de todas as idades—havia também público profissional no grande salão. Afinal, a Bayer Kultur havia convidado a mais renomada Companhia Brasileira Contemporânea, que existe há apenas sete anos.

JAN STING

LEVERKUSEN ER ANZEIGER | ALEMANHA | 2015

UM GRUPO DE DANÇA DE ALTA MUSICALIDADE

Foi uma sinfonia do corpo a apresentação da São Paulo Companhia de Dança no palco da Ópera de Bonn. O grupo é inspirado e dotado de uma grande musicalidade. Se engana quem subestima a companhia de São Paulo pelo seu pouco tempo de existência, pensando que por isso lhe faltaria internacionalidade. Ao contrário, sua conexão direta com a dança mundial é inclusive um de seus maiores trunfos.

H.D. TERSCHÜREN

BONNER RUNDSCHAU | ALEMANHA | 2015

FELIZ LEVERKUSEN

Desta série foi vista a São Paulo Companhia de Dança, que poderia também ser chamada de NDT brasileira. Não só porque todos os coreógrafos do programa também trabalharam para a NDT, mas porque os dançarinos dançam no mesmo nível elevado. Billy Forsythe não escreveu a sua obra prima *In the Middle, Somewhat Elevated,* que a Companhia mostrou durante a sua apresentação, nem para o seu grupo de dança de Frankfurt, nem para a NDT, mas para os artistas do balé da Ópera de Paris. No entanto, a São PauloCompanhia de Dança não tem do que se envergonhar e se houvesse um campeonato de grupos de dançarinos (Deus nos livre de algo desse tipo), eles poderiam ocupar seu lugar no pódio como grupo puramente brasileiro.

GÜNTER PICK

TANZNETZ | ALEMANHA | 2015

DO JOGO DE ESCONDE AO RITUAL DE TRANSE

Três peças de dança mostraram três facetas bem diferentes de um requintado e ainda jovem grupo de dança. A São Paulo Companhia de Dança, fundada em 2008, foi a convidada da Cultura Baviera nesta semana, sendo aclamada entusiasticamente pela plateia na sala do foro, inteiramente lotada. No entanto, a peça final, seguida de prolongado aplauso, foi, em comparação com a primeira parte, a que apresentou coreografias mais atuais [...] Nesta nova apresentação da coreografia *In the Middle, Sommewhat Elevated* de William Forsythe do ano de 1987, fascinou, acima de tudo, o impecável emprego da técnica dos nove dançarinos envolvidos. [...] Depois deste impulso de energia, seguiu a coreografia suave e fluida de *Gnawa*, de Nacho Duato, que expôs o lado gracioso da companhia brasileira que, aliás, chegou rapidamente até o topo do cenário de dança latino-americano. [...]

MONIKA KLEIN

RHEINISCHE POST | ALEMANHA | 2015

UMA DANÇA CHEIA DE CONTRASTES

A São Paulo Companhia de Dança promoveu no sábado passado na sala lotada da casa Conde de Zeppelin, em Friedrichshafen, uma noite de dança de alto gabarito. O público agradeceu com exclamações de entusiasmo e com aplausos sem fim aos dançarinos brasileiros, que o levaram para um mundo de graça, força, estética e poesia. [...]

Depois desta noite, entende-se porque a São Paulo Companhia de Dança, sob a direção artística de Inês Bogéa, conquistou dentro de curtíssimo espaço de tempo um lugar especial no mundo da dança internacional.

CLAUDIA WÖRNER

SVEDKURIER | ALEMANHA | 2015

SÃO PAULO COMPANHIA DE DANÇA: UM BALANÇO

Em apenas cinco anos de existência, a São Paulo Companhia de Dança produziu 27 ou 29 coreografias, fruto de um trabalho conduzido com sabedoria e cautela. Ontem mesmo, ela enfrentava com êxito o desafiador *In the Middle, Somewhat Elevated*, de Forsythe, que, sendo de certa forma o protótipo da integração bem-sucedida da dança clássica com a contemporânea, situa bem as possibilidades da companhia. Eles são pouco mais de quarenta bailarinos, mas todos perfeitamente aptos a se dedicar com mestria a ambas as expressões. Hoje, pela primeira vez, a companhia incorpora um grande balé de ação em seu repertório, e não é pouca coisa: o *Romeu e Julieta* com música de Prokofiev. Essa nova produção é exemplar. Deve-se ao jovem coreógrafo [italiano] Giovanni Di Palma, que, me parece, é pouco conhecido na França, apesar de ter dançado na Ópera de Nice, no Ballet de Dresden e no de Leipzig. [...] Mas, desde já, devemos afirmar que, além da São Paulo Companhia de Dança, provavelmente não existe alguma no Brasil que seja melhor vitrine da dança clássica e, ao mesmo tempo, da dança contemporânea. Nunca será demais afirmar o mérito digno de admiração de Inês Bogéa, a diretora, que guia suas trupes com mão firme e constrói para elas um repertório particularmente rico e judicioso. Esse resultado brilhante, obtido em cinco anos, é particularmente admirável, vindo dessa mulher pequenina, de aparência tão frágil que a veríamos, mais facilmente, dançando o papel de Giselle.

ROLAND CLAUZET

LA DANSE | FRANÇA | 2014

DANÇA CLÁSSICA E ELEGANTE

[...] Com uma versão clássica e bem conduzida, Giovanni Di Palma apresenta os benefícios da dança rigorosa resumida às ações essenciais. Registre-se o fato de que alguns pontos poderiam ser mais explícitos. No entanto, um coreógrafo merece muita consideração se escolhe para primeiro balé narrativo uma intrigante história internacional com várias releituras como *Romeu e Julieta* e ainda oferece interpretação coerente. Nossos cumprimentos aos jovens bailarinos, especialmente à delicada e tão segura Aline Campos como Julieta, ao elegante Nielson Souza como Romeu, a Diego de Paula como o intenso Mercúcio, a Geivison Moreira como o enérgico Teobaldo. Até mesmo Páris, muitas vezes caracterizado como aristocrata pouco atraente, é igualmente importante, assim como todos os outros bailarinos: magros, de pernas longas, bem preparados—uma verdadeira festa para os olhos.

VOLKMAR DRAEGER

TANZNETZ | ALEMANHA | 2014

SÃO PAULO COMPANHIA DE DANÇA | SUCESSO DE PÚBLICO

[...] A São Paulo Companhia de Dança se apresenta na programação de dança do Pavilhão das Artes Cênicas, em Hertzliya [na Grande Tel Aviv] [...] Bailarinos bonitos, técnica excepcional, música renomada e programação diversificada. Sucesso de público. [...]

GABI ELDOR

HAARETZ | ISRAEL | 2014

RITMO BRASILEIRO SEM SAMBA

[...] A curta apresentação do excepcional elenco brasileiro ocorreu em dois espetáculos no Festival Tanzsommer (domingo e segunda), sob a direção de Inês Bogéa, e a Companhia deu uma ideia de suas competências, não deixando nenhuma emoção de fora. Mostrou não apenas gracejo e doçura, mas também absoluta sensualidade. [...]

CHRISTIANE FASCHING

TRIOLER TAGESZEITUNG | ÁUSTRIA | 2014

COM CHAPÉU-COCO, CHARME E CEREJAS DOURADAS

Como último espetáculo de dança da temporada, com a percepção reveladora de que, "no Brasil, a febre do futebol se calou", a programação da Ópera de Colônia oferece aquela que é hoje a companhia de dança mais renomada do Brasil. [...] Nas três obras, viu-se alto desempenho. A velocidade da execução é tal qual no campo de futebol: os jogadores correm atrás da bola em velocidade incrivelmente alta. Não é fácil para quem ainda ouve pedirem bis. Compreende-se que as peças de balé sejam tão curtas, não havendo acréscimo. Adeus, São Paulo Companhia de Dança—e obrigada!

JASMINA SCHEBESTA

OPERNNETZ | ALEMANHA | 2014

BELEZA E TALENTO: ESTRELAS DO BALÉ ILUMINARAM A GALA DO TEATRO DO LAGO

Uma noite memorável foi vivida no sábado no Teatro do Lago. Dessas que reluzem com todas as suas letras, na qual o balé como protagonista que se revestiu de luminárias que fizeram brilhar um já radiante entardecer sulista. A noite respirou frescor e talento por todos os lados e deixou um halo de fantasia. [...] Foi uma performance de excelência, em que afloraram as virtudes dos bailarinos, magnetizaram cada peça e deram lições interpretativas que calaram profundamente. [...]

CLAUDIA RAMIREZ HEIN

LA TERCERA | CHILE | 2014

UM MODELO DE DANÇA EQUILIBRADO EM TRÊS EIXOS

[...] Inaugurada em janeiro de 2008, a São Paulo Companhia de Dança (SPCD) é um exemplo de grupo de arte concretamente dedicado a três eixos: produção artística, formação e manutenção da memória. Com 99 funcionários, dos quais 45 bailarinos, a SPCD impressiona pelos números, não apenas de concepção artística (29 coreografias, 390 apresentações, público superior a 340 mil pessoas), mas também de produtos de formação e de fomento: em cinco anos, já foram lançados 26 documentários da série *Figuras da Dança*, seis documentários *Canteiro de Obras*, cinco filmes para educadores e cinco livros de ensaios.

MAYARA DE ARAÚJO

DIÁRIO DO NORDESTE | BRASIL | 2014

ENSAIO SOBRE O EQUILÍBRIO

O universo da arte é imenso, e suas possibilidades, infinitas. A São Paulo Companhia de Dança conseguiu extrair o domínio sobre esse cenário e lança hoje a quinta edição de seu livro anual de ensaios, agora com o título *Jogo de Corpo—Ensaios sobre a São Paulo Companhia de Dança*, em uma iniciativa que, junto à série ***Figuras da Dança*** e ao documentário *Canteiro de Obras*, transformou a trajetória da companhia e da dança brasileira em patrimônio cultural. [...]

BIANCA BITTELBRUNN

A NOTÍCIA | BRASIL | 2014

UM JOGO BRASILEIRO DE EMOÇÕES

Abertura efervescente, a da 30ª edição do Festival de Dança de Bolzano [Itália]. Noite passada, a São Paulo Companhia de Dança, dirigida por Inês Bogéa, esteve pela primeira vez na Itália para o início oficial do festival. Ela não frustrou as expectativas e deixou em Bolzano um cartão de visitas de grande respeito. No programa, três coreografias muito distintas entre si, interpretadas com extraordinário talento e frescor pelos bailarinos da jovem e prestigiosa companhia brasileira. [...]

Para finalizar, os bailarinos exercitaram-se num clássico da dança contemporânea, mostrando também em *In the Middle, Somewhat Elevated*, de Forsythe, não só a técnica requerida, mas também grande personalidade.

LM, CORRIERE DELL'ALTO ADIGE

ITÁLIA | 2014

PRIMEIRO BALÉ ROMÂNTICO,
***LA SYLPHIDE* RETORNA AOS PALCOS**

A São Paulo Companhia de Dança estreará a temporada 2014 um dia antes da abertura da Copa apostando na força de um grande clássico. *La Sylphide*, obra do século XIX escolhida para abrir as apresentações em São Paulo, é considerado o primeiro grande balé romântico. É também a primeira coreografia feita para sapatilhas de ponta e a que inaugurou o uso do *tutu*, a saia de tule branco que virou símbolo da bailarina clássica. [...]

No ano passado, a companhia teve um outro clássico, *Romeu e Julieta*, um dos maiores sucessos de sua trajetória, com todas as sessões lotadas. A temporada de 2014 começa com mais um recorde: o número de assinaturas para a programação completa passou de 433 em 2013 para 783 neste ano. [...]

IARA BIDERMAN

FOLHA DE S. PAULO | BRASIL | 2014

ÉDOUARD LOCK CRIA PARA A SPCD

Uma coreografia de luzes. Assim se pode resumir a proposta de Édouard Lock, artista canadense que concebeu *The Seasons*. Criada sob encomenda para a São Paulo Companhia de Dança, a obra fará sua estreia mundial em Campinas, no próximo dia 26, traz as marcas que notabilizaram o coreógrafo: Os movimentos intensos e precisos. A transfiguração que opera no balé clássico. O uso intenso da luz, com centenas de mudanças para recortar os gestos dos bailarinos. [...] Lock cria seu primeiro trabalho no Brasil, mas já havia passado pelo país nos anos 1980 e 90 com a sua própria Cia., a afamada La La La Human Steps. [...] [Ele] já assinou obras para companhias, como a Nederlands Dans Theater e o Ballet de L'Opéra de Paris. [...]

MARIA EUGÊNIA DE MENEZES

O ESTADO DE SÃO PAULO | BRASIL | 2014

DANÇA QUE DESLUMBRA COM SUA
RIQUEZA DE MOVIMENTOS

A São Paulo Companhia de Dança não só entrou com o pé direito na sua primeira visita ao Uruguai, mas também o fez com três coreografias desafiadoras que demonstraram o excelente nível de seus bailarinos. O que é notável, também, é que a companhia criada pelo Governo do Estado de São Paulo e dirigida por Inês Bogéa conseguiu em apenas cinco anos de existência executar fluentemente três obras que, embora muito diferentes umas das outras, compartilham a singularidade de exigir grande musicalidade, velocidade e plasticidade de movimentos. [...]

FERNANDA MUSLERA

EL OBSERVADOR | URUGUAI | 2013

GRUPO PAULISTA DE DANÇA DE PRIMEIRO NÍVEL
VISITOU O URUGUAI

[...] Um pouco como faz o Balé Nacional do Sodré com suas Galas, o grupo visitante brindou um programa triplo, que deu a possibilidade de se ver três coreografias bem diferentes, exibindo assim distintos modos de encarar técnicas, estilos e soluções cênicas. [...]

[...] Outro aspecto fundamental: a qualidade dos bailarinos e o estado físico dos mesmos. Fiéis a melhor tradição paulista, os numerosos intérpretes possuem corpos privilegiados, belíssimos, e que manejam a técnica com grande precisão.

O espetáculo [...] correu muito bem, solidamente apoiado pelas luzes e pela música. O público, bastante numeroso, (pelo menos na apresentação de quarta-feira), o aplaudiu com força, deixando evidente que esta primeira visita da companhia paulista foi um feliz acontecimento, que seria bom que se repetisse mais adiante. [...]

CARLOS REYES

EL PAÍS | URUGUAI | 2013

MENINA DOS OLHOS

Sejamos bem honestos. É muito raro, é raríssimo, eu diria, apreciar iniciativas que venham do governo. Ou melhor: não olhar com desconfiança para uma ideia que parte do Estado é uma opção inexistente para nós como população brasileira. Mas, ao falarmos sobre a São Paulo Companhia de Dança (SPCD), sem que se entre em polêmicas sobre suas origens, aparece diante dos nossos olhos a mais bela das exceções. [...] A temporada montada pela SPCD tem, a cada estreia, a encenação de uma coreografia inédita. Assim você não deixa de apreciar um espetáculo já consolidado da companhia e tem a oportunidade de tirar suas próprias conclusões sobre o trabalho desenvolvido desde 2008. Se depender da crítica, vai de vento em popa.

EVELIN FOMIN

TIME OUT SÃO PAULO | BRASIL | 2013

UM JOGO DE CORPOS ELETRIZANTE

Júbilo no Schlosstheater. Mais uma vez, um grupo de dança extraordinário entusiasma o público de balé de Fulda: a São Paulo Companhia de Dança, originária do Brasil, está fazendo turnê na Alemanha, trazendo um programa triplo para a Cidade do Barroco. Fundado em 2008, o jovem elenco, sob a direção artística de Inês Bogéa, já conquistou considerável renome internacional nesses poucos anos de existência [...]. A dança clássica e a moderna têm lugar no repertório da companhia. Trata-se de uma formação de balé fundamentada no princípio clássico, junto com um entusiasmo apaixonado que parece estar no sangue dos jovens brasileiros.

Exatamente por essa mistura, o grupo, formado de 15 bailarinos, conquistou a plateia de Fulda na noite de sábado. As três peças eram internacionais e não poderiam ter sido mais bem selecionadas para demonstrar a capacidade de adaptação dos bailarinos. [...] o público de Fulda aplaudiu muito o jovem grupo que compõe a São Paulo Companhia de Dança.

ERIKA DINGELDEY

FULDAER ZEITUNG | ALEMANHA | 2013

EXPRESSÃO E BELEZA DO MOVIMENTO

Ela veio, dançou—e conquistou de cara o público que lotava o Fórum de Ludwigsburg. Estamos falando da São Paulo Companhia de Dança, que foi fundada bem recentemente, em 2008. O jovem grupo possui um estilo de dança que homenageia a beleza do movimento, sem se esquecer do que a riqueza expressiva do corpo humano é capaz. O vocabulário dos membros se presta à dança clássica, a rituais étnicos e a coreografias modernas, e os bailarinos, cuja companhia é dirigida por Inês Bogéa, mostraram na noite de terça-feira que dominam, soberanos, toda a gama de movimentos. [...] Os aplausos não queriam parar.

GABRIELE METSKER

STUTTGARTER ZEITUNG | ALEMANHA | 2013

SUPERNOVA NO CÉU ESCURO DA DANÇA

No Schlosspark, o público esfrega os olhos, ansioso, durante o Fórum de Ludwigsburg. Trata-se da mesma tensão diante do palco que havia sido trazida à Alemanha pelo Nederlands Dans Theater (NDT), pelo Aterballetto ou pela Companhia Nacional de Dança da Espanha nos anos 1980 e 1990. Todas essas grandes companhias do moderno balé europeu se tornaram um pouco cansativas ou redirecionaram completamente seu repertório. Nessa brecha, uma jovem trupe surgiu em São Paulo, a maior cidade do hemisfério sul, há apenas cinco anos. [...]

ANGELA REINHARDT

ESSLINGER ZEITUNG | ALEMANHA | 2013

ESCONDE-ESCONDE!

Peekaboo de Marco Goecke

[...] Uma salva de palmas, assovios e "bravos" para essa peça, que tem importância tão distinta e, ao mesmo tempo, se realiza pela agilidade impecável que é típica dos brasileiros.

ANDREAS BERGER

BRAUNSCHWEIGER ZEITUNG | ALEMANHA | 2013

DOCUMENTÁRIOS DA SÃO PAULO COMPANHIA DE DANÇA CONTAM HISTÓRIA INÉDITA NO PAÍS

Além de toda a rotina de trabalho comum a uma companhia, a SPCD (São Paulo Companhia de Dança) documenta essa arte no Brasil. Desde 2008, produz a série *Figuras da Dança*. Trata-se de um conjunto de documentários em que cada vídeo e cada livreto apresentam vida e carreira de um artista. [...]

Depois de tanto ter aprendido sobre a trajetória da dança na Europa, ensinar sobre seus próprios criadores é uma tarefa apropriada para a SPCD, companhia oficial do Estado de São Paulo. [...]

FLÁVIA COUTO

FOLHA DE SÃO PAULO | BRASIL | 2013

MELHOR ESPETÁCULO DE DANÇA DE 2012: SÃO PAULO COMPANHIA DE DANÇA—*BACHIANA N° 1*

Em um ano de várias estreias, a companhia paulistana brilhou na montagem *Bachiana n° 1*, preparada especialmente para o elenco pelo coreógrafo mineiro Rodrigo Pederneiras, do aclamado Grupo Corpo. O espetáculo estreou em abril, no teatro do Sesc Vila Mariana. Embalado pela Bachiana Brasileira n° 1, de Villa-Lobos, contava com enérgicos movimentos em conjunto que casaram perfeitamente com a trilha. Um *pas de deux* bem executado mostrou sensibilidade ímpar.

CAROLINA GIOVANELLI

VEJA SÃO PAULO | BRASIL | 2012

SÃO PAULO COMPANHIA DE DANÇA

E de repente, uma bailarina desliza para o palco a toda velocidade, como se tivesse sido disparada por uma catapulta. [...] As poses esculturais não têm nada a ver com beleza, há um poder terreno, animal e sensual. E muita autoconfiança.

Essa é a São Paulo Companhia de Dança. Uma companhia jovem, de três anos do Brasil, pela primeira vez na Holanda. Algo desconhecido. E um presente neste caso.

MIRJAM VAN DER LINDEN

VOLKSKRANT | HOLANDA | 2012

A DANÇA NOS TRÓPICOS E A SÃO PAULO COMPANHIA DE DANÇA

[...] Acreditamos poder comparar esse grupo [SPCD], igualmente à vontade no clássico e no moderno, aos bailarinos de Nanette Glushak no Capitole de Toulouse. A mesma tecnicidade, a mesma agilidade e elegância, o mesmo espírito de equipe. Em São Paulo, tive a oportunidade de assistir a uma sessão de trabalho sobre um balé contemporâneo, e sobressaía a facilidade de cada um para encontrar a expressão justa, exata, e executar movimentos emaranhados com estilo puro, preciso e vigoroso—Terpsícore, a musa da dança, velava ali!

Podemos então concluir: vale a pena ver todas as experiências da dança contemporânea, mas acreditamos que, no Brasil como em todo lugar, é ótimo que existam tais companhias, constituindo proteção contra os exageros por serem capazes de trazê-los de volta à medida certa. Elas são conservatórios que asseguram à novidade seu melhor embasamento, dando-lhe a possibilidade de, um dia, tornar-se clássica.

ROLAND CLAUZET

LA DANSE | FRANÇA | 2011

SÃO PAULO COMPANHIA DE DANÇA ACERTA O TEMPO DA OSESP E É APLAUDIDA POR PLATEIA CHEIA

[...] Cada trecho do balé foi aplaudido pela multidão. Ao juntar o espaço aberto da metrópole com o tempo da Osesp, a São Paulo Companhia de Dança mostrou que a Virada Cultural pode mesmo virar por alguns instantes –a cidade do avesso. [...]

SIDNEY MOLINA

FOLHA DE SÃO PAULO | BRASIL | 2011

TAPUIASSAURO

[...] No sábado retrasado fui ver a São Paulo Companhia de Dança, que em pouco tempo já demonstra uma consistência de trabalho e repertório muito longe de usuais em terras tapuias. Ela repetiu a apresentação de *Tema e Variações*, de Balanchine, sobre música de Tchaikovsky, com um *pas de deux* que dialoga com o clássico e ao mesmo tempo é moderníssimo; e terminou a noite com uma peça de outro coreógrafo genial, *Seis Danças*, de Jirí Kylián, com números cômicos a partir da música e da época de Mozart (que adoraria rir das perucas empoadas). Mas o prato principal foi o *Prelúdio à Tarde de um Fauno*, música de Debussy a partir de poema de Mallarmé, coreografia de Marie Chouinard a partir das fotos da lendária apresentação de Nijinsky em Paris em 1912. Dá para imaginar o escândalo que aquilo causou há quase cem anos, mas dá para imaginar também que a beleza grandiosa ficou mais na memória do que o choque moral. [...]

DANIEL PIZA | 1970–2011

O ESTADO DE SÃO PAULO | BRASIL | 2010

UM MILAGRE BRASILEIRO

São Paulo Companhia de Dança movimenta uma cena—a do balé—tradicionalmente morna no país. E se prepara para enfrentar plateias estrangeiras.

Com apenas dois anos de existência, a São Paulo Companhia de Dança está no topo de qualquer lista com os melhores grupos da América Latina. Com uma rara combinação entre técnicas do balé clássico e da dança moderna, os 43 bailarinos —42 brasileiros e uma argentina—de repente vêm criando um rebuliço em uma cena que, até há pouco tempo, era bem morna no país. Com exceção de nomes estrelados, como Grupo Corpo, Deborah Colker e Balé da Cidade de São Paulo, poucos são os que conseguem de fato atrair público. Pois, na recente história da São Paulo Companhia de Dança, ingressos esgotam-se para programas variados, que vão desde os abstratos e refinados *Serenade* e *Theme and Variations*, do russo George Balanchine, até o contemporâneo. *Os Duplos*, do goiano Maurício de Oliveira. [...]

PETER ROSENWALD

BRAVO! | BRASIL | 2010

ENSAIO SOBRE A ARTE DO MOVIMENTO

A arte nunca é apenas reflexo imediato de seu contexto. Movimentos artísticos e suas criações simbólicas também "atuam" sobre a visão de mundo dos homens de seu tempo. [...] Sob uma trupe estatal, pesam responsabilidades. Esse livro [*Primeira Estação—Ensaios sobre a São Paulo Companhia de Dança*] revela o desejo de assumi-las.

BETH NÉSPOLI
O ESTADO DE SÃO PAULO | BRASIL | 2009

SOLENE UNIÃO DE SOM E MOVIMENTO

[...] A São Paulo Companhia de Dança é formada de bailarinos das cinco regiões brasileiras e do exterior, sob a direção artística de Iracity Cardoso e Inês Bogéa. Surgiu como um instrumento de produção, difusão e sustentação da arte da dança, sempre procurando tornar mais acessível do grande público essa manifestação cultural. Além de produzir espetáculos, a companhia desenvolve programas de difusão da história da dança brasileira e programas educativos. Já estreou quatro obras desde seu surgimento, no ano passado. [...]

VALÉRIA RIVOIRE
DIÁRIO CATARINENSE | BRASIL | 2009

MEMÓRIA PRESERVADA

[...] A mais nova companhia pública de dança do Brasil, a São Paulo Companhia de Dança [...] Para marcar seu primeiro aniversário, lançou Primeira estação—ensaios sobre a São Paulo Companhia de Dança, organizado por Inês Bogéa, ex-bailarina do Grupo Corpo, crítica de dança e uma das diretoras do grupo. [...] Para pesquisadores, críticos e historiadores, é uma espécie de paraíso imaginar, daqui a décadas, uma prateleira de volumes, um para cada temporada, contendo impressões de pessoas de setores diversos sobre a produção da companhia ou seu pensamento. A publicação insere-se numa política mais abrangente da São Paulo Companhia de Dança voltada para a valorização da memória, com iniciativas que vão da seleção de repertório (o grupo trabalha tanto em coreografias criadas especialmente para ele quanto na remontagem de clássicos da dança) ao registro de depoimentos e sobre personalidades da dança (que vem sendo feito na série Figuras da Dança, que preservou, entre outros, pensamento, voz e imagem de artistas recentemente falecidos, como Ivonice Satie e Ismael Guiser). [...]

MARCELO CASTILHO DE AVELLAR | 1960-2011
ESTADO DE MINAS | BRASIL | 2009

EM PROCESSO DE CONHECER SEUS PRÓPRIOS LIMITES

[...] foi uma companhia com vontade de acertar o que se pode assistir. E dessa vontade compartilha quem se interessa pela dança no Brasil.

ROBERTO PEREIRA | 1965–2009
JORNAL DO BRASIL | BRASIL | 2008

Além desta seleção de matérias sobre a São Paulo Companhia de Dança, é possível consultar avaliações e depoimentos nas redes sociais (@spciadedanca)

https://www.facebook.com/pg/spciadedanca/reviews/
@saopaulociadedanca
@spciadedanca

Consulte também o canal da Companhia no Youtube:
https://www.youtube.com/user/AudiovisualSPCD

PARA CONHECER AS MATÉRIAS NA ÍNTEGRA, EM IDIOMA ORIGINAL, ACESSE:
http://www.spcd.com.br/na_midia.php

ENGLISH VERSION

2008

2009

2010

2011

2012

2013

2014

2015

2016

2017

2018

DANCE AS ARTISTIC AND SOCIAL VOCATION

Excellence in the art of dance, its production and outreach: this was the charter principle for São Paulo Dance Company (SPDC) when it was founded by the São Paulo State Administration in 2008.

For exactly ten years this dance company has delighted audiences numbering more than 690,000 people and performed in 137 towns and cities in São Paulo and all over Brazil, considering its international visits to 17 countries.

Another noteworthy initiative is the Company's outreach programs to draw and educate new audiences. Communicational accessibility is no barrier for SPDC: since 2013 it has been providing audio description to make dance accessible to individuals with sight impairments. More recently SPDC has adopted a free app that sends audio descriptions, hand-signing images and subtitles to smartphones and tablets.

Hailing the 10th anniversary of this successful artistic and social project in our state, we take pride in saying: Congratulations, São Paulo Dance Company!

Márcio França
Governor of the State of São Paulo

MAY THERE BE MANY MORE DECADES

Under the auspices of Associação Pró-Dança, *São Paulo Dance Company (SPDC) alternates classical and modern works created by Brazilian and foreign choreographers to comprise a repertoire that is not only diversified but also relates with contemporary dance. Its success may be measured by 900 or so performances held in ten years in Brazil and abroad.*

In addition to its stage performances, SPDC shares experience through workshops, talks and lectures for educators, international seminars and theoretical and practical studies as ongoing activities, as well as free shows for students and seniors.

Equally praiseworthy is the Company's effort to honor and preserve the memory of dance through books and photographic exhibitions; the online collaborative encyclopedia Dança em Rede *[Dance Network], which maps dance companies in cities where SPDC has performed, and* Figuras da Dança *[Figures of Dance], a documentary series of more than 30 episodes featuring interviews with outstanding figures of dance such as Ana Botafogo, Ivonice Satie, Ismael Ivo, Angel Vianna, Marilena Ansaldi, Márcia Haydée, José Possi Neto and many other talented individuals who elevate this art form.*

That SPDC has been able to accomplish so much in the last ten years is no lesser feat. And this has been just its first decade. I wonder what exciting things they will come up with over the coming decades. Long live São Paulo Dance Company!

Romildo Campello
State Government Secretary for Culture

A DECADE OF BOLD AND RESOLUTE MOVEMENTS

São Paulo Dance Company has propelled the Brazilian and international dance scenes in the first decade of its existence thanks to combining artistic excellence, learning initiatives, audience education programs, social-cultural activities and the preservation of the memory of dance in this country.

SPDC's artistic repertoire has been constantly growing, harnessing creativity and sensitivity to produce fundamental works and new creations by Brazilian and foreign choreographers, thus enabling the company to offer a panorama of dance and its interactions with other art forms such as music, theater, cinema and visual arts. SPDC dancers have been able to develop as more rounded artists too.

As result of a successful collaboration involving São Paulo's state government and civil society, the dance company has been active primarily in the state of São Paulo, though during its history it has earned acclaim on many other stages in Brazil and worldwide. Since 2009, Associação Pró-Dança has been recognized as a "social organization for culture", managing SPDC in direct dialogue with the state government's cultural policies. The entire team—artists, managers, producers, board members and associates—strive to reach the highest levels of professionalism and quality in their relationships, doing so transparently and efficiently, thus extending the company's initiatives to reach more audiences through meaningful experiences that emerge from dance. Experience, verve and hard work come together to discover ways of thinking, seeing, living and feeling the art of dance and culture in Brazil.

Rodolfo Villela Marino
Chairman, Associação Pró-Dança

INTRODUCTION
SINGULARITY IN BRAZILIAN DANCE

MARCELA BENVEGNU

On Monday, January 28, 2008, at 11 am precisely, State of São Paulo Governor José Serra and Secretary for Culture João Sayad were at Sala São Paulo concert hall to announce the founding of São Paulo Dance Company (SPDC), the state's dance company. At the time, perhaps very few people had any inkling that SPDC was to change the history of Brazilian dance forever by creating a stable *corps de danse* to represent dance produced in the state, while also for being a ground-breaking, ongoing artistic stance.

Under artistic director Inês Bogéa, São Paulo Dance Company has forged a history hat is unique for dance companies not only in Brazil, but internationally too. A review of SPDC's decade of bold initiatives involves placing side by side dance, education, memory and art, and observing how dance communicates with myriad thematic watersheds. SPDC's initiatives have been shared along three closely intertwined axes—Production and Circulation; Learning and Audience Education, Dance Records and Memory—but all three are about finding ways to exchange ideas and reach beyond titles.

Much has been said and written about SPDC: it has renewed its repertoire, refreshed the classical tradition, horizontalized culture, verticalized audience access, and so forth. But SPDC has actually created a unique project through its day-by-day work while addressing so many subjects and issues, and holding dialogues with its own key people too. More than just preconditions for surviving its primordial period, the company's flair for creating, innovating and adapting has been a powerful driving force for its accomplishments.

My approach here is based on two ways of looking, coming from two different places: one seen from inside by someone who followed the dance company's everyday routine for eight years, the other by one who looked on from the "outside" during the first and last years of its decade of existence. In 2009, in liner notes for the DVD titled *Canteiro de Obras* [Work Site], showing the backstage work behind the current year's achievements, I wrote: "After two years of hard work [the company] may now look in the mirror and recognize what it sees there. A reflection that is clearly the SPDC's, born under the sign of plurality, constantly transformative in terms of its approach to dance and particularly its own self-image. Like a *Painter of Modern Life*, to paraphrase the French critic and poet Charles Baudelaire (1821–1867), the SPDC established its dwelling "in the throng, in the ebb and flow, the bustle, the fleeting and the infinite" as though it were "a single living body." Ever since then,

SPDC has continuously (re)cognized itself as a single living organism. Elsewhere in this book, journalist Maria Eugênia de Menezes also raises the issue of singularity/plurality when she reflects on SPDC's production and circulation of spectacles. Of the company's great choreographers, she writes: "In each, we find all of them; in them all, we find each one."

Since 2008—the early period of Iracity Cardoso's tenure as SPDC's artistic director (2008–2012) having Inês Bogéa as her assistant [as of 2009 they became joint artistic directors]—São Paulo Dance Company has had its identity forged by a solid project that, despite budget cuts, has survived and pursued its goals, instigated dialogues and re-created itself year after year. Its identity is clearly defined as a repertoire company that performs works specially created for its own troupe while also restaging spectacles by leading names of world dance. Its identity is clearly defined by learning and audience education projects to shape knowledgeable spectators, and by recording images and memories that ensured "identity" and recognition for veteran 'figures of dance' whose memories would have been dissolved by the passing of time were it not for SPDC recordings. These personalities are also featured in journalist Iara Biderman's essay (below) on the important role of the company's image and memory team documenting dance in different media such as film, writing and photography. SPDC's identity has always been in the same place, but it has been shaped and adapted to changing times—it has been transformed. A key point here is that São Paulo Dance Company has built a new identity for Brazilian dance. Where else in Brazil would you find learning-audiovisual material being produced for dance? Where else is the memory of dance being conserved? Who else gets to broadcast dance on television? Who else in Brazil 'dances' to choreographies by Édouard Lock, Marie Chouinard, William Forsythe, Nacho Duato, Jirí Kylián, Marco Goecke, and Márcia Haydée? Who else tours dance to so many cities in Brazil and abroad? There is no need for details here because this book includes Ways of Seeing, a section of highlights from articles, reviews and reports that answers all the above questions with an overview of SPDC's coverage.

According to one of its slogans, SPDC is a 'collective' that brings together artists and collaborators, some of whom have been with the troupe for 10 years. Ammanda Rosa, Ana Paula Camargo, Beatriz Hack, Charles Lima, Inês Bogéa, Joca Antunes, Luca Baldovino, Michelle Molina, Neide dos Santos, Thamiris Prata and Yoshi Suzuki now speak for hundreds of voices, for many ways of making dance, and for all the people who have been with SPDC and helped write its story.

INSIDE

When Inês Bogéa says that "the only way she understands life is dancing, whether in gestures, images or words", this is reflected almost transparently in the SPDC's initiatives and exchanges. Some of its numbers are superlative: over 60 choreographies, 160 performances for students and seniors, 34 documentaries featuring personalities from Brazilian dance. But there is also dance happening in more intimate settings at its facilities through projects that remain unseen to the public eye, such as its Program for the Development of Dance Artists' Future Skills; despite its complicated name, this is just a project enabling dancers to experience related activities within the dance field such as producers, rehearsers, choreographers or photographers, etc. so that they get a chance to look into other options in the dance realm while still performing at their peak. The aim is to help them work on their own identities, career paths and transitions while remaining true to themselves.

Other initiatives include learning and audience education projects. *The Dance with SPDC* program (started in 2012) that offers students tours of theater backstage facilities; *SPDC Open Doors* (2015) exposes to theater goers the day-to-day life of the São Paulo Dance Company; and there is *SPDC Invites* (2014), a program for guest dance groups to present opening performances before SPDC shows. Dance is also the focus of more than 100 academic studies in which undergraduate and/or graduate students study the SPCD from different viewpoints, including that of architecture, nutrition, advertising, fashion, photography, journalism, dance, physical education and pedagogy. In her article for this book researcher Ana Terra discusses this long list as well as other learning and audience education programs that include My Dancer Friend, International Dance Studio, workshops, lectures, performances and collaboratives. (In) visible dance is a crucial part of how São Paulo Dance Company thinks art, shares knowledge and makes/does dance. It's part of its DNA.

Finally, often SPDC press releases are wrapped up with this phrase: "The Company is a meeting place for a wide range of artists to ponder a Brazilian dance project." Today, after 10 years of making this type of art and being "on the outside" too, I can (re)write the phrase thus: "São Paulo Dance Company must be acknowledged not only as 'a' Brazilian dance project, but as 'the' Brazilian dance project." At SPDC everyone can dance in many ways but, above all, they can have their own voice. The trick is in being singular and making dance in the plural.

SPECTACLE PRODUCTION AND CIRCULATION IDENTITY: INNOVATION AND PERMANENCE

MARIA EUGÊNIA DE MENEZES

With its ten-year trajectory behind it, São Paulo Dance Company is a young ensemble that has yet to mature and is still discovering its own identity and potential. However, given the context in which this company is positioned on the Brazilian dance scene, and its bold proposal, having come such a long way is both amazing and awesome. This unbroken journey has included strategic advances and retreats, like in all cultural institutions. Coping with budgetary fluctuations requires well-honed managerial skills and ability to carry on, yet consistency has been a particularly noteworthy aspect of this first decade of SPDC's existence.

Interestingly, in addition to surviving—which alone would be reason for celebration —this company has fulfilled closely its founding mission of being a repertoire company rather than an authorial one; focusing on the memory of dance, and resolutely winning over new audiences. Above all, we see how being true to its origins has become SPDC's essence.

In 2008, when this company was conceived, there was a gap in the Brazilian dance scene. Celebrated artistes were constructing a contemporary language, with works that reflected the period and deserved recognition locally and internationally for their artistic worth. But where were Brazil venues for classical ballet or even great 20th century choreographies? The answer was an immense void, which made for a practically insurmountable breach for the audiences that were asked to relate to contemporary deconstruction without even having heard of their original structures. This gap was also somewhat an obstacle for young professionals from the area, who had to take the leap from the rigorous discipline of the classical ballet body, as taught in schools, to the malleable and fragmented body sought by the new choreographers. The search for dancers capable of rendering this journey in time, from the 19th to the 21st century, involved selection auditions in several cities. The aim was to find dancers with versatile bodies: rigid but loose, obedient but creative. In January 2008, writing in the *Ilustrada* section of *Folha de S. Paulo*, Lucas Neves reported: "Auditions for the dance corps started in Belém on the 13th. Others will take place in Recife, Brasília, Porto Alegre, Buenos Aires and São Paulo." In the same report, Inês Bogéa, then SPDC assistant director, wrote: "Performing classical dance with its technical requirements and at the same time having the body flexibility to dance on the floor demands an ability difficult to master." This series of auditions led to SPDC's first group of 36 dancers. *Polygon*, the company's debut choreography conceived by the Italian Alessio Silvestrin, met many of the artistic principles that marked SPDC's foundation: based on Bach's Baroque music, it drew from classical technique and reached the vigorously complex movements of the ilk of William Forsythe, under whom Silvestrin had trained at the Frankfurt Ballet.

Three other pieces rendered the company's founding spirit in its first year's program: Bronislava Nijinska's *Les Noces*; George Balanchine's *Serenade*, and Paulo Caldas' *Entreato*. Conceived as an interlude between two renowned works, *Entreato* conversed with tradition while getting in step with contemporary dance. A repertoire that strictly followed a chronological criterion would not have featured Entreato, but its performance served to demarcate a pluralistic stance and a readiness to combine periods, styles and histories. Significant spectacles of 20th century dance such as *Les Noces* and *Serenade* had not been staged in Brazil since a Rio de Janeiro Municipal Theater Ballet production over ten years previously. *Les Noces* had premiered in 1923 to Stravinsky's score combining Russian folk songs with the blasting artistic vanguards, such as Cubism. After a few years in Kiev, Nijinska had returned to Paris bringing new ideas, but also imbued with tradition. Her choreography was a milestone of modernity no less than *Serenade*, the first piece Balanchine had created for the New York City Ballet in 1934. Based on Tchaikovsky's music, it had a spiritual air that was almost ethereal, with ballerinas in tulle skirts clearly alluding to *Giselle*, that classic among classics.

Only three years after SPDC was founded, its distinguishing traits were clearly visible: "To start with, they selected, trained and maintained excellent dancers in their cast. The next step was to build a repertoire of works by celebrated choreographers that enriched the profile of their *corps de danse*, thus elevating them to become a world-class troupe," wrote Maria Constanza Bertolini in Argentina's *La Nacion* daily in 2011, on the company's Buenos Aires debut. In the same year, Carolina Giovanelli reviewed their performance for *Veja SP* magazine: "*Theme and Variations*, an updated version of the Russian George Balanchine's piece set to Tchaikovsky... thirteen couples showing off impeccable classical steps and movements. A first-ever performance of Henrique Rodovalho's *Inquieto* [Restless] ended the evening. Contemporary-dance movements show strength against a backdrop of tangled threads." Ultimately, this combination of innovation and permanence forged what I have called their "identity" earlier in this text. The foundations of this decade essentially consisted of the unceasing balancing between past and future. It is as if such attempted balancing—unreachable from the outset and yet always out there on the horizon—between that which had happened and that which was yet to come would leave its imprint on this *corps de danse*. They are bodies of men and women who share a same eagerness for movement and have been holding the memory of shuttling back and forth in time while building for themselves an image that neither relinquishes discovery nor admits inventions that have not been validated by experience. As the critic Sidney Molina noted in the *Ilustrada* section of *Folha de S.Paulo* daily in relation to another 2011 program, "SPDC shows that versatility is its hallmark. Not having a resident choreographer, the company tackles the challenge of adapting to guest choreographers' proposals to stage its repertoire of classic and modern works. Can a group adapt to various stylistic variations while creating its own hallmark style? This might be a valid concern, but what we see in Legend and Inquieto is classical coexisting peacefully with contemporary."

SPDC's repertoire consists of pieces commissioned especially for the company as well as revisited choreographies previously staged by other groups. These wholly new titles have played an important role in the troupe's trajectory going back to 2008, crafting a live link with contemporary work. On this path, the company was able to try out the style of outstanding choreographers on the Brazilian scene, such as Rodrigo Pederneiras, recognized for his work with Grupo Corpo, who created *Bachiana n° 1* (2012) for SPDC, and Henrique Rodovalho, artistic director of Quasar Cia de Dança, who conceived *Inquieto* (2011). These situations posed encounters with very important sources and origins for Brazilian dance of today. As I wrote in *O Estado de S.Paulo* in 2012, Pederneiras' piece was a mixture of different aesthetics, and "We see the São Paulo company's classical inclinations merging with the style of Pederneiras and rendering a contemporary interpretation of popular forms of Brazilian dance. A Brazilianness that is immediately recognizable but never touches on the exotic or folkloric."

A SPDC outstanding initiative in the field of dance creation was the Brazilian Choreographers' Studio, a project that posed a chance to discover the unknown and find new gestures and gazes while broadening dialogue with young artists. Alex Neoral, Rui Moreira, Rafael Gomes, Clébio Oliveira and Fabiano Lima were some of the choreographers. The dialogue with contemporary creators also informed another important aspect of the company's work: touring. The desire to get away from the major metropolitan regions to reach audiences habitually deprived of this type of artistic expression often comes up against structural issues. Performing in small towns involves more than finding new audiences. There are logistical issues too, particularly with the limited resources of theaters in some localities. Therefore, among these pieces that SPDC has commissioned there is space set aside for smaller-scale "chamber dance" productions—duos, trios or quartets—that facilitate extensive touring. Until 2018, SPDC had reached 69 cities in the state of São Paulo, 17 in other regions of Brazil and 51 cities in 17 countries elsewhere.

While creations are an invitation to the unknown, revivals play the role of bridges between canons. By selecting certain titles, the artistic direction revisits the past and a whole new generation of audience members is introduced to some of the most significant pieces of the history of dance. The company's repertoire from this period has sampled great 19th century ballets such as the *grand pas-de-deux* from *Nutcracker* and *Don Quixote* and on into the 20th century embracing celebrated creators such as George Balanchine and Marie Chouinard. *Prélude à l'après-midi d'un faune*, which the company debuted in 2010, was the first Chouinard choreography to be featured in Brazil. Reaching even further, we have seen works by choreographers who have attended the world's greatest stages in the early 21st century, as for example William Forsythe and Marco Goecke.

A VERTICAL GAZE

In the context of the São Paulo Dance Company , to stage choreography revivals does not mean stocking a "museum" with the best dance spectacles the world has ever seen. However, if these revisited works are more than just links to ideas from the past, have they left a solid legacy over the past ten years? What distinguishes this aspect of SPDC programming is its exploratory nature. All along we have noted the recurring attendance of certain choreographers, themselves seminal figures and authors with whom the group gets a chance to do more in-depth work. We may therefore presume that SPDC's plural identity reflects not just multiplicity but also a vertical way of carefully looking at certain aesthetics—to the point that the company is becoming a reference internationally in the case of creators such as Jirí Kylián. "Known as one of the leading choreographers of the present day, Kylián will have his 70th birthday marked by retrospectives from many of the companies he has worked with over the years. (...) Although the São Paulo Dance Company dancers are not the first to perform these works, they have incorporated his choreography as if they were. To Kylián's spruce European lines, these artists add their own touches from a warmer climate. Their performance is an ideal way of celebrating Kylián's birthday that not only highlights his art, but also marks his work's extensive ability to bring together cultures, nations and origins," wrote Ori Lenskinski in the Jerusalem Post for the Israeli opening of the Brazilian company's 2017 world tour.

Four of Kylián's works integrate SPDC's repertoire: *14'20"* premiered in 2017; *Indigo Rose*, in 2015; *Petite Mort*, in 2013, and *Sechs Tänze*, in 2010. His works are restaged at two or three-year intervals rather than randomly; they represent a remarkable period from his career with Netherlands Dance Theater—the previously low-visibility company that Kylián took to top international venues such as the Metropolitan Opera House and Paris Opera. SPDC has staged two significant choreographies from this period: *Sechs Tänze* (1986) and *Petite Mort* (1991). *Sechs Tänze* takes a humorous approach to Mozart's music. Kylián thought of a very different way of staging these six German dances composed centuries ago. In his own words, they are "six seemingly non-sensical pieces, which obviously ignore their surroundings."

The pieces' powerful ability to communicate connects audiences through humor and being noisily incisive.

The spectacle was a watershed: it was the first time a Brazilian company staged a Kylián choreography in Brazil. The choice of Petite Mort as his next piece for the repertoire created interesting consonance and dissonance, points of contact that may be perceived even more closely when the company brings them together in a single program. Recognized for the careful way he relates to his soundtracks, Kylián used Mozart's music again for this creation from the 1990s: Piano Concerto in *A Major—KV 488 (Adagio)* and Piano Concerto in *A Major—KV 467* (*Andante*). *Sechs Tänze* is lively and strident, whereas *Petite Mort* sensually and languorously contemplates the ephemerality of pleasure, the beauty of the moment and ubiquitously ever-lurking death.

In 2015, SPDC debuted *Indigo Rose*, followed by *14'20"* two years later. As a sign of continuity, Kylián is still part of the repertoire, but we also see a new and different period in the company's trajectory with more experienced and technically attuned dancers, as well as a new phase in the Czech choreographer's creative journey.

Having consolidated his leading role at Netherlands Dance Theater and created major choreographic works there, Kylián turned to the importance of making way for younger people. To this end, he set up NDT 2, a company that discovered talents by having new dancers spent two years there before moving up to the main company. For this group, the choreographer created *Indigo Rose*, a lively and energetic composition requiring nimble bodies with precise movements. With this piece, Kylián plays with audiences that are confused and stimulated by shadows and spotlights.

Taken from his earlier *27'52"* choreography, *14'20"* may be seen as a kind of abstract of his production. The work's title refers to its duration in minutes and seconds, hence eliminating any symbolic or narrative denotation, leaving Kylián free to plunge into his own language. His recurring theme of exploring time and space reaches a certain paroxysm, like a kind of beauty that is more demanding of dancers than onlookers. While Mozart's music—in *Petite Mort* and *Sechs Tänze*—somewhat steers emotion, there is room for free interpretation in 14'20". To the sound of Dirk Haubrich's electronic music, the choreographer avoids focusing any one single theme but freely roams aspects that have always permeated his creative spirit: love, the passage of time, death.

Revisiting Kylián—as for each of the choreographers the company has staged more than once—leaves a trail of learning and experience, as if a particular vocabulary were being shaped, as if with each passing year an encyclopedia was being fed into these dancers' bodies and into this company's memory. In the course of these ten years, George Balanchine earned three restagings: *Theme and Variations* (1947), *Tchaikovsky Pas de Deux* (1960) and *Serenade* (1935). Marius Petipa got three too:

Le Corsaire pas de deux (1858), *Nutcracker* (1892) and *Don Quixote* (1869). On two occasions, the SPDC restaged Marco Goecke's *Firebird* (2010) and *Supernova* (2009); Márcia Haydée's *Carmen* (2004) and *Love Fairy* (1993); William Forsythe's in In the *Middle, Somewhat Elevated* (1987) and *workwithinwork* (1998); Nacho Duato's *Gnawa* (2005) and *Por Vos Muero* (1996). Although we are concerned specifically with restagings here, note that Márcia Haydée and Marco Goecke also created original works for the company: *Don Quixote*'s Dream (2015) and *Peekaboo* (2013), respectively. For SPDC to produce a Márcia Haydée choreography might seem an obvious thing to do, but quite amazingly however this Brazilian reference for dance worldwide had never before created a ballet for a Brazilian company. So her *Don Quixote* made history. "I do not think classical ballet will ever disappear, nor should it, but you do have to take a classical work and twist it around a little. My *Quixote* was a very big shake-up" the dancer and choreographer told Iara Biderman in an interview for *Folha de S. Paulo* in 2015. "I wanted a tall handsome blond Quixote who had the character's craziness and was a good dancer."

In the same context, we note that Marius Petipa has been tapped for both restagings and inspiration for new interpretations: Guivalde de Almeida's Suite de Raymonda (2017) was based on the 1898 original version for SPDC's Brazilian Choreographers' Studio (2017) and *Black Swan Pas de deux* (2014) was Mario Galizzi's take on the 1895 original.

If told in novel form, the story of this decade could be described as Bildungsroman, a literary genre tracking the development of characters during their formative years from youthful discovery until reaching maturity. As a core concept for Hegel and Goethe, a *Bildung* is materialized through the trajectory in question. For SPDC too, enhancement comes on the move and learning is consolidated by practice on tackling challenges posed by a work.

The French scholar Antoine Berman wrote that a Bildung could relate to "an artwork, the degree of its formation. (...) Through *Bildung* an individual, a people, a nation but also a language, a literature, a work of art in general are formed and thus acquire a form." Likewise, he adds, "*Bildung* has a very strong pedagogical and educational connotation: the process of formation." An example would be Wilhelm Meister's youth in Goethe's novel. One obvious result of revisiting certain figures from the history of music is what I have called building up "vocabulary." But this is not just a way of examining certain aesthetics and styles in more depth. On its path of verticalizing knowledge, the São Paulo Dance Company is also spreading horizontally to weave a web between some fulcrums from the past two centuries of dance. Every creator to be staged poses relationships and encounters established in the course of a lifetime. In this respect, to dance a Márcia Haydée choreography is not only to rescue a Brazilian-born living legend of ballet, but to embrace part of everything she saw and knew, her times shared with Maurice Béjart, John Cranko (1927–1973), Richard Cragun (1944–2012), and Jirí Kylián. Which brings us back to him. Kylián's presence is enriching not only in itself, due to his forceful works, but also for the multiple intersections he offers. As if points covered along his trajectory magically met with a correspondence in the history of this South American dance group. After training at the Prague Conservatory, Kylián won a scholarship to attend London's Royal Ballet School. There the young dancer met John Cranko who took him to the Stuttgart Ballet, of which he was director. Cranko's first choreography, *Kommen und Gehen*, was created in partnership with Márcia Haydée and Richard Cragun. Cranko subsequently founded the Noverre Company to create pieces accompanying operas and again called on Kylián, who remained with the Stuttgart Ballet until Cranko's death in the 1970s, when he moved to NDT (as mentioned above). So many other points of contact are revealed when we look at these great choreographers that São Paulo Dance Company has revisited. In each, we find all of them; in them all, we find each one. This company that has now reached its tenth anniversary is in some ways the sum of its parts, but there is more too. In this case, any mathematical sum is inaccurate and reductive. Its image is made from many parts complementing each other, from all these creations and restagings, as well as new aspects emerging from these encounters. From one choreography interacting with another, from one artist with another, from a group with an audience. It is a game of seeing and being seen, a story that is still (and always will be) a work in progress.

LEARNING AND AUDIENCE EDUCATION ON DANCE COOPERATION AND RESPECT FOR DIVERSITY: 10 YEARS TAKING CULTURAL INITIATIVES

ANA TERRA

1. AMIDST OBSCURITY, THE FIREBIRD DANCE

This year is the tenth anniversary of São Paulo Dance Company (SPDC) and the season's program has added *Firebird*, which artistic director Inês Bogéa sees as a bird symbolizing light, a "legendary, mythical and immortal bird capable of regenerating itself, of finding the strength to live through encouragement and relentless effort... a fitting theme to compare with Brazil`s observations, reflections and transformations in the current period." (SPDC website, 2017)

Indeed, the somewhat obscure times we are living in pose challenges for people who stand for sensitivity in their contact with human diversity. Unsurprisingly, art and artists resemble firebirds in that they show resistance and resilience in keeping the flame alight, although in a state of latency. The firebird here is a metaphor for the ability to recreate life anew through works of art and propositions that lead to aesthetic experience, to meanings being appropriated and invented, and to reflection on our own shared lives.

I believe the above would suffice to show that art has a crucial role to play in our everyday lives, but some recent events in Brazil seem to be pointing in a different direction. Swinging budget cuts are undermining culture; art as a discipline is being relegated to the status of a mere component of the new national curriculum[1] with a much weaker profile in new secondary and high-school education programs[2]; and certain movements are calling for artworks to be censored for their thematic or aesthetic aspects, thus restricting artistic production as well as art education and access to appreciation of art in all its diversity.

This situation prompts my reflection on the role and relevance of some of the initiatives that SPDC has undertaken as part of two very significant aspects of its work over the last 10 years—*its learning and memory projects*—both aiming to strengthen the presence of dance in relation to society.

Unlike many museums and theaters, SPDC`s education program consists of programs and initiatives made available not only at its headquarters but all over the state of São Paulo and other Brazilian states through its annual touring agenda. There are free shows, talks and lectures, classes, workshops, seminars and studio sessions offered to a wide spectrum of interested parties that include people who have never attended a performance or been in a theater; some who like dance; some who train to become dance professionals, and some who are dance artistes and/or teachers.

1 *Art is not treated as an autonomous area of knowledge but one that belongs to the Languages area. Despite the position argued by the different national associations representing teacher training and researchers in the arts, certain dance-related content appears not only in Art education components but also in those of Physical Education.*

2 *After much pressure brought to bear by various social segments, art will be compulsory—it must be on high school courses —but not necessarily on the grid as a discipline—his will depend on curriculum choices made by students. What has been decided is that the High School Common Curriculum Base (BANC), will necessarily include art contents but the later may be studied as merely transversal themes or within another specific discipline.*

While intersecting the areas of culture and education, SPDC's Learning and Audience Education programs include projects and actions that ultimately operate as "[...] processes of different kinds to build closer relations between individuals or collectives, and works of culture and art "(COELHO, 2012, p.268).

The concept driving SPDC's work is based on reaching different audiences and sharing countless stories of dance by producing and circulating rich content in videos, documentaries, exhibitions, books, learning materials, an online collaborative encyclopedia, and booklets. Most of this material is distributed free of charge for public, non-governmental or private (but publicly oriented) cultural and learning institutions as well as schools and universities engaged in artistic initiation and providing professional dance training.

The troupe's *educational* and *memory* initiatives intertwine to form a network that not only extends the company's artistic production but also invests in ventures to reach out to new audiences and help them see dance as a singular field of knowledge for different social segments. A previous article of mine (COSTAS, 2013) discussed the relationships between *creation, mediation, and memory* as drivers for the company's sustainability, aligned with the precious notion of preserving life on our planet. At this time for celebrating, I intend to examine how SPDC's range of cultural initiatives may help to address certain core themes for contemporary debates: diversity, respect and cooperation.

2. "DANCE OR DIE"

To take a closer look at three important words—diversity, respect and cooperation—I will recall here the emblematic story of a young dancer.

"Syrian dancer makes a career in Europe after prejudice and threats from IS [Islamic State]"—this was the header for a news report in the Brazilian daily *Folha de S. Paulo* featuring the Syrian-Palestinian dancer Ahmad Joudeh. One of the photos illustrating an interview shows him dancing in a Paris square named for the rights of man (*Le Parvis des droits de l'homme*) ringed by a huge crowd of people of different ethnicities, mostly dressed in white to allude to peace, I think. (BERCITO, 2017)

A documentary produced by a local filmmaker on Ahmad Joudeh, then aged 27, was seen by a choreographer in Holland who asked him to go there to perform. Previously, Joudeh had danced at the Yarmouk Palestinian refugee camp in the Syrian capital Damascus. After a series of threats against his life, Islamic State terrorist militia announced he was on their decapitation list. His response was to have "Dance or Die" tattooed on his neck.

> "Terrorist groups such as Islamic State say that my dancing, and teaching children to dance, makes me an infidel. They want to destroy our culture and history for the sake of their religion—I do not know what their religion is about, but it is not our Islam. It's something very different.
> I reported it to the police, but nobody showed much interest, so I went to a tattoo artist and asked him to write 'Dance or Die' on the back of my neck, where they would cut me." (BERCITO, 2017)

This extremely brave artiste made his own body protest against barbarism. In fact, to kill him they do not have to cut off his head. Death for him means his dancing being seen as spurning a religious identity; death means being denied self-expression through art and being prevented from sharing his knowledge with children in a refugee camp. As far as he is concerned, being denied his desire to dance—and his right to do so—is the same as being dead. So Joudeh decided to go on dancing as a way of fighting back against the terrorists' death sentence.

Well, you might say, this is an extreme situation due to the cultural, religious and political implications in this war-torn region of the planet. Unfortunately, however, issues related to intolerance of cultural, ethnic-racial, religious, sexual and gender differences seem to be emerging everywhere else too.

UNESCO's *Universal Declaration on Cultural Diversity* issued in 2002 has a preamble to its twelve articles that proclaims principles and reaffirms the notion of culture as "a set of distinctive spiritual and material, intellectual and affective traits that characterize a society or a social group, which includes, in addition to the arts and lifestyles, ways of living together, value systems, traditions and beliefs." (UNESCO, 2017)

This conceptualization is followed by a few points that led to this important document, which I would like to highlight because they will contextualize my own reflections below: [1] respect for cultural diversity, tolerance, dialogue and *cooperation* are taken as guarantees of peace; [2] awareness of the unity of the human race must coexist with recognition of cultural diversity as the basis to develop cultural interchange; and [3] in a globalized world, although new information and communication technologies challenge cultural diversity (since they may involve standardizing), they can also create conditions for new dialogues between different cultures and civilizations. I have deliberately highlighted the words r*espect* and *cooperation* to show their articulation in assuring diversity.

Despite the importance of these three aspects of the declaration emphasized here, these documents that aspire to *universality* in their reach also require some caution. I identify with the anthropologist Lins Ribeiro (2002) when he states that although great value is placed on notions such as freedom, democracy, human rights (and, in this case, cultural diversity), these ideas reflect the process of their historical and cultural construction. In a globalized world marked by multiculturalism (many different cultures inhabiting the same country or geographic space), we cannot be too careful because there are certain political views that continue to nsist on universalizing "local particularisms". Take the history of Western white males dominating native peoples during the "discovery of the Americas"; a certain Euro-centric conception of humanity was universalized as "the" way that humans lived. Lins Ribeiro asks us to conceive and exercise more open perspectives that are sensitive to different cultural contexts and practices, ways of being and living rather than inimical to the lifeways of others—perhaps aiming for what he calls *diversality*. (RIBEIRO, 2002, p.32)

Assuming that character is being formed in an unequal world, the U.S. sociologist and historian Richard Sennett (2004) asks how the meaning of *respect* may be defined or conceptualized. He turns to music, his other field of learning, to unpack this term that is so important for social life, using concepts imbricated in the theme and often seen as synonyms—status, prestige, recognition, honor and dignity. He argues that the idea of respect implies a relationship marked by *mutuality*. When two artists, a singer and a concert pianist, this relationship goes beyond the cooperative momentum on stage; the reach of mutuality lies in its translation into music arising from its performative and interpretative potentialities. It is not just something one aspires to and desires when together with the other: it is something one has learned to do by doing-together. As I see it, it is rather like self-empowerment that is only possible when there is empowerment of the other.

Sennett pursued this idea later in a book suggestively named *Together*, taking *cooperation* as his theme. It is not just any theme, but one that is challenging and costly because "... it tries to join people of different or conflicting interests, who do not feel good about each other, who are unequal or simply do not understand each other ..."(2012, p.19). This kind of complex cooperation has advantages that "sustain the social group in misfortunes and upheavals; help individuals and groups grasp the consequences of their actions, and facilitate each member's self-awareness "(SOUZA, 2013, p.187). The basis for cooperation of this intensity would be skills and techniques we acquired as mall children, when we learned to do things properly. Cooperating implies being able to exercise social skills meaning what have been called "dialogic skills": listening carefully, acting tactfully, finding points of convergence and being able to manage disagreements or avoid being irritated in difficult debates. Sennett argues that the receptivity that ensures this high degree of cooperation *emerges* in practice (SENNETT, apud SOUZA, 2013, our emphasis).

Inspired by these reflections, let us continue on the path that led us here: SPDC's educational and memory *practices* and its purpose of cultivating cooperation and respect for diversity in a country of inequalities in many spheres, including access to art.

3. THE ART OF COEXISTING WITH THE UNFAMILIAR AND THEIR DIFFERENCES [3]

In 2010, SPDC became the first Brazilian company to dance a piece by Canadian choreographer Marie Chouinard: *Prélude à l'après-midi d' un Faune* (1994). In a first version, *L'Après-midi d'un Faune* (1987), Chouinard started by examining Adolphe de Meyer's photos of choreographies by Nijinsky (1889–1950). In the second version, she introduced music composed by Claude Debussy (1862–1918) in a solo format, in creative dialogue with the concepts and matrices of the original choreography: horizontality, two-dimensionality, straight hands and in-turned feet.

A century before that, Nijinsky's sensual dance for the premiere of *L'après-midi d'un Faune* had shocked even audiences that favored the period's modern aesthetics. Chouinard's revival of the work "gained even more eroticism" (PAVLOVA, 2010). In addition to the man-animal hybridism, her version features a woman-animal at center stage wearing a costume that highlights animal-like aspects but also suggests a male-female hybrid. A strange creature.

What should be the impact of contact with this work today, for spectators oblivious to its history, or less accustomed to contemporary dance works? I wonder how many questions, thoughts and/or feelings circulate in an audience that is willing to appreciate it. Is this dance about gender issues? Is it a critique of human animality? Why is a woman bearing horns? Why is she moving as if she were trapped between two walls? I do not know what it means, but it's intense. Weird...

3 *The title for this section comes from sociologist Zygmunt Bauman (2013), to be discussed below.*

In October 2017, in Brazil, an exhibition meant to render a cartography of difference in Brazilian art—*Queermuseu—Cartografias da Diferença na Arte Brasileira*—had been scheduled for a month at Santander Cultural, in Porto Alegre, RS. However, it was called off earlier. The shutdown shocked all citizens who advocate freedom of artistic expression and see art as an important universe for asking questions, criticism and reflection, even though it often affects us through defamiliarization, or something we would rather not see, e.g. violence of any kind.

Despite the Federal Public Prosecutor of the state of Rio Grande do Sul recommending that Santander Cultural should immediately reopen the exhibition and run it until the originally scheduled closing date, the cultural center did not accept this recommendation.

A legal assessment drafted by the prosecutor Fabiano de Moraes notes that shutting down an artistic exhibition "has a negative effect on all freedom of artistic expression that recalls dangerous situations from the history of mankind such as the episodes involving 'Degenerate Art'...] when art works were destroyed in Germany during the period of Nazi rule. " (VIEIRA, 2017)

According to the critic and curator Teixeira Coelho, "Art owes nothing. Art is the field of 'can be' rather than 'must be'." (COELHO, 2017, p. 45). Indeed, art can do many things: fascinate, elucidate, endear, disturb, sooth, and so forth—an endless list that may cause curious speculation and actually surprise us by revealing something or someone—bodies or movements—that we do not know about; something or someone that is unfamiliar.

In his book analyzing education and youth, the sociologist Zygmunt Bauman wrote of "the need to develop, to learn and to practice the art of living with strangers and their difference *permanently* and *daily* is inescapable", in view of Europe's immigrant and refugee crisis. He wrote: "migrants are unlikely to stop knocking at a country's doors and those doors are unlikely to be kept closed".[4] (BAUMAN,2013, p. 9)

> Bauman further writes of two opposite reactions to this phenomenon in contemporary cities: "mixophobia, the typical fear of being involved with foreigners, and mixophilia, the joy of being in a different and stimulating environment. The two conflicting trends are more or less as strong as each other: sometimes the first one prevails, at times the second. We cannot say which of them will carry the day, but in our globalized world, interconnected and interdependent, what we do on the streets, in *elementary* and *secondary* schools, in the public places where we meet other people is extremely important not only for the future of the place we live in, but for the future of the whole world".[5] (My italics)

São Paulo Dance Company has been developing numerous elementary education projects, especially for public schools, to provide children, youths and adults—students, educators and managers—different contacts with dance. Many of these people have no familiarity with the world of dance and, perhaps for this very reason, see it as strange.

"Talks for Educators" is a program that starts with preparatory meetings conducted by Inês Bogéa and the dance education team to show how dance relates to other spheres of learning and to highlight its potential for building active citizenship. By screening a thematic documentary, the "talks" also provide space for questions, discussions and reflections among educators. From 2008 to 2015, Inês Bogéa directed six documentaries produced especially for this program: *A Escrita da Dança* [Writing Dance] (2014), *Uma Roupa que Dança* (2010) [A Dancing Garment], *Vida de Bailurino* [A Dancers' Life] (2009), *Caixa Preta* [Black Box] (2009), *Nos Passos da Dança* [In the Footsteps of Dance] (2008), *A Dança no Tempo* [Dance Over Time] (2008).

"Free Performances for Students and Seniors" is a program designed to enable audience learning about the processes of creating dance and staging performances. In addition to watching the spectacle during the season, students and seniors get to see the backstage side of performances through videos or guided tours. This activity relies on rich printed content produced especially for the project with well-known cartoonists collaborating texts and images to reach out to target audiences.

4 | 5
For this book, Zygmunt Bauman was interviewed by Riccardo Mazzeo, who has also translated his work into Italian. In fact, this series of dialogues addresses the following question: "What is the role of education in a world where there is no clear vision for the future? What role should educators play when young people are profoundly unsure of their fate and expectations for a stable life? " (2013, dust cover flap)

The researcher Maria Lúcia Pupo analyzed initiatives that combined art and education in learning programs run by public and private cultural institutions as well as independent groups in Brazil, France and Belgium. Among her many contributions to the subject, Pupo suggests that reaching new audiences involves articulating situations in which people watch, experiment and reflect on theater. (PUPO, 2015, p. 343) This is a powerful triangular configuration and one that I see SPDC has been adopting —especially in *learning* initiatives for pre-professional and professional dancers, teachers, journalists and dance photographers. Here I would note two important events: the International Dance Seminar (2013), which focused the practice of dance from different perspectives, including research developed at universities, and the São Paulo Dance Company International Studio sessions (2014, 2015, and 2017) providing environments for the practical-theoretical study of techniques and creation. These events also promote contacts between diverse dance backgrounds and ways of working for participants who come from different regions of the state of São Paulo and from all over the country to get an opportunity to practice and collaborate creatively with artists and teachers of classical, modern and contemporary dance active in Brazil and abroad. In addition, certain themes are addressed in theoretical workshops, at which they contextualize and reflect dance. I think these events play a crucial role in broadening the technical, aesthetic and poetic horizons of future professional dancers.

Sometimes there are surprising incidents along the way. I have been teaching dance for several years in bachelor's degree and graduate-level programs. One of the disciplines I have taught looks at art from the perspective of inclusive education in elementary schools as well as in non-official art-education spaces. I was impressed to see how numerous young people are showing interest in working in dance-learning environments attended by people with disabilities. When supervising student trainees, I have noted an increasingly greater number of people with disabilities attending schools, studios, cultural workshops and dance classes. To many Brazilians, their presence is (still) quite odd.

In 2017 SPDC launched a new program called My Dancer Friend that has members of the dance company visiting institutions and social organizations that cater for people with special needs who lack easy access to popular dance venues. During these visits SPDC members dance choreography excerpts, sometimes at places such as small hospital rooms, in between wheelchairs and beds, where they also engage in conversation and affectionate handholding and hugging. Very different bodies are willing to get to know and contact other bodies (sheer mixophilia, as Bauman would put it). I believe that educators who hope to turn toward "others" foster learning for the artists themselves as they participate in meetings and begin to study the art of living with the "stranger" and their differences.

I would like to address yet another São Paulo Dance Company initiative that started in 2017 involving collaborative partnerships with the community at Heliópolis, an informal low-housing settlement, and the Paraisópolis ballet group, both in São Paulo. Since 2011, multimedia artist Denise Milan has been running her "Earth Spectacle" project for children, youths and educators from Heliópolis. Milan has a history of engaging with public art and her artistic proposal is to develop an annual entourage/opera show around the theme of elements from Nature. The project's main partners are the Residents Associations (UNAS) of Heliópolis and Region.

Denise Milan asked SPDC to assist as collaborative partner for the 7th iteration of this project, which enabled children and youths attending eleven youth centers in Heliópolis to learn and rehearse choreographies created by Monica Monteiro, a guest artist with the company. In addition to working with apprentices, meetings were held with UNAS coordinators and educators involved in the project's activities. This culminated in the November 2017 performance supported by the company's dancers, artistic directors and technicians.

Another collaborative partnership emerged in 2017, coming from a different place. SPDC's contacts with representatives of the Paraisópolis community were established through the above-mentioned project, My Dancer Friend. SPDC paid a visit to the Paraisópolis ballet group gathered and directed by instructor-choreographer Monica Tarragó. Then it was the turn of the Paraisópolis group to attend the event Open Doors at SPDC's premises, where members were invited to attend classes and rehearsals as well as a talk on dance. In June 2017 and also in November 2018, the Paraisópolis Ballet, along with some other dance schools, was asked to perform in an alternative space at the Sérgio Cardoso Theater before the regular spectacles being held for the season. What is there to add about these forms of cooperation? Let us again refer to Sennett (2012) for his reflections on the subject: among the advantages achieved by cooperation practices in a situation of Otherness, those involved—in this case, different contexts of dance studies and production—may more easily find individual self-understanding and learn more about who they are.

For SPDC's performers and artistes, this cooperation prompts reflection on the role of dance, artistes, the responsibility of being part of a company—a model for many—supported by public funds, and the need to share its cultural and artistic capital.

The Heliópolis artistic initiation and Paraisópolis Ballet training are projects available in low-income neighborhoods in the city of São Paulo. They emerged when two artists partnered with local community organizations due to their concern over inequality and access to cultural diversity in this metropolis. For children, youths, educators

and artistes in these projects, cooperation may also help address similar questions: What is the role of dance for anyone becoming an active citizen? How do dances —practiced and shared in the community and elsewhere—express their feelings, desires, thoughts about themselves, about the other and the world? How can they acknowledge their own cultural and artistic capital as something to be shared too?
On the general lines of the action plan described by UNESCO's *Universal Declaration on Cultural Diversity*, we suggest fostering the exchange of knowledge and best practices in regard to cultural pluralism with a view to facilitating, in diversified societies, *the inclusion and participation of persons and groups from varied cultural backgrounds*. (UNESCO, 2017, my italics)
I would like to emphasize that collaborative partnerships entered by the SPDC are aligned with this action plan. Even if at this time they do not address exchanges between different dance pieces produced by those involved, I do think interchanges for learning about mutual cooperation would be very relevant. In the case of projects that share a focus on art, this cooperative knowledge is based on respect for singularities on or off stage; to paraphrase Sennett, this respect achieves *mutuality*, because it has gained from the experience of dancing together.

5. "I FEEL PROUD THAT EVERYBODY NOW SEES ME AS A DANCER"

In these words, the Syrian-Palestinian dancer Ahmad Joudeh shows his pride in being socially recognized for his choice of dance as a profession. It was very pertinent way, in my opinion, of approaching the role the documentary series "Figuras da Dança" [Figures of Dance] has played in building society's respect for dance artistes by not only recognizing their professional singularity but also cultivating respect for the wide range of choices and pathways that may characterize the choice of dance as a career for professionals in this field.
Over these last 10 years, SPDC has produced 34 episodes for its documentary series Figuras da Dança [Figures of Dance] featuring the following dance artists and instructors: Ismael Guiser (1927–2008), Ivonice Satie (1950–2008), Ady Addor (1935–2018), Marilena Ansaldi, Penha de Souza, Ruth Rachou, Luis Arrieta, Hulda Bittencourt, Tatiana Leskova, Angel Vianna, Antonio Carlos Cardoso, Carlos Moraes (1936–2015), Décio Otero, Márcia Haydé, Sônia Mota, Ana Botafogo, Célia Gouvêa, Lia Robatto, Marilene Martins, Ismael Ivo, Edson Claro (1949–2013), Hugo Travers, J. C. Violla, Cecília Kerche, Eva Schul, Janice Vieira, Eliana Caminada, Mara Borba, Jair Moraes (1946–2016), Paulo Pederneiras, Maria Pia Finócchio, Nora Esteves, Aracy Evans and José Possi Neto. Thirty-four men and women not only chose dancing although in many cases it meant defying conventions and having to cope with severe challenges

in their everyday lives—but also went on to earn a living by pursuing this profession! The documentaries are supplied in DVD box sets containing booklets on each of these artistes and instructors, with content from researchers, historical photos and timelines. As mentioned above, the series "Figuras da Dança" [Figures of Dance] is not sold but distributed to learning and cultural institutions, especially those with public libraries, as well as universities and non-governmental organizations. TV Cultura has broadcast the programs over the last few years and they have subsequently been aired on Arte 1[6] and Curta! channels, thus reaching new audiences. As of 2017 all the documentaries and informative booklets may be downloaded from SPDC's website.

In 2014, I was asked to teach a course, "Dança do Brasil" [Dance from Brazil] at SPDC's 1st International Studio event in Piracicaba, SP. One of my classes discussed education and training for dancers in Brazil and I used the series "Figures of Dance" as reference material, particularly the documentaries featuring Tatiana Leskova, Ruth Rachou and Angel Vianna, showing the careers of these artistes and instructors as significant references for the generations that emerged after them, thus ensuring the aesthetic diversity of dance produced today.

This is an example of the documentary series being used as an important resource not only to build knowledge of dance and support historical studies, but also to show society what dance artistes / instructors are like as people: how they are trained, their main activities, the impacts of their work beyond their most immediate contexts.

Each documentary of the series "Figures of Dance" uses interviews, statements, written content and images to tell us more about the singular everyday routine tasks required of dance professionals: they keep their body in good shape, practice various technical exercises, perform, act, improvise, create, write choreographies, rehearse, plan lessons, teach, watch dance, read, study (so many areas, in addition to dance, that will feed into and enhance their artistic identity), write, do research. The may spend all their time in schools, studios, universities, cultural centers, small and large stages and urban spaces, sharing their work with different audiences, some are beginners, others have specialized in dance. This wide range of possibilities (very briefly summarized here!) poses innumerable combinatorial possibilities and implies diversity; here, I am not referring to choices in terms of poetics and aesthetics (despite the activities that must be carried out to define them), but to the different identities involved in the role that we now call "dance artiste / instructor".

In addition to "Figuras da Dança", the series "Canteiro de Obras"[7] [Work Site] onsists of six documentaries produced in 2008, 2009, 2010, 2012, 2013 and 2014 to cover artistic productions, learning and memory projects, presentations and some statements from or interviews with different people participating in SPDC initiatives. As far as productions are concerned, the documentaries show the backstage side of the company's activities, everyday professional lives based on cooperation

6
The first documentary, featuring Ivonice Satie, was aired by Arte 1 TV channel on April 1, 2013 while Curta! TV channel aired its first, featuring Tatiana Leskova, on August 5, 2014.

7
The series "Canteiro de Obras" [Work Site] is not sold; it is distributed to learning and cultural institutions, especially those with a public library, as well as universities and non-governmental organizations and air on TV channels that include TV Cultura, Arte 1 and Curta!.

and dialogue between members, different areas of learning and professionals: set designers, lighting specialists, set technicians, costume designers and makers etc.
From the memory angle an important highlight is yet another SPDC production using written content and images as a different way of producing knowledge of dance and about dance. With the help of dance professionals (artistes, instructors, researchers) and guests from other areas, the following six books containing articles, illustrations and photographic essays have been published: *Primeira Estação* [First Season] (2009); *Sala de Ensaio* [Rehearsal Room] (2010); *Terceiro Sinal* [Third Bar Bell] (2011); *Em Cena* [On Stage] (2012) *Jogo de Corpo* [Body Play] (2013); and *Passado-Futuro* [Future-Past] (2014).
Once again, this is a space for dialogue triggered by diverse gazes on dance produced by São Paulo Dance Company and by others companies.

6. FIREBIRDS (UNITE!) FLOCK TOGETHER

This essay cannot end by drawing the usual "conclusion". On the contrary, in these challenging times for the arts, I can think only of one word—*continuity*—which will let SPDC to carry on the network of cultural actions it has developed in the course of a decade of intense and painstaking work. I wish for the dance company a long life generating numerous new compositions based on respect for diversity and the spirit of cooperation. We need many firebirds to unite and flock together!

BAUMAN, Zygmunt. **On Education: Conversations with Riccardo Mazzeo**. Translation by Carlos Alberto Medeiros, Rio de Janeiro. Zahar, 2013

BOGÉA, Inês. São Paulo Companhia de Dança. **"Apresentação da Temporada 2017"**. *http://www.spcd.com.br/temporada_2017.php*. Retrieved September 27, 2017

BERCITO, Diogo. **"Após Preconceito e Ameaças do Ei, Dançarino Sírio Faz Carreira na Europa"**. Folha de S. Paulo. September 3, 2017. *http://www1.folha.uol.com.br/mundo/2017/ 09/1915413-apos-preconceito-e-ameacas-do-ei-dancarino-sirio-fazcarreira-na-europa.shtml*. Retrieved: September 23, 2017

COELHO, José Teixeira. **"A Arte Deve Educar?" Coluna Fogo Cruzado**. SELECT: Arte e cultura contemporânea. Dec/Jan/Feb 2017. Year 5. São Paulo: Acrobática, 2017

COELHO, José Teixeira. **Dicionário Crítico de Política Cultural: Cultura e Imaginário.** São Paulo: Iluminuras, 2012

COSTAS, A. M. R. **Criação, Mediação E Memória: A Coreografia de um Movimento Sustentável na São Paulo Companhia de Dança**. In: BOGÉA, I. Em cena: ensaios sobre a São Paulo Companhia de Dança. São Paulo: WMF, Martins Fontes, 2013

UNESCO. United Nations Education, Scientific and Cultural Organization. **Declaração Universal Sobre a Diversidade Cultural**. *http://www.unesco.org/fileadmin/MULTIMEDIA/HQ/CLT/diversity/pdf/declaration_cultural_cdiversity_cpt.pdf*. Retrieved September 17, 2017

LINS RIBEIRO, Gustavo. **Diversidade Cultural enquanto Discurso Global**. Avá, n. 15, dic. 2009 . p. 9-39. *http://www.scielo.org.ar/scielo.php?script=sci_rttext&pid=S185116942009000200001&lng=es&nrm=iso*. Retrieved September 17, 2017

PAVLOVA, Adriana. **História de Fauno Ganha Erotismo em Releitura da SP Cia. De Dança**. Folha de S. Paulo. September 10, 2010

PUPO, Maria Lúcia Souza Barros. **Luzes sobre o Espectador: Artistas e Docentes em Ação**. Revista Brasileira de Estudos da Presença, [S.l.], v. 5, n. 2, p. 330-355, November 2014. ISSN 2237–2660. Disponível em: *http://seer.ufrgs.br/index.php/presenca/article/view/5032 7*. Retrieved September 29, 2017

SANT'ANNA, Denise B. de. **Corpos de Passagem: Ensaios Sobre a Subjetividade Contemporânea**. 2.ed. São Paulo: Estação Liberdade, 2001

SENNETT, Richard. **Juntos: Rituales, Placeres y Política de Cooperación**. Barcelona: Editorial Anagrama, 2013

______________________. **Respeito: a Formação do Caráter em um Mundo Desigual**. Rio de Janeiro: Record, v. 1, 2004.

SOUZA, J P B. **Compreendendo a Cooperação Dialógica: Uma Leitura de Juntos de Richard Sennett**. O público e o privado. Revista do PPG em Sociologia da Universidade Estadual do Ceará—UECE, n. 21. 2013. http://www.seer.ecebr?journal=opublicoeoprivado&page=article&op=view&path%5B%5D=586. Retrieved September 23, 2017.

VIEIRA, FREDY. "Para o MPF, o Santander Cultural deve realizar nova exposição com objetivos similares da **'Queermuseu'**. Jornal do Comércio." RS, 2017. Disponível em: *http://jcrs.uol.com.br/_conteudo/2017/09/cultura/588214-mpf-pede-reabertura-da exposicao-queermuseu-em-porto-alegre.html*. Retrieved September 29, 2017

DANCE RECORDS AND MEMORY
MEMORY: HERE, NOW, FOREVER

IARA BIDERMAN

The oldest dancer was born in 1922, the youngest in 1960. Coming from two generations of Brazilian dance, Tatiana Leskova and Cecília Kerche are part of *Figures of Dance*, a memory project produced by São Paulo Dance Company. Leskova and Kerche are featured alongside dance personalities that include Marilena Ansaldi, Ana Botafogo, Paulo Pederneiras and José Possi Neto in this project that involves performers, choreographers and directors. Thirty-four episodes have been produced since the series started in 2008.

Like a jigsaw puzzle, the pieces of this sparsely documented history are being put together in a public collection, an audiovisual encyclopedia of dance, in a country where there is no encyclopedic (or comprehensive and systematic) organization for this art genre.

It's a 21st century encyclopedia, not only in its format—videos aired on TV and posted on the internet—but also its narrative mode: this story is told by its own creators.The documentaries disclose and preserve their biographies, contexts and connections between artists and the dance of their times and places.

Not by chance, dance personalities who speak of their recollections of a colleague in one episode will be featured as protagonists in another. In the 2012 episode about the dancer and director Ismael Ivo, for example, he once again meets Ruth Rachou, who was documented in the 2009 season. All in all, it's living memory, in motion.

DOCUMENTATION

"Why document dance?" asked a publication from Dance Heritage Coalition, a nonprofit organization founded in the USA in 1992 to preserve records of this art form while ensuring their accessibility and broadening their reach.

This would be a rhetorical question, of course, since the book's title was precisely *Documenting Dance*. However, as the authors argue, "Historically, dance has drawn less patronage and attention than other visual and performing arts; this neglect may be partly due to the lack of documentation or incomplete records of the creation and practice of dance." For the Dance Heritage Coalition, documentation (of everything from choreographic notation to filmed interviews, personal statements and other records) ensures that students, teachers, researchers and critics can access material for study and analysis. It also reaches out to the public to educate audiences and end dance's "invisibility", ultimately attracting supporters and funding.

The basic question is the importance of preserving culture and its manifestations, and the challenge of preserving the memory of something that is strictly speaking a "here and now" form of self-expression such as dance.

Then there are more problems such as text and image copyright for works that generally involve different groups (dancers, musicians, artists, etc.).

There is a growing challenge in a country like Brazil, whose heritage preservation is still in its babyhood days due to issues as diverse as lack of funds or continental scale. Sources and documents are scattered, some materials have been lost, and there is (still) a lot of material to be organized.

The *Figures of Dance* project has made progress in this field. In each episode, the series takes images ranging from Rio's Municipal Theater ballet or São Paulo's Balé do IV Centenário to 1960s–70s arena theater performances or contemporary dance experiments.

MOSAIC

An expression often heard in the dance realm likens their work to that of ants building their ant hill—in the sense of the perseverance needed to progress a project patiently, untiringly and proactively. The ant-hill metaphor is applied to all sorts of contexts, from the difficulty of making dance to efforts to reach out to new audiences—or, in this case to preserve the memory of dance, present and past.

So SPDC's 10th anniversary is a suitable occasion to look at *Figures of Dance* as a body of work (in progress). The mosaic image is a fitting one for the project because it recalls the piecemeal building of anthills. Pieces seen individually are of inestimable value, yet they take on entirely different meanings when seen as a whole.

Anyone stepping back a little to get a clearer overview will see that this mosaic—although unfinished and a work in progress by its very nature—now provides a very meaningful outline of the history of Brazilian dance.

Even taking a closer look at each year's titles while browsing the timeline of memory projects that have now been produced and released, there is clearly an effort to bring in the many different currents, origins and geographies sheltered under the great umbrella of Brazilian dance.

Let's take a few aspects from each season as examples. The series started in 2008 by documenting dance personalities such as Marilena Ansaldi, Penha de Souza, Ady Addor (1935–2018), Ismael Guiser (1927–2008) and Ivonice Satie (1950–2008)—including dance-theater'savant-garde in Brazil—, the process of professionalizing dance companies of city and state theaters, the spread of modern techniques and the internationalization of Brazilian dance.

The 2009 "combo" included Antonio Carlos Cardoso, Tatiana Leskova, Luis Arrieta, Hulda Bittencourt and Ruth Rachou. Some were closer to the origins of Brazil's dance tradition, others more remembered for discontinuities pointing to new roads by joining some of the pieces from history's jigsaw puzzle.

In 2010, the series portrayed Carlos Moraes (1936–2015), Sonia Mota, Márcia Haydée, Décio Otero and Angel Vianna, as well as Brazilian dance's journeys, geographically, in Brazil and abroad. The dancers selected for 2011, Ana Botafogo and Célia Gouvêa, were born less than a decade apart and showed trajectories of excellence in two of the watersheds along which Brazilian dance has evolved.

The artists documented in 2012 had helped shape the dance scene in the state of Minas Gerais (Marilene Martins), the avant-garde of Brazil's first high-level dance school in Bahia (Lia Robatto), the expanding boundaries of dancers' performance (Ismael Ivo) and dance itself (Edson Claro, 1949–2013).

The 2013 documentaries tell us more about the story of how classical, modern and contemporary dance developed in Brazil by portraying Janice Vieira, Cecília Kerche, J.C. Violla, Eva Schul and Hugo Travers.

Dance masters, directors and researchers have played an important role by expanding paths and ways of performing. This is one of the lessons to be drawn from the trajectories of figures selected for 2014: Eliana Caminada, Jair Moraes (1946–2016), Mara Borba and Paulo Pederneiras.

In 2015, Maria Pia Finócchio and Nora Esteves tell their story of journeys with the leading ballet companies in Rio de Janeiro and São Paulo.

José Possi Neto is one of the many who have been interviewed for documentaries on other artists. In 2016 he was the protagonist who served as a kind of connection between dance and theater as two expressions of the performing arts in Brazil.

Aracy Evans is a "teachers' teacher" and the 2017 personality featured in a documentary scheduled to air for São Paulo Dance Company 's 10th anniversary in 2018.

All of the above is just a very brief outline that cannot convey the richness of these trajectories and each episode's documentary content. Words alone fail to show everything that *Figures of Dance* has told us and will continue to tell us. Images too must be seen, and here they are conserved in memory, in stories available for consultation.

Each and every one of the episodes is well worth watching. The approach was to ask several professionals to talk about the protagonist of each documentary, thus opening out and multiplying their repertoires. Each name chosen for the series involved their teachers, students, collaborators, directors and admirers, all shown live or in recordings from audiovisual archives. Consolidating memory means more meanings gained and more dialogues created.

Past and present come together in artists' interviews and talks especially recorded for the series. This is a particularly interesting aspect of *Figures of Dance*, because it combines recorded sounds and images from the present with those from the past to create dialogue between past and present for the future.

(In parenthesis: the proposal of starting and continuing this dialogue is part of São Paulo Dance Company 's DNA)

In addition to archival material for scholars, this format is valuable for the protagonists of each documentary too. Nobel Literature laureate Alice Munro once said that memory is our way of continually telling ourselves our own story.

Many interviews are recorded with live audiences. Colleagues, contemporaries and admirers ask questions and speak about their own reminiscences, thus helping to expand this infinite network from which memory is pieced together.

Another peculiarity of the project is that from the very beginning all episodes have been produced with TV in mind, which is reflected by their use of an idiom that reaches the general public—in fact, a nation's cultural memory belongs to everyone—and reflects a way of thinking "encyclopedic knowledge" for our time.

Since the project is run by a publicly controlled company, the DVDs are not for sale; the series is distributed free of charge to learning and cultural institutions, universities and NGOs. Since the first season in 2008, episodes are available in DVD boxes produced annually together with printed matter containing details of each artist, written content by researchers, historical photos and timelines.

Episodes are also screened on three TV channels (Arte 1, Curta! and TV Cultura)[8] and posted on SPDC's website.

A project devised to preserve (and update) memory is also available online. The program *Dança em Rede* [Dance Network] comprises a virtual encyclopedia and a "work in progress" for information about dance in Brazil and worldwide.

Visitors may register to write entries related to dance and post them on the same lines as Wikipedia. Content is checked and edited by an SPDC team. On the same pages, in addition to entries for groups, schools, companies and artists, there is information about dance styles, choreographies and related professionals such as producers, musicians and costume designers.

8
To commemorate SPDC's 10th anniversary, channels Arte1, Curta! and Galeria Produções released short films and special videos about the dance company that were produced in 2017 and 2018. Galeria Produções also made a documentary film about São Paulo Dance Company's 10 years of activities.

Canteiro de Obras (Work Site) is another branch of SPDC's memory project. From 2008, when the company was founded, until 2014, its day-to-day work and backstage at productions each year (except 2011) were recorded and edited on video. Memory was thus ensured from the cradle. For those who make them, watch them or use them for research, the DVDs broaden understanding and prolong each ephemeral moment of dance.

The DVD series is not only building and preserving the company's history, but also a means of learning and studying dance by following the stages of its creation and staging from different points of view: choreographers and dancers of course, but also technicians and filmmakers themselves, all comprising the views of "outsiders" who also contribute to dance.

The six documentaries were made by different directors. For the first three, SPDC director Ines Bogéa directed jointly with Carlos Rebesco (2008), Sergio Roizemblit (2009) and Moira Toledo (2010). More recent programs were directed by Evaldo Mocarzel (2012), Kiko Goifman and Jurandir Muller (2013) and Rica Saito (2014).

This audiovisual collection relates with the six books of essays that SPDC published from 2009 to 2014. Every year, to instigate critics and reviews, professionals from different fields were asked to write and reflect on the company's season, but also on the art of dance itself and its connections to different repertoires from psychoanalysis to the graphic arts.

As a result, there were gains in terms of depth and diversity: alongside pieces from scholars and art critics are others from writers such as Antonio Prata, who, like most people in Brazil, "is not accustomed to frequenting ballets" (as he noted in the book *Rehearsal Room* released in 2010, which also featured an "essay" drawn by cartoonist Caco Galhardo). Written content is accompanied by images captured in the process and presentations made by photographers who accompanied São Paulo Dance Company through different stages: Alceu Bett, André Porto, João Caldas, Jurandir Müller, Marcelo Maragni, Silvia Machado, Tom Lisboa, and Wilian Aguiar.

DVDs in the *Canteiro de Obras* [Work Site] series are not for sale; they are distributed on the same lines as the *Figuras da Dança* [Figures of Dance] series. The related books are distributed to teaching and research institutions as well as commercial outlets.

EXHIBITIONS[9]

As part of its memory project, SPDC has held photographic exhibitions of images produced during its ten-year history.

The first, in 2012, named Dança das Imagens [Dance of Images], was a traveling exhibition held in three São Paulo subway stations with photos from Alceu Bett, João Caldas, Reginaldo Azevedo, Silvia Machado and Wilian Aguiar as a retrospective of the company's trajectory to date. Dancers improvised performances in the same stations as the exhibition (Brás, Paraíso and Luz).

In 2014, subway riders were again shown views of dance—this time, photographed by Marcela Benvegnu, Silvia Machado, Thomas Kolish and Wilian Aguiar. Named for the 2013 season's theme—*Amor, Vida e Morte* [Love, Life and Death]—, this exhibition was seen at Sé, Clínicas and Luz stations.

In the same year that Brazil hosted the FIFA World Cup, there were three Jogo de Corpo [Body Play] exhibitions: at a park (Parque da Juventude), at São Paulo Library and another at commuter railroad stations. André Porto's photographic essay depicted movements or "plays" inspired by striking images of Brazilian soccer players simulated by SPDC dancers.

For 2015, two specific initiatives from the overall memory project came together: images and words from Brazilian dance personalities, as documented by the *Figuras da Dança* [Figures of Dance] series, comprised 30 photographic panels for an exhibition held at Shopping Mueller in Joinville, the city of Santa Catarina that also hosted Brazil's main dance festival. The exhibition organized in collaborative partnership with the project *Dança in Foco* was held in parallel with showings of episodes from the series *Figures of Dance*. It also offered visitors an opportunity to chat with artistes Ady Addor, Cecília Kerche, Eliana Caminada and Jair Moraes.

9
The São Paulo Dance Company also held six exhibitions in 2017 and 2018, which included photographs and costumes of its repertoire ballets.

MEMORY AT HOME

Printed programs introducing performances are some of the most valuable materials when documenting dance. In some cases, such as past periods when image recordings (photos or videos) was precarious, programs and posters are practically the only means of documenting a performance.

This is no longer so, of course, but these past documents are still essential. Printed programs in some ways condense what was happening before, during and after a performance: they show the what, when, where, how, who, and why of dance happening. They are made for immediate use: the performance an audience is about to watch in a certain time-space is documented "in real time". They may be souvenirs or extensions of events that have taken place too. Anyone can take home a program for their own archives or add material from official collections to comprise a historical record.

This documentary quality of programs printed for SPDC performances is explored in a very special way so that each publication becomes a short book about dance histories /memories.

For each season throughout these past ten years, SPDC has produced a small overview featuring choreographies, creators, performers and the trajectory of the company itself. All the usual information is included in the credit lines: technical details, titles of works, when they were created, roster of cast members, etc. But SPDC programs go much further in many cases.

Some texts are more explanatory, others more poetic when introducing the theme for the company's work each year, thus contextualizing (and in a certain way, anticipating the mood) for subsequent information obtained by reading a program, watching a performance or doing historical research.

Technical data is enriched with an explanation for each work that goes well beyond the usual content found in this type of program. There are not only mini-bios for choreographers, producers of restagings (if applicable), musicians, costume designers or lighting designers, but also contributions in their own words in most cases.

Over the last ten years, more than 20 program-format publications have been produced featuring some of the leading creators of international dance, from Marius Petipa (1818–1910) and George Balanchine (1904–1983) to William Forsythe, Jirí Kylián and Édouard Lock; and for Brazilian dance, from Márcia Haydée and Rodrigo Pederneiras to Henrique Rodovalho, Jomar Mesquita and Cassi Abranches, among many others who created works or had them restaged by the company.

These programs also situate the creative process that led to each work as well as the historical context in cases of restagings. The same applies for original soundtrack composers, whether they come from the hallowed musical temples of Bach, Stravinsky or Tchaikovsky, or from contemporary Brazilians such as André Mehmari or André Abujamra. Equally meticulous care is extended to introduce costume designers and lighting designers.

Photographic material and graphic design provide extra attractions for dance program collectors. Some of the cover pages are works by major Brazilian artists too.

When *Don Quixote*'s Dream was staged, Cândido Portinari's heir assigned rights to his sketches—so that hardly the kind of program you would leave behind on your seat, to say the very least. These programs include excerpts from reviews and critiques published in local and international media (in the course of nine years, the SPDC has organized 15 international tours). Short sequences feature different visions of the company in general about a spectacle in particular. There is more information for audience members in the period around dance events, and more content to string together memo.

OPENING UP POSSIBILITIES FOR THE AUDIENCES OF THE CEARÁ INTERNATIONAL DANCE BIENNIAL

ERNESTO GADELHA
FOR THE 10TH ANNIVERSARY OF
SÃO PAULO DANCE COMPANY , BRAZIL, 2018

In the 1990s, like so many other Brazilian dancers, I decided to try my luck by leaving the country to pursue professional opportunities elsewhere. This adventure that ultimately lasted eight years, started with a short six-month sojourn in Amsterdam. During this time, I took every opportunity to see performances by Holland's leading dance company, Nederlands Dans Theater. Most of NDT's repertoire was by the Czech choreographer Jirí Kylián, at the time one of the top names on the international scene. I remember feeling privileged for having this opportunity to watch that amazing company dancing his works.

Two years later I reached my final destination in Germany, where I often traveled to Frankfurt to see dance by William Forsythe, whom I viewed as Germany's top choreographer, together with Pina Bausch. Once again, I felt lucky to get a chance to watch Forsythe's creations in live performances by the Frankfurt Ballet

My countless experiences as a dance spectator during those years in Europe somehow played a key role when I was appointed programmer for the Ceará International Dance Biennial. While acting as curator, my aim from the outset was to offer Ceará audiences access not only to major dance works produced in Brazil, but also those created in the Old World and on other continents.

Until recently, Brazilians had little chance of watching emblematic creations by choreographers such as Kylián and Forsythe, to take just two examples, unless they integrated the very small group of privileged people who could travel abroad, in particular to the home countries of companies for which these choreographers worked. Then São Paulo Dance Company came along with a repertoire that included important works from these creators, thus helping to change this situation and presenting these spectacles to audiences in Brazil. Ceará audiences most certainly appreciated it!

In 2011, the Ceará International Dance Biennial and SPDC entered a collaborative partnership to gift Fortaleza audiences with four emblematic Jirí Kylián choreographies—*Sechs Tänze, Indigo Rose, Petite Mort,* and *14'20"*—and two no less relevant William Forsythe creations—*In the Middle Somewhat Elevated* and *workwithinwork*.

Twenty years ago, when I took up curatorial design for the Dance Biennial, I had no idea that someday we would be introducing this type of repertoire to local audiences. For some time now, I have been talking about the importance of stable companies and groups investing to build and maintain repertoires for today's audience to have access not only to the significant creations of today but also those produced in the past and /or in other contexts. For the general public, being able to watch these works is relevant not only for their powerful appeal and intrinsic artistic value, but also for their historical lessons. In addition, one must bear in mind that a work of art is never exhausted at first sight. In the case of dance and the performing arts in general, watching a live performance is the only way of experiencing the full intensity of a piece. This will only be possible if the piece integrates the repertoire of a troupe or company.

SPDC's repertoire strikes a balance between pieces made especially for the company and restagings of works from the Western choreographic canon of the last four decades. As a result, it offers new opportunities to combine the excellence of its *corps de dance* with a meticulous curatorial design, thus enabling audiences to appreciate a rich repertoire, from the recent past and the present, created by Brazilian and foreign choreographers who have stood out in their respective production contexts in recent times. The common denominator of these spectacles is quality.

Setting up and/or maintaining stable *corps de dance* partly funded by government subsidies is an exception rather than the rule in Brazil. SPDC has accomplished so much through its various activities for the many audiences it reaches: more than model to be replicated, it is a powerful example of the key role an institution of this nature may play in terms of public policy for a given artistic field.

From my standpoint as both audience member and programmer, I hope that SPDC's performances reach the most remote areas of Brazil, not just São Paulo. Its repertoire and quality are unique in the Brazilian context. The same goes for other stable dance companies in Brazil. Anyone who follows the Ceará International Dance Biennial schedule knows how much we have invested in outreach for the work of these companies.

I hope that SPDC will continue to surprise us with more restagings and new creations for the next ten years. Dance Biennial audiences are eagerly awaiting them as of right now!

TIME PASSED IN A BLINK OF AN EYE!

AMMANDA ROSA

FOR THE 10TH ANNIVERSARY OF
SÃO PAULO DANCE COMPANY, BRAZIL, 2018

I take pride in saying that São Paulo Dance Company is my second home. It has just turned ten years old and I am honored to have been here for its development into a company known nationally and internationally for its strength, versatility, charisma and precision—both technical and artistic.

I remember the artistic milieu talking about a new dance company being created in São Paulo in early 2008. The buzz was getting louder and then I heard that an audition was set to take place in my town for this new company to be officially dedicated on April 1st. No, it was not an April Fool's Day prank. At that time, no one had information about the company to assess whether it would do well, what kind of repertoire they would dance, if they would be looking for dancers with a specific biotype... All I knew was, I would not miss that audition.

So on February 23 and 25, 2008, at the age of 18, there I was together with more than 815 dancers from Brazil and Argentina. They were all young and eager for art. There were only 40 slots for men and women. There were two exhausting days of very intense auditions, classical ballet, modern dance and *pas de deux*. But as I was leaving the audition room, I had a feeling that this company would be different and special. I felt a huge, inexplicable need to be part of all this and help write its history.

Much to my surprise, at the end of the second day, feeling worn out but happy, I was called in together with a small group of young dancers and offered an internship. There was no way I was going to turn them down, this seemed the best opportunity for me to build my career here in Brazil, step by step, learning and developing.

So on April 1st, 2008 I became a member of the São Paulo Dance Company team, along with dancers who were my friends and others I had never met... together with dance instructors, directors, rehearsers, professional producers of dance spectacles, HR staff... So many talented people with much to teach and ready to make this new Company one that would be recognized wherever it went.

A decade went by "in the blink of an eye". Together with a few colleagues, I am still here, spending most of my time working for this company. Our professional baggage includes a number of spectacles we have presented in Brazil and abroad. SPDC also develops programs that we participate in, such as "Performances for Students", My Dancer Friend" and "Figures of Dance", designed to disseminate this art form and make it even more accessible for everyone.

What I have learned here is beyond measure, not only in technical and artistic terms, but also as a human being. I joined the company as a green, inexperienced teenager who had never been out of this country. Now I am a 27-year-old woman and a mature dancer with a professional experience I never dreamed of gathering while working as a dancer in Brazil.

Here I have had the pleasure of dancing incredible pieces by choreographers recognized the world over; rehearsing with exceptional people, alongside dancers whom I admired, and serving as a mirror for other people too. I had the opportunity to travel to many places around the world and learn about other cultures, doing what I love most: dancing!

It is with great pleasure that I feel part of these ten years of history and I hope to continue here for many more. Whether dancing or in the audience, I will always be here to cheer, vibrate and applaud this important legacy, this company that belongs to all of us, Brazilians. SPDC is a real source of pride for our country.

Congratulations, dear SPDC! May you continue to fascinate audiences everywhere with your unique dance, your people of such diversity who came harmoniously ogether for one reason: their love of the art of dance.

SELECTED PRESS REPORTS AND REVIEWS FROM THE LAST 10 YEARS*

SÃO PAULO DANCE COMPANY CELEBRATES ITS 10TH ANNIVERSARY

Brazil has been suffering in the past few years in terms of maintaining a dance company. We have often seen one company or another on the verge of shutting down due to lack of investment by sponsors and/or government (on which they still depend). But the struggle to carry on continues and great Brazilian dancers perform brilliantly on national and international stages.

In this scenario, ten years ago, the Government of the State of São Paulo founded a dance company for both classical and contemporary audiences. The company is directed by Inês Bogéa, a PhD in arts, dancer, writer who teaches the course Art Education: Theory and Practice at the University of São Paulo (USP). A dancer with Grupo Corpo for 12 years, she knows her audiences better than anybody and has made SPDC one of the most solid companies on the world dance scene.

TARCISIO CUNHA
AGENDA DA DANÇA | BRAZIL | 2018

SÃO PAULO DANCE COMPANY : GOECKE AND CHOREOGRAPHIC PSYCHOPHYSICALITY

[...] So, opening a series of three retrospective programs to commemorate the 10th anniversary of one of Brazil's most important choreographic groups with a selection of Marco Goecke's pieces has a double artistic and conceptual significance. Thanks to the SPDC, its emblematic aesthetic inventory has been presented in national restagings and, in particular, sent off a creation (Peekaboo) conceived exclusively for this company to premiere on a European tour. This repertoire reveals the serious purposes and stylistic advances of a Brazilian dance group. It enables a solid coexistence of the classic tradition with contemporaneity through master works of these two tendencies, always under the watchful eye and steady hand of Ines Bogéa as she oversees her incredible troupe of 30 dancers. SPDC's artistic director is not lacking in smarts and boldness when she has the same spectacle feature three pieces by a choreographer under the prevalent creative mark of repetitive gestural language, between symmetrical automatism and edgy mechanicity. [...]

WAGNER CORRÊA ARAUJO
ESCRITURAS CÊNICAS | BRAZIL | 2018

SHOWING DEDICATION AND INSPIRATIONAL DISPOSITION, SÃO PAULO DANCE COMPANY BRINGS MÁRCIA HAYDÉE'S O SONHO DE DOM QUIXOTE TO BADEN BADEN

[...] In the sunny south, merrymaking peasants juggle watermelons and bottles, Kitri is performs her fouettés when passing by the toreros, while Basilio flirts with the girls. The Company shows off its expressive dancers such as the tall Joca Antunes, who imparts an old-fashioned poetic elegance to his Don Quixote while running off all rivals. Bruno Veloso, a man who takes short steps, is the virtuoso dancer playing Sancho Panza. Other main characters include André Grippi and Geivison Moreira as the two bullfighters, Diego de Paula as the virile and sensual gypsy leader, Luiza Yuk as Dulcinea, Daniel Reca as the young Gamacho, and Thamiris Prata as Kitri, with a very fine display of academic dance. Overall, a great success for the ensemble.

NICOLAUS SCHIMIDT
BNN MANTEL KRITIK SCHMIDT | GERMANY | 2018

SÃO PAULO IN THE FOREFRONT

Brazilian dance is not necessarily just samba and carnival. In Lyon, São Paulo Dance Company had the Maison de la Danse pulsating under director Inês Bogéa, formerly a dancer with Grupo Corpo who now represents and leads this talented and energetic young company that begins to compete with the top international troupes.

SPDC acquired its flawless technique from classical training, together with beautifully sensitive performance that lends itself perfectly to presentations of choreographers such as the German Marco Goecke and his sensitive Peekaboo for eight dancers, or Uwe Scholz who, with Rachmaninov's music, drew inspiration from Kandinsky's painting for a work of beautiful pictorial elegance.

MADAME FIGARO
FRANCE | 2018

WHEN PERFECTLY ALIGNED LEGS MEET SWAYING HIPS

The audience repeatedly called the dancers back on stage, applauding and stamping their feet on the floor, even before the intermission, and even more so when the São Paulo Dance Company ended its hour and a half performance, which left everyone speechless.

[...] So perfect, precise and at the same time nimble are their movements that the spectator's eye can hardly keep up with them. So soft and sensitive and at the same time so strong are the dancers, so incredible the experience as a whole and so breathtaking that it is difficult to describe it in just a few words. Pure dance at the highest level. [...] A fascinating night, where the best you can do is simply let yourself be carried away, delighted and awed. [...]

KASCH
NACHRICHTEN AUSTRIA | 2018

SÃO PAULO DANCE COMPANY SEDUCTIVE IN LINZ POSTHOF

On Saturday, São Paulo Dance Company performed three different choreographies at the Dance Days festival in the Linz Posthof. The local audience was electrified and thanked the acclaimed Latin American dance group with endless applause. [...] The São Paulo Dance Company left nothing to be desired: Cassi Abranches' Gen struck a swinging feminine note and required the ensemble to dance at the highest level. For Nacho Duato's Gnawa, the company finally unleashed its red-hot enthusiasm!

KRONEN ZEITUNG
AUSTRIA | 2018

FRANTIC APPLAUSE FOR SÃO PAULO COMPANHIA DE DANÇA BRAZILIANS COMBINE SENSUALITY, TEMPERAMENT AND VIRTUOSITY

The audience's enthusiasm comes from the bottom of their hearts and cuts the silence in the Ruhrfestspielhaus. At this point, São Paulo Dance Company delights the entire hall. This cosmos of movements is highly poetic, witty and powerful, yet so precise, technically brilliant and surprising that one would like to have extra eyes so as not to miss any of the magic of the troupe on stage. [...] 75 minutes of sheer pleasure. Beautiful—very short! Only after applauding for several minutes did the audience leave on a pleasant spring night.

TINA BRAMBRINK
RUHRFESTSPIELE | GERMANY | 2018

INEXHAUSTIBLE POWER SÃO PAULO DANCE COMPANY DELIGHTS CITY THEATER AUDIENCE

[...] Summer has surely made an early debut. The city theater's thermometer is likely rising a few degrees just now. What the Brazilian company's dancers are showing is characterized by irrepressible and apparently inexhaustible power. By the end, only the audience remains breathless. [...] The São Paulo Dance Company is young. Founded just ten years ago, the troupe led by Inês Bogéa has already made a name for itself. Its repertoire is extremely diverse, including classical and contemporary works.

SABINE RAMPE
VERKLEINERT | GERMANY | 2018

OLD AND NEW

Despite Brazil's financial crisis, a new dance company has emerged in the past decade that has garnered praise for quality, its diverse repertoire, its community outreach and international acclaim. [...] For its 10th anniversary, celebrations commenced with a tour of festivals in Germandy, Austria, France and Luxembourg, [...] leaving the "audience electrified with enthusiasm". It is SPDC's work in Brazil, however, that makes it so relevant. Ivan Grandi thinks "SPDC is one of the most solid companies in Brazil because it offers classical and contemporary works to the audience, and a broad field for choreographers and dancers in diffrent styles and genres." Large numbers of Brazilian dancers ned a place to work, and Rodrigo pederneiras thinks,"SPDC is fundamental for dance in Brazil; its eclectic repertoire, all the activity with different choreographers, plus the rich educational work it develops make it a leader among its peers." [...] On a practical note, Galizzi points out that Inés Bogéa is a wonderful example of an arts administrator, too, because, "she finds sponsors, organises tours and conferences and receives plenty of invitations perform all over Brazil and abroad; it makes her a great director". Márcia Haydée also spoke to me about Bogéa in similar terms. [...]

FÁTIMA NOLLEN
DANCING TIMES BRITAIN'S LEADING DANCE MONTHLY | 2018

SPDC TURNS NINE TO THE SOUND OF SAMPA AND TREM DAS ONZE

In its nine-year history, the company has blended classic and contemporary creations. A month ago it posted videos from the Figures of Dance documentary series at *www.SPDC.com.br/figuras_da_danca.php [...]*

MARIA LUÍSA BARSANELLI
FOLHA DE S. PAULO | BRAZIL | 2017

SPECTACULAR BRAZILIAN DANCE CELEBRATES THE CHOREOGRAPHER JIRÍ KYLIÁN

[...] [SPDC] dancers are first and foremost classical ballet dancers who also trained in modern ballet. Everything is very high level: the superb technique, the beautifully elongated bodylines and the precision of detail, thus generating sparkling luminosity. When such dancers and Killian come together, the result is awe-inspiring. [...] This is a great program with an exquisitely updated choreography delivered in a top-level performance.

SAVE RUTH ESHEL
HAARETZ | ISRAEL | 2017

ELEGANCE AND PLENTIFUL ENERGY

Founded almost 10 years ago by the Secretary of State for Culture of the Government of the State of São Paulo, the company showed its charisma and originality in Ludwigsburg and everyone was delighted by its choreography.

DIETHOLF ZERWECK
LUDWIGSBURG KREISZEITUNG | GERMANY | 2017

VIVALDI UPSIDE DOWN

[...] The first challenge is to watch the 50-minute performance of Vivaldi created by La La Human Steps founder Édouard Lock. His cool technique is executed with ease by this top performing Brazilian company.

EVA MARIA MAGEL
SPIELZEIT | GERMANY | 2017

POINTE DANCE AT HIGH SPEED

São Paulo Dance Company 's 14 dancers are unbeatable for their energy, temperament and passion. Their disposition may be due to their Latin American origin or to artistic director Inês Bogéa's flair for selecting her troupe; or yet—perhaps—it is a combination of both. But one must also give praise to the three choreographers present tonight, whose work got the best out of these dancers.

[...] The evening's highpoint was the third and last choreography, this time created by a Spaniard: Nacho Duato presented his Gnawa to the Mainz audience. [...] The dancers' movements are smooth, harmonious and fluent, the choreography and the set have very pleasant characteristics—the thirty minutes of the piece's duration fly by. Again: endless applause and standing ovation, the audience asked for encores and the festival director was very pleased to have delivered his pledge.

NATACHA OLBRICH
ALLGEMEINE ZEITUNG | GERMANY | 2017

DIVERSE AND HIGHLY EXPRESSIVE REPERTOIRE

Creative dance, quick and slow shifts, sometimes sober movements, in addition to ballroom dancing. Some of the highlights: the repertoire of São Paulo Dance Company (SPDC), founded in 2008, blends neoclassical techniques with new creations by South American choreographers. A hot combination and, at the same time, one with a distinctive identity. Here's another characteristic of the young members of this internationally known dance group from the world's largest metropolis: there are no superstars, no prima donnas. [...] in The Seasons, created by the Canadian Édouard Lock [...], spectators are immediately fascinated by dance, music, stage setting and lighting. The dancers move quickly, with intense breathtaking movements, delivering an extremely dynamic vocabulary.

ROBIN DANIEL FORMMER
STADT LUDWINGSBURG | GERMANY | 2017

THE SEASONS | GNAWA

In Lyon for the first time, Brazil's São Paulo Dance Company devours the stage with a charming and fascinating program. The prestigious São Paulo Dance Company has a rich repertoire of works by prominent personalities from the dance world, some of them created especially for the company. In their first performance in Lyon, the dancers sublimely probe the history and codes of classical dance in their program. [...] In both choreographies, dancers show impressive technical skills in the service of real artistic sensibility.

MAIRIE 8
FRANCE | 2016

BRAZIL IN MOVEMENT

Brazil is on the move—and how! Proof of this is the São Paulo Dance Company and its performance at Winterthur's theater during the Steps Festival. The colorful Brazilian night ends with Gnawa (2005), an outstanding work by the Spaniard Nacho Duato garnering wild applause. [...] Controlled trance for 14 dancers to show their virtuosity in contemporary dance with remarkable and indispensable classical technique, bathed in candlelight.

EVELYN KLÖT
DER LANDBOTE | SWITZERLAND | 2016

A MILLIMETER OF SORCERY

[...] In Switzerland for the first time to perform at the Steps Dance Festival, São Paulo Dance Company will surely leave lasting memories in the minds of audiences.
Founded in 2008, it is now one of Latin America's major dance companies and recognized worldwide for its top-level performances.
[...] The Company's dancers have shown that they can make a smash hit of a spectacle [...]

FLORENCE LUY
LA GRUYERÈ | SWITZERLAND | 2016

ELECTRICITY OF BRAZILIAN DANCE

[...] The performers are remarkable, indeed, as they switch from a distinctly classical technique to a kind of oriental trance [...]

DAVID S. TRAN
LE PROGES | FRANCE | 2016

SEASONS AND GNAWA, TWO EXCEPTIONAL PIECES DANCED BY SÃO PAULO DANCE COMPANY DELIGHT MAISON DE LA DANSE IN LYON

[...] São Paulo Dance Company symbolizes Brazil's power and sensuality, which it transmits in a stunningly awesome way. At the end of the performance, the audience gave the Brazilian dancers a standing ovation.
Since its founding in 2008, São Paulo Dance Company has been masterfully directed by dancer, screenwriter and documentary maker Inês Bogéa. In less than a decade, SPDC has produced some 40 pieces, including 20 original creations. The diversity of its repertoire combined with the virtuosity of its dancers contributes to the company's success.

ODILE MORAIN
CULTURE BOX | FRANCE | 2016

THREE EXCELLENT CONTEMPORARY CHOREOGRAPHIES FOR SÃO PAULO DANCE COMPANY

[...] For the first time in Montreal, São Paulo Dance Company directed by Inês Bogéa is offering three nights with a same triple program of the highest quality. The company created eight years ago shows how classical training, with everything including pointe shoes, heightens the virtuosity required for the great choreographers' contemporary pieces.

SOPHIE JAMA
LE HUFFINGTON POST | CANADA | 2016

SÃO PAULO DANCE COMPANY : EXTREMELY STRONG DANCERS DO JUSTICE TO ALL

THE CHOREOGRAPHERS!
[...] A fine evening that gave the dancers of the São Paulo Dance Company a chance to show us the excellence of their work. It was a beautiful discovery. Will they be back? Let's hope so.

ALVINA RUPRECHT
CAPITAL CRITICS' CIRCLE | CANADA | 2016

DANSE DANSE BRINGS THE BRAZILIANS (PLUS THE RETURN OF ÉDOUARD LOCK)

[...] Montréal was the final pit stop of a world tour that has taken the young Brazilian company to Europe. [...] The dancers were lovely—great technique, gorgeous bodies, fully committed. [...] The third and final piece was, for me, the highlight of the evening, and one in which we see the true powers of this lithe, dynamic company emerge. *Gwana* by Nacho Duato was immaculately polished, a great vehicle to show off the dancers' extension and strength, and a joy to watch from start to finish. *Gnawa* uses the four basic elements—water, earth, fire and air—to unpack the relationship between humans and the universe. The lighting was warm, the partnering fresh and the standing ovation at the end? Priceless.

REBECCA GALLOWAY
BACK TRACK | CANADA | 2016

SÃO PAULO DANCE COMPANY ENDS FOUR-COUNTRY TOUR IN NEW YORK

[...] New Yorkers are accustomed to taking to art in public and they demand the best. But the premiere drew a lively welcoming audience that took up the theater's 472 seats. Although far from Brazil, we realize that these Brazilian artists do have charisma and a unique way of moving. International critics also emphasized the company's short life (founded in 2008), as well as the Brazilians' versatility, technical quality and natural sensuality. [...]

JULIANA RAVELLI
O ESTADO DE SÃO PAULO | BRAZIL | 2016

CLASSICAL BEAUTY

[...] The last show of the night – the grande pas de deux from Corsair —brought dancers from São Paulo Dance Company: Thamiris Prata and Yoshi Suzuki, directed by Inês Bogéa. [...] [Suzuki] was vibrant and showed superb technique. His presence stirred up the audience and he was applauded several times on stage. Thamiris Prata made a fine *pas de deux* partner for him; she is the smiling type, gracious in her virtuosity. With Suzuki she composed one of the most beautiful moments of this year's Londrina Dance Festival

CELIA MUSILLI
FOLHA DE LONDRINA | BRAZIL | 2016

25TH TRIÂNGULO DANCE FESTIVAL: REFINED TASTE AND REPERTOIRE

São Paulo Dance Company ended the 25th Festival do Triângulo in style on Tuesday evening. [...]
Opportunities to see shows such as at the closing night's performance, featuring three entirely different pieces, expose spectators to distinctive approaches to dance creation, thus generating a demand for a more diversified repertoire for Uberlândia's dance audiences. Furthermore, they help broaden the outlook of local dance creators by putting forward new levels for choreographic design in terms of quality and refinement of the creative process.
Also significant is São Paulo Dance Company 's decision to restage fundamental works from the history of dance, thus offering Brazilian audiences and the dance milieu an array of artistic options that revisit established dance and, at the same time, provide opportunities for young Brazilian choreographers to try out their ideas, thoughts and artistic concepts while ushering leading international creators to the Brazilian scene.

CARLOS SANTOS
PORTAL UBERLÂNDIA | BRAZIL | 2016

5TH INTERNATIONAL BUENOS AIRES BALLET GALA, SPLENDOR AND HUMOR

[...] The excellent São Paulo Dance Company closed the gala with a jovial Jíri Kylián piece: *Sechs Tanze*, featuring Mozart's music and the amazing performance of nine dancers wearing dusty wigs and crinolines who ended this magnificent and eagerly awaited 5th Buenos Aires International Ballet Gala amid soap bubbles.

PATRICIA CASAÑAS
MW MARTIN WULLICH | ARGENTINA | 2015

PAS DE DEUX DANCERS AND ARTWORKS COME TOGETHER IN THE EXHIBITION "DANCING MUSEUM", HUMANIZING THE MUSEUM SPACE

If the exhibition Museu Dançante [Dancing Museum] were a human body, it would have two lungs. They would be Marcelo Nitsche's Red Bubble (1968), and Franklin Cassaro's Temple (2000), both inflatable pieces that are alternately filled with air and then emptied. [...] But Dancing Museum's life force comes from the São Paulo Dance Company (SPDC), which interacts with each of these works in two choreographies especially composed for the project.
Curated by Felipe Chaimovich and SPDC director Inês Bogéa, the project holds a dialogue between the MAM collection's pieces and the company's dancers. [...] Static or kinetic, the pieces are constantly triggering visitors' movement—be they professional or amateur dancers. [...] This play of interactions makes Dancing Museum a brazen new experiment [...]

PAULA AZULGARAY
REVISTA ISTOÉ | BRAZIL | 2015

SÃO PAULO COMPANHIA DE DANÇA
INDIGO ROSE | *PETITE MORT* | *SECHS TÄNZE*

For the eighth consecutive year, São Paulo Dance Company has opened its season at Teatro Sérgio Cardoso. Its selections of pieces usually win over audiences for their quality and blend of contemporary and classical dance.

CAROLINA GIOVANELLI
VEJA SÃO PAULO | BRAZIL | 2015

DANCING MUSEUM

This exhibition that brought São Paulo Dance Company into the MAM [the modern art museum in São Paulo] reflects a proposal that is noticeable for its originality. Jettes and pirouettes are performed between artworks—used as stage props—and visitors are invited to join in. After the artistes leave the scene, people are seen randomly dancing around, feeling awed by a delightful experience.

LAURA MING,
VEJA SÃO PAULO | BRAZIL | 2015

WATER, COLORS, LIGHT AND SPARKLING ATMOSPHERES

Brazil's most highly acclaimed dance group, São Paulo Dance Company , filled with enthusiasm the Leverkusen Forum. Their brilliant choreographies delighted the audience of all ages—there were professionals in the great hall too. After all, Bayer Kultur had invited the most renowned Brazilian company of contemporary dance, one what had been in existence for only seven years.

JAN STING
LEVERKUSEN ER ANZEIGER | GERMANY | 2015

A HIGHLY MUSICAL DANCE GROUP

São Paulo Dance Company 's stage performance at the Bonn Opera House was a symphony for the body. The group is highly motivated and gifted with great musicality. One should neither underestimate the São Paulo company in view of its young age, nor assume that it lacks international experience. On the contrary, its direct connection with world dance is one of its greatest assets.

H.D. TERSCHÜREN
BONNER RUNDSCHAU | GERMANY | 2015

FELIZ LEVERKUSEN

From this series we saw São Paulo Dance Company , which could also be called the Brazilian NDT. Not only because all the choreographers on the program have also worked for the NDT, but because the dancers perform at the same high level. Billy Forsythe's masterpiece In the Middle, Somewhat Elevated, which the Company performed here, was not written for his Frankfurt dance group or the NDT, but for Paris Opera ballet artistes. However, São Paulo has nothing to be ashamed of; if there were a championship for dance groups (God forbid that there would be one), they could take their place on the podium as a purely Brazilian group.

GÜNTER PICK
TANZNETZ | GERMANY | 2015

FROM HIDE AND SEEK TO TRANCE RITUAL

Three dance pieces showed three very different facets of a refined but still young dance group. São Paulo Dance Company , founded in 2008, was the guest troupe at Culture Baviera this week and won enthusiastic acclaim from the audience in a packed hall. However, the final piece, followed by prolonged applause, presented more current choreographies than the first part (...) This new presentation of William Forsythe's In the Middle, Somewhat Elevated, from 1987, was particularly fascinating for the impeccable use of technique by the nine dancers. (...) After this pulse of energy, came the smooth and fluid choreography of Nacho Duato's Gnawa which showed the graceful side of the Brazilian company that has so quickly risen to the top of the Latin American dance scene. [...]

MONIKA KLEIN
RHEINISCHE POST | GERMANY | 2015

DANCE FULL OF CONTRASTS

The São Paulo Dance Company danced at the highest level in the crowded Count Zeppelin in Friedrichshafen last Saturday. The audience thanked them with exclamations of enthusiasm and endless applause for the Brazilian dancers, who transported them to a world of grace, strength, aesthetics and poetry. [...]

After tonight, one sees why São Paulo Dance Company, under the artistic direction of Inês Bogéa, has conquered a special place in the world of international dance and done so in a very short time.

CLAUDIA WÖRNER
SUEDKURIR | GERMANY | 2015

BEAUTY AND TALENT: BALLET STARS ILLUMINATE GALA AT TEATRO DEL LAGO

Saturday was a memorable evening at the lakeside theater. One of those evenings that are splendid in every way, in which ballet as protagonist was illuminated to make an already radiant southern evening shine even brighter. The evening breathed freshness and talent on all sides and left a halo of fantasy... It was a performance of excellence in which the dancers' virtues burst out to magnetize each piece and impart profound performative lessons. [...]

CLAUDIA RAMIREZ HEIN
LA TERCERA | CHILE | 2014

TOP LEVEL SÃO PAULO DANCE GROUP VISITED URUGUAY

[...] Rather like Balé Nacional do Sodré with its galas, the visiting group offered a triple program of three very different choreographies showing different ways of seeing techniques, styles and scenic solutions. [...]
[...] Another crucial aspect: the quality of the dancers and their physical fitness. Faithful to the best São Paulo tradition, the numerous performers have the finest of bodies and handle technique with great precision.
The performance [...] went off very well, solidly supported by lighting and music. The audience was quite numerous, (at least for Wednesday's show) and strong applause showed that this first visit for the company was a happy event, which will hopefully be repeated in the *future. [...]*

CARLOS REYES
EL PAÍS | URUGUAY | 2013

SÃO PAULO DANCE COMPANY

Suddenly a dancer sweeps across the stage at full tilt, as if fired from a catapult. [...] Sculptural poses have nothing to do with beauty, but there is an earthly, animal and sensual power. And a lot of self-confidence.
This is the São Paulo Dance Company . A young three-year old from Brazil now in Holland for the first time. Something unknown. And a present for us too

MIRJAM VAN DER LINDEN
DE VOLKSKRANT | HOLLAND | 2012

In addition to this selection of writings about São Paulo Dance Company , there are reviews and personal accounts posted on social networks *(@spciadedanca)*

https://www.facebook.com/pg/spciadedanca/reviews/
@saopaulociadedanca
@spciadedanca

Please check the SPDC channel on Youtube:
https://www.youtube.com/user/AudiovisualSPCD

* THE ORIGINAL REPORTS AND REVIEWS ARE AVAILABLE IN THE RESPECTIVE LANGUAGES AT
http://www.spcd.com.br/na_midia.php

SOBRE OS AUTORES

AMMANDA ROSA é bailarina premiada em Joinville e Nova York (YAGP) e diplomada solista pela Royal Academy of Dance de Londres. É bailarina da São Paulo Companhia de Dança desde 2008 participando de várias montagens, entre as quais foi solista de *Serenade*, de George Balanchine; e *Gnawa*, de Nacho Duato.

ANA TERRA (Ana Maria Rodriguez Costas) é doutora em Educação e Mestre em Artes (UNICAMP). Graduada em Ciências Sociais (USP). Docente da Graduação em Dança e da Pós-Graduação em Artes da Cena do Instituto de Artes da UNICAMP.

ERNESTO GADELHA é graduado em Pedagogia da Dança pelo Instituto de Dança Cênica de Colônia (ALE), em Licenciatura em Dança pela Universidade Federal do Ceará e pós-graduado em Dança Contemporânea pela Folkwang Hochschule (ALE). Atua, nacional e internacionalmente, como professor, consultor, gestor e curador na área de dança. Desde 2009 é diretor artístico e pedagógico da Bienal Internacional de Dança do Ceará.

IARA BIDERMAN é jornalista, colabora para o Jornal Folha de São Paulo como repórter de dança e teatro e na cobertura de cadernos especiais de cultura, educação e saúde. É autora do blog Deu Baile e integrante da comissão de dança da APCA.

INÊS BOGÉA (org.) é diretora da São Paulo Companhia de Dança. Doutora em Artes (Unicamp), bailarina, documentarista, escritora e professora no curso de especialização Arte na Educação: Teoria e Prática da Universidade de São Paulo (USP). Foi bailarina do Grupo Corpo e crítica de dança da *Folha de S. Paulo*. É autora e organizadora de vários livros e documentários na área de dança. Na área de arte-educação foi consultora da Escola de Teatro e Dança Fafi e do Programa Fábricas de Cultura da Secretaria de Estado da Cultura de São Paulo.

MARCELA BENVEGNU é jornalista e pesquisadora de dança. É Master em Mídia e Comunicação pela Universidade da Califórnia, Mestre em Comunicação e Semiótica pela PUC e Especialista em Dança pela UFBA. Foi coordenadora de Comunicação, Educativo e Memória da SPCD. É codiretora do Congresso Internacional de Jazz Dance. Dirige a MB—Consultoria e Comunicação para a Dança e cursa o programa executivo da Harvard Business School.

MARIA EUGÊNIA DE MENEZES Jornalista, atuou como repórter e crítica de artes cênicas do Caderno 2, do jornal *O Estado de S.Paulo*, e na *Folha de S.Paulo*, entre 2007 e 2010. Assinou a curadoria de programas como o Circuito Cultural Paulista e foi membro do júri de prêmios como Prêmio Bravo!, Associação Paulista de Críticos de Arte e Prêmio Governador do *Estado de S.Paulo*. Foi professora convidada de instituições como Faculdade Casper Líbero e Escola de Comunicações e Artes da USP.

WILIAN AGUIAR é orientador, curador e fotógrafo especialista na área de artes e retratos. Também participou como orientador do programa Arte na Fotografia do Canal Arte 1. Na dança fotografou grupos e companhias como Siameses, O Viga, Balé da Cidade de São Paulo, São Paulo Companhia de Dança, Marcos Abranches. No teatro, nomes como Bibi Ferreira, Juca de Oliveira e Luana Piovani. O teatro musical registrou imagens de Os Produtores e Rock Show. Na área da música trabalhou com artistas como Ana Carolina e Seu Jorge e em festivais como BMW Jazz Festival.

ABOUT THE AUTHORS

AMMANDA ROSA is a dancer with a soloist degree from the Royal Academy of Dance, of London, who has won awards in Joinville and New York (YAGP). Since joining São Paulo Companhia de Dança in 2008 she danced in several productions, among which she performed as soloist in *Serenade*, by George Balanchine, and *Gnawa*, by Nacho Duato.

ANA TERRA (Ana Maria Rodriguez Costas) holds a PhD in Education and a master's degree in Arts from UNICAMP, and a bachelor's degree in Social Sciences from the University of São Paulo. She teaches Dance at undergraduate level and Performing Arts at graduate level at UNICAMP's Art Institute.

ERNESTO GADELHA holds a bachelor's degree in Dance Pedagogy from the Cologne Institute for Theater Dance (Germany); a BA in Dance from the Federal University of Ceará and a graduate degree in Contemporary Dance from the Folkwang Hochschule (Germany). He works in Brazil and abroad as a teacher, consultant, manager and curator in the dance field. Since 2009 he is artistic and pedagogical director of the Ceará International Dance Biennial.

IARA BIDERMAN is a journalist and Folha de S. Paulo contributor of news articles on dance and theater as well as articles for special editions on culture, education and health. She runs the blog Deu Baile and integrates the dance committee of APCA—the São Paulo Association of Art Critics.

INÊS BOGÉA (org.) is director at the São Paulo Companhia de Dança. She attained a PhD in Arts from UNICAMP. She is a dancer, documentary filmmaker, writer and teacher in the specialization program "Art in Education: Theory and Practice" at the University of São Paulo (USP). She was a dancer with Grupo Corpo and a dance critic at *Folha de S. Paulo* daily. She is the author and organizer of several books and documentary films on dance. In the field of art education, she was a consultant for Escola de Teatro e Dança Fafi and the program Fábricas de Cultura launched by the State of São Paulo Department for Culture.

MARCELA BENVEGNU is a journalist and dance researcher. She holds a master's degree in Media and Communication from the University of California; a master's degree in Communication and Semiotics from PUC, and a Specialist in Dance degree from UFBA. She was coordinator of Communication, Education and Memory at SPCD and currently co-directs the International Jazz Dance Congress. She heads MB—Consultoria e Comunicação para a Dança and attends the Executive Education program at Harvard Business School.

MARIA EUGÊNIA DE MENEZES is a journalist who worked as reporter and critic of the performing arts with Caderno 2, a section of *O Estado de S.Paulo* daily, as well as *Folha de S.Paulo*, between 2007 and 2010. She curated programs such as Circuito Cultural Paulista and was jury member at competitions such as Prêmio Bravo!, São Paulo Association of Art Critics, and Governor of the State of São Paulo Award. She was a guest lecturer at institutions such as Faculdade Casper Libero and University of São Paulo's School of Communications and Arts.

WILIAN AGUIAR is an advisor, curator and photographer specialized in the field of art and portraiture. He was director of the program Art in Photography aired on Canal Arte1. In the dance realm he has photographed groups such as Siameses, O Viga, Balé da Cidade de São Paulo, São Paulo Companhia de Dança, and Marcos Abranches. In the theater world he photographed actors like Bibi Ferreira, Juca de Oliveira and Luana Piovani, and the musicals Os Produtores and Rock Show. In the musical scene he worked for artists that included Ana Carolina and Seu Jorge, besides the BMW Jazz Festival and Starts with You Festival.

EQUIPE SPCD 2008—2018

Esta lista contempla os funcionários contratados pela ASSAOC (Associação Amigos das Oficinas Culturais do Estado de São Paulo) e Associação Pró-Dança de 2008 a 2018. Diversos funcionários exerceram diferentes funções ao longo do período que trabalharam na Companhia. A lista apresenta o último cargo que cada pessoa exerce ou exerceu.

DIRETORIA

DIRETORA EXECUTIVA E ARTÍSTICA
Inês Vieira Bogéa | 2008 aos dias atuais
DIRETORA ARTÍSTICA
Iracity Cardoso | 2008–2012

EQUIPE DE ENSAIO

COORDENADORES

Giovanni Di Palma | 2013–2018
Karina Mendes Silva | 2011–2015
Ricardo Zanchi Scheir | 2008–2009

PROFESSORES | ENSAIADORES

Adriana Villela da Motta Costa Quintao | 2012
Alfredo Ligabue Alves de Siqueira | 2015–2017
Ana Tereza Cavalcanti Gonzaga | 2012–2013
Boris Storojkov | 2010–2011
Daniela Severian de Carvalho | 2015–2016
Daniela Stasi | 2008–2011
Daphne Dias Chequer | 2017–2018
Guivalde de Almeida | 2014–2015
Ilara Ferreira Lopes | 2013–2014
José Ricardo Tomaselli Cruz | 2012–2013
Lars Van Cauwenbergh | 2010 | 2017–2018
Manoel Francisco de Sousa Pinto | 2012
Milton Paulo Coatti Filho | 2008–2013 | 2014 aos dias atuais
Nina Isabel Botkay Courcier | 2015
Vivien Patricia Buckup | 2014–2015

BAILARINOS

Acaoã Theophilo de Castro | 2011–2013
Adriana Murca Amorim | 2008–2009
Airton Rodrigues da Rosa | 2009
Alexandre Cardoso da Silva | 2008–2010
Aline Campos Ferro Rocha | 2008–2010 | 2012–2015
Allan Andrew Fabre Costa | 2008–2010
Allan Falieri Carvalho De Lima | 2010
Alysson da Rocha Alves | 2011
Amanda Pessoa Soares | 2009–2011
Ammanda Oliveira de Souza Rosa | 2008 aos dias atuais
Ana Carolina Silva Oliveira | 2018 aos dias atuais
Ana Paula Camargo | 2008 aos dias atuais
Ana Roberta Teixeira | 2012 aos dias atuais
Anderson Patrick Nascimento de Lima | 2015–2017
Andressa Ribeiro Barbosa | 2014–2015
André Grippi de Almeida | 2012 aos dias atuais
Anna Carolina Barbosa Truzzi | 2014–2015
Artemis Bastos Vannucchi | 2008–2016 | 2017 | 2018 aos dias atuais
Aurora Burmeister Dickie | 2010–2011
Barbara de Guimarães Santiago | 2008–2009
Beatriz Hack Canabal | 2008 aos dias atuais
Bruna Poliana Souza Pereira | 2017 aos dias atuais
Bruno de Melo Lobo | 2008–2009
Bruno Veloso de Oliveira | 2010 aos dias atuais
Carla Afonso Zarzur | 2017 | 2018
Carolina Coelho Pais | 2014
Carolina Aurena da Silva Pegurelli | 2018 aos dias atuais
Carolina Neves Ribeiro | 2010
Carolina Paes de Barros | 2017 | 2018
Carolina Rocha Amares | 2008–2009
Cauê Vinicius Frias Duarte | 2014–2015
Cecília Valadares Moraes da Silva | 2018 aos dias atuais
Cintia da Silva Pimentel | 2014
Daiane da Silva Camargo | 2009–2011
Daniel Alberto Reca | 2013 aos dias atuais
Danyla Dos Santos Bezerra | 2013–2015
Diego Mejia Neves | 2009
Diego Vitor de Paula | 2011 aos dias atuais
Dulcineia Barboza Braz Cavalcante | 2008–2013
Edinaldo de Souza Louzardo | 2008–2013
Eduardo Guimarães Lima | 2012–2013
Elias Rodrigues Bouza | 2008–2009
Emanuel Abruzzo | 2013–2014
Emmanuel Alejandro Vazquez | 2014
Everson Galvão Botelho | 2012 | 2014–2015
Fabiana Luiza Silva Ikehara | 2008–2014
Fabiana Zacanini Teixeira Nemeth | 2009–2011
Felipe dos Santos Vasques | 2018 aos dias atuais
Felipe Matheus Gonçalves Sales | 2018
Fellipe Camarotto | 2012–2013
Fernanda Graziela Manoel Reis | 2010
Fernanda S M Verardo dos Santos | 2014
Fernando Garcia de Carvalho Palma | 2008–2009
Filipe Moreira de Sousa | 2010
Flavia Gomes de Oliveira Carlos | 2008–2009
Flavio Everton da Conceição | 2008–2011 | 2013–2014
Gabriel Conrad Spano | 2009
Gabriel Fernandes da Silva | 2016–2018
Gabriel Ferreira Santos | 2018
Gabriela Miranda Pernambuco | 2015–2017
Geivison Moreira da Silva | 2013 aos dias atuais
Giovanna Mozart de Souza Silva | 2017
Glauber Vaz | 2014
Greidson de Araújo | 2008
Hebert Caetano Soares | 2008–2009
Heloisa Magalhães de Mendonça Fonseca | 2016
Hiago Silva de Castro | 2016 aos dias atuais
Hudson de Oliveira Silva | 2008–2009
Igor Renato Silva 2014–2016
Isabela Campanari Arantes | 2018
Isabela Coracy Alves do Nascimento Santos | 2010
Isabela Maylart | 2013–2015
Isabella Bombassei Pires | 2016–2017
Isis Silva Soares | 2017–2018
Israel Kaique Barbosa | 2018 aos dias atuais
Jaruam Miguez Xavier | 2013
João Felipe Antunes Faia | 2008 aos dias atuais
João Gabriel dos Santos Inocêncio | 2018
Jonas Renato da Silva Moraes | 2014
Jorge Guilherme Maciel dos Santos | 2008–2010
Juliana Guilherme Leonel | 2011
Juliano Correia Toscano | 2010–2012
Karin Ribeiro Chaves | 2008–2009
Karina de Sousa Moreira | 2011–2013
Larissa Dalessandro Assaf Luna | 2017
Larissa Fernanda Teixeira Lins dos Santos | 2014–2017
Larissa Peraçoli Guerra | 2018 aos dias atuais
Laura Barbosa dos Santos | 2018
Leony Rafael Boni | 2013–2016
Letícia Forattini Martins | 2013 aos dias atuais
Liana Vasconcelos | 2011
Lidiane Vanderlei | 2018
Louiz Rodrigues | 2013–2014
Luan Barcelos de Oliveira | 2017 aos dias atuais
Luca Pinho Seixas | 2015–2017
Lucas Axel da Silva | 2013–2016
Lucas Rodrigues Valente Santana Nunes | 2012–2017
Luciana Pereira Ferreira Davi | 2015 aos dias atuais
Lucio Flavio Kalbusch | 2013–2017
Lucio German Rodrigues Vidal | 2008
Luiza Lopes de Freitas | 2008–2015
Luiza Santana Del Rio | 2011–2017
Luiza Silva Yuk | 2013 aos dias atuais
Manuel Rodrigues Gomes Junior | 2009
Manuela Fraco Gattai Ameruso Gomes | 2008

Marcela Zia | 2008–2009
Marcelo Germano da Silva | 2009
Maria Isabel Irupe Sarmiento Peretti | 2008–2012
Mariana Cortez Carossa | 2014–2015 | 2017
Mariana Matos | 2008
Marta Maria Nascimento Batista | 2017
Mateus Santos Rocha | 2018 aos dias atuais
Matheus Martins Pinto de Queiroz | 2015 | 2017 aos dias atuais
Michelle Molina | 2008 aos dias atuais
Miguel Almeida Gonçalves | 2008–2009
Miguel Pfizer | 2008
Monike Cristina De Souza | 2015
Morgana Pimentel Cappelari | 2009–2018
Morvan Couto Teixeira | 2008–2009
Mozart Nobuo Mizuyama | 2016–2018
Murilo Gabriel De Oliveira | 2013–2014
Natalia Queiroz de Medeiros | 2017 | 2018
Nelson Luís Pacheco da Silva | 2011–2012
Norton Ramos Fantinel | 2010–2013
Nielson da Silva Souza | 2010 aos dias atuais
Olívia Pureza Nogueira | 2013–2014
Otavio Henrique Miranda Santos Portela | 2015 | 2016 aos dias atuais
Pablo Adriano de Lima Lozano | 2015 | 2018 aos dias atuais
Pamela de Souza Valim | 2012–2016
Patrich Freire Lorenzetti | 2017
Patrícia Brandão Moura | 2008–2009
Paula Cristina Alves | 2016 aos dias atuais
Paula Ribeiro Penachio | 2008–2013
Paulo Vitor Marques da Rocha | 2009–2012
Pilar de Oliveira Neves Giraldo | 2010–2014
Priscilla Yumi Yokoi | 2008–2009
Rafael Gomes de Araújo | 2008–2015
Raphael Juliano dos Santos Panta | 2008–2016
Renata Alves Barreto Bardazzi Gonçalves | 2008–2012
Renata Peraso Alencar | 2014 aos dias atuais
Rene Sato Simões | 2015
Renée Weinstrof | 2010–2011 | 2014–2016
Roberta Maria de Jesus Bussoni | 2010–2016
Rodolfo Laboissiere Saraiva | 2009–2015 | 2018
Roseli Tascheti Zanardo | 2008–2009
Ruan Manoel Martins Barbosa | 2014
Rubem de Araújo Barreto Junior | 2009
Samuel Medeiros Kavalerski | 2008–2013
Sany Pereira Piquia da Silva | 2016
Sofia Andreatta Tarragó| 2018 aos dias atuais
Soren Magnus Niewelt | 2008–2009
Tendo Pereira dos Santos | 2014
Thais de Assis da Silva | 2008–2013
Thamiris Monteiro Prata | 2008 aos dias atuais
Uatila Borges Coutinho | 2008–2009
Victor Hugo Gastão Vila Nova | 2008–2009
Vinicius Vieira Veiga | 2013 aos dias atuais
Welber Alves Pacheco | 2013–2014
William da Silva Pedro | 2011
Williene Teles Sampaio | 2008–2011
Yoshi Engracia Suzuki | 2008 aos dias atuais

PIANISTAS

Leandro José Setra | 2008–2011
Rosely Aparecida Chamma | 2010–2015
Rosemary Sandri Pavanelli | 2014 aos dias atuais

TERAPEUTA CORPORAL

Ana Cecília Santini | 2010–2013

AUXILIARES DE ENSAIO

Ana Carolina Florêncio Nogueira | 2012 aos dias atuais
Andreia Lazzari Chiovatto | 2013–2014
Camila Coppini Chaves | 2010
Diego Araújo de Souza | 2014–2015
Isadora Fatigati Battiato | 2011–2013
Jorge Eduardo de Franciolli | 2012–2013
Magno Henrique de Souza Freitas | 2010–2011
Mariana de Menezes Guedes | 2014–2015

EQUIPE DE PRODUÇÃO E TÉCNICA

SUPERINTENDENTE

Luca Baldovino | 2008 aos dias atuais

COORDENADOR DE PRODUÇÃO

Antônio Magnoler Junior | 2010 aos dias atuais

COORDENADORES TÉCNICOS

Luiz Antônio Dias | 2013 aos dias atuais
Oriana do Vale Bitar | 2008

CHEFE DE PALCO

Samir Khan | 2008–2012

PRODUTORES EXECUTIVOS

Marcio Luís Branco da Silva | 2012–2016
Maria Mirtes Mesquita | 2008–2011

PRODUTORES

André José de Souza | 2010 aos dias atuais
André Lucena Magro | 2009–2012
Carolina Ferreira Rozin | 2013
Celso Pacheco Simoes | 2010–2011
Francisca Norma Lyds Pereira e Silva | 2012
Magali Aparecida Martucci | 2013
Maria Stela Gonçalves Leite | 2009–2010
Marina Beatriz Fonseca | 2010–2012
Sandra Regina Grespan Lacal | 2009–2010

PRODUTORES TÉCNICOS

Celso Vinicius Rigoletto Coronin | 2012
Luiz Alex Tasso | 2012–2015

TÉCNICOS DE SOM

Rafael Carlos Pagliuca | 2016
Rodolfo Augusto P Dias | 2008–2009 | 2016 aos dias atuais
Sérgio Paes | 2010–2016

TÉCNICOS DE LUZ

Cristiano Pedott | 2008–2012
Guilherme Paterno Miranda | 2010–2015
Igor Sully Cordioli | 2015
Nicolas Eduardo Lopes | 2015 aos dias atuais
Sueli Matsuzaki | 2013–2014

CHEFE DE GUARDA-ROUPA

Inês Crepaldi | 2008–2009

CAMAREIRAS

Anna Márcia de Lima do Nascimento | 2018
Elizabete Aparecida Roque | 2008–2018
Vera Lucia Alves Pereira | 2008–2015

ASSISTENTES DE PALCO | MAQUINISTAS | CENOTÉCNICOS

Espedito Josinario Peixoto dos Santos | 2014 aos dias atuais
Jonas Pereira Soares | 2011–2013
Thiago Merij Soares | 2012–2014
Vinicius Silvério Simões | 2008–2011

EQUIPE DE EDUCATIVO E COMUNICAÇÃO

COORDENADORES

Alexandra Ribas Itacarambi | 2008–2009
Flavia Fontes Oliveira | 2009–2010
Marcela Benvegnu Rosolia | 2009–2017
Morgana Wagner de Lima | 2010–2016 | 2017 aos dias atuais

ASSESSORES

Marcio Junji Sono | 2008–2009

PRODUTORES

Flavia Ragazzo de Barros | 2008–2009
Renan Henrique Teixeira de Melo | 2010–2013
Rodrigo Sena De Souza Alves Costa | 2014–2015

DIAGRAMADORES

Janaina Petterson Seolin | 2012–2016
Karina Mitye Tokunaga | 2016
Laudemir Marinho dos Santos | 2017
Leonardo Santana Franco | 2010–2012
Michelle Paula Pereira de Carvalho F da silva | 2017
Rafael Alves Silva Ortiz Rojas | 2017 aos dias atuais

ASSISTENTES DE EDUCATIVO | COMUNICAÇÃO | MEMÓRIA | PRODUÇÃO

Alana Cattoci Gardin | 2018
Ana Luiza Brólio de Paula | 2012–2014
Arani Arduini | 2009–2010
Bruno Cezar Alves | 2012–2016
Carina Ferreira Arantes | 2009
Celina Cardoso | 2015–2018
Cláudia Roberta Trento Braz | 2012–2016
Fátima Aparecida da Silva Eugênio | 2010
Fernando Antônio de Almeida Pecoits | 2014
Karine Ourique Panaro | 2010
Patricia Sirio Farhat | 2017
Paula Quaresma Freitas | 2013–2015
Raquel Braga de Oliveira Couto | 2011–2012
Renata Amaral Teixeira Correia | 2009–2012
Renato Tado Oliveira | 2018 aos dias atuais
Ronnie Assis Magalhães | 2014
Sandra Maria Laudani | 2017
Tatiane Nunes Ferreira Gomes | 2010–2011
Thalita Gava Andozia | 2013
Thiago Augusto de Souza | 2013–2015

AUXILIARES DE EDUCATIVO | COMUNICAÇÃO | MEMÓRIA | PRODUÇÃO

Camila de Sá | 2013
Érika Muniz Lins | 2012–2014
Laís Andrade da Cruz | 2010–2011
Letícia Buso Siqueira | 2018 aos dias atuais
Murilo Rocha e Silva | 2010–2012
Renan Kobayashi Gomi | 2010–2013
Vânia Rabelo Cruz Ramos | 2014

EQUIPE MEMÓRIA E AUDIOVISUAL

COORDENADOR
Charles Lima da Silva | 2008 aos dias atuais

TÉCNICO DE VÍDEO
Caio Lopes Degelo Polesi | 2008

PRODUTOR
Juliana Durães Almeida Santos | 2014

ASSISTENTES DE MEMÓRIA | AUDIOVISUAL
Carlos Wilson Tetsuo Yamamoto | 2012–2016
Daniel Bilenky Mora Fuentes | 2010
Jose Rodrigo Paulino Fontanari | 2013
Larissa Helena da Rocha Martins | 2014–2015
Paulo Rodrigo Sousa Grangeiro | 2010–2011

AUXILIAR DE MEMÓRIA | AUDIOVISUAL
Gustavo Bernardes | 2017 aos dias atuais

EQUIPE ADMINISTRATIVA

SUPERINTENDENTE
José Galba de Aquino | 2013 aos dias atuais
Silvia Kawata | 2008 a 2013

COORDENADORES
Marcio Tanno | 2012 aos dias atuais
Maria Helena de Aguirre Miessva | 2008

CONTROLLERS
Alexandre Augusto dos Santos | 2013–2014
Ari Klajner | 2010
Fábio D'oliveira Castanhas | 2011
Silvia Maria Cezarino | 2010

ASSESSORES DE DIRETORIA | SUPERINTENDÊNCIA
Beatriz Vilela Marcondes | 2014–2015
Jacqueline Gimenes | 2014
Jociara Ferreira Santana | 2014
Michelle Dorça Vitale de Oliveira | 2014
Roberta Magalhães dos Santos Alvares | 2012–2013
Sandra Regina Rodrigues dos Santos | 2008–2009
Silvia Coe Vieira de Souza Gabbay | 2008
Taciana Ferreira Vaz | 2008
Teresinha Maria Gonçalves Carvalho | 2008
Zélia Maria de Goes | 2008–2010

ASSISTENTES DE DIRETORIA | SUPERINTENDÊNCIA
Franceschina Vilardo | 2008–2011
Melinda Grienda Sliominas | 2016 aos dias atuais

ASSESSORES ADMINISTRATIVO | FINANCEIRO
Cristiane de Oliveira Aureliano | 2009–2014
Fabio Vila Rodrigues Neves | 2010
Luiz Artur Rozin | 2013–2014
Monika Takeda | 2008–2012

ANALISTAS ADMINISTRATIVO | FINANCEIRO | TECNOLOGIA DA INFORMAÇÃO | RECURSOS HUMANOS
Ana Sarah de Lima | 2014 aos dias atuais
Eduardo Bernardes da Silva | 2008–2015
Giovani Tápia Lima | 2011–2012
Marco Aurélio Piton | 2012–2016
Rogerio Douglas Perencin | 2014
Vinícius Santoros Candido Corrêa | 2012

ARQUIVISTAS
Carlos Alexandre Ferreira Gomes | 2012
Danilo Alves Garcia | 2014–2018
Fernanda Bortolosso Trovatti | 2011
Maria Fernanda Mendes E. Freitas | 2012–2014
Mirna Carecho Passos | 2010–2011
Priscilla Baptista Casas | 2018 aos dias atuais

RECEPCIONISTAS
Edileusa Lopes Gomes | 2009
Evangelina Araújo Melo | 2010 aos dias atuais
Lucia Helena dos Santos | 2010
Rosely Lima Leisnoch Colella | 2008–2010

ASSISTENTES ADMINISTRATIVO | FINANCEIRO
Bismarque Carvalho Muniz | 2009–2010
Carina Bacagine Fagundes | 2009
Carlos Eduardo Soares Barros | 2010 aos dias atuais
Carmen Lucia Pereira Da Costa Lippi | 2010
Cesar Henrique Cruz da Silva | 2013–2014
Diego Mendes Martins | 2012 aos dias atuais
Elaine Cristina Rodrigues Barros Galvão | 2009–2010
Felippe Gozzi Figueiredo | 2012–2016
Filipe de Azevedo Bezerra | 2017
Jeferson de Souza Dias | 2012 aos dias atuais
Jonathan dos Santos Correa | 2016–2017
Luciana Fortes Félix | 2010
Marli Bispo de Oliveira | 2009 2011
Willian Muller Grandino | 2010–2012

AUXILIARES ADMINISTRATIVO | FINANCEIRO | ALMOXARIFE
Alex Rodrigo da Silva | 2010–2012
Edmilson Evangelista dos Santos | 2010–2015
Felipe Júlio Negrão | 2010–2011
Gerson de Carvalho Alvico | 2013–2014
Guilherme Porfirio de Souza | 2013–2015
Marcia Maria Filipus | 2010
Nilda Maria Da Silva | 2014–2017
Samanta Fernandes de Lima | 2013

AUXILIARES DE SERVIÇOS GERAIS | MENSAGEIRO
Anália Pereira de Brito | 2009 | 2012–2015
Denilson Anselmo Laurindo | 2009–2011
Gildete Elvira Barbosa Bonfim | 2014–2016
Kelly Christiane Conceição | 2009–2011
Maria da Consolação Campos | 2008–2011
Neide Dos Santos Nery | 2008 aos dias atuais
Vancler Rocha | 2008–2009

ESTAGIÁRIOS
Ana Paula Faustino | 2013
Andrews Sevilio | 2012–2013
Bianca Valerio Franzolin | 2012
Carolina de Carvalho | 2012–2013
Caroline Puzoni Silva | 2013–2014
Fernando Rodrigues Fonseca | 2014–2015
Giovanna Sartori | 2013–2015
Gisele Maria da Silva | 2011
Janeice Alves de Amorim | 2012
Jessica de Miranda Gambeta | 2011
Karina da Silva Pessoa | 2013–2014
Marina Sakovic Galan | 2011–2016
Marinaldo Gomes Pedrosa | 2010
Matheus da Silva Fernandes | 2014–2015
Paula Montingelli | 2013–2014
Rebeca Gaspar Laudelino | 2012
Sabrina Maria Beltrão | 2012

APRENDIZES
Carlos Eduardo Gomes da Silva | 2016–2017
Isac Santos de Anchieta | 2017–2018
Keith Lopes Nascimento | 2018 aos dias atuais
Larissa Nunes Ribeiro | 2014–2015
Leonardo Oliveira Portela | 2015–2016
Maiara dos Santos | 2013–2015
Marcus Vinicius Rocha Prates | 2013
Vinicius Soares dos Santos | 2012–2013

GOVERNO DO ESTADO DE SÃO PAULO

GOVERNADORES
Alberto Goldman | 2010
Geraldo Alckmin | 2011–2018
José Serra | 2008–2009
Márcio França | 2018

SECRETÁRIOS DE ESTADO DA CULTURA
Andrea Matarazzo | 2010–2012
João Sayad | 2008–2010
José Luiz Penna | 2017–2018
José Roberto Sadek | 2016–2017
Marcelo Mattos Araújo | 2012–2016
Romildo Campello | 2018 aos dias atuais

SECRETÁRIOS-ADJUNTO
José Roberto Sadek | 2015–2016
Lucia Camargo | 2016–2017
Luis Celso Vieira Sobral | 2011–2012
Patrícia Penna | 2018 aos dias atuais
Romildo Campello | 2017–2018
Ronaldo Bianchi | 2008–2010
Sergio Tiezzi | 2012–2015

CHEFES DE GABINETE
Alessandro Soares | 2017–2018
Arnaldo Gobetti Júnior | 2008
Daniel Scheiblich Rodrigues | 2017
João Manoel da Costa Neto | 2016
Maria Marton Correa | 2011–2016
Sergio Tiezzi | 2008–2010

COORDENADORES DA UNIDADE DE FORMAÇÃO CULTURAL

Carla Almeida Carvalho | 2009
Dennis A Rodrigues de Oliveira | 2018 aos dias atuais
Luiz Nogueira | 2008–2009

COORDENADORES DA UNIDADE DE DIFUSÃO CULTURAL, BIBLIOTECAS E LEITURA

André Sturm | 2009–2011
José Luiz Herencia | 2011–2012
Maria Thereza Bosi | 2012–2016
Silvia Antibas | 2016 aos dias atuais

ORGANIZAÇÃO SOCIAL DE CULTURA

ASSAOC | Associação Amigos das Oficinas Culturais do Estado de São Paulo
Gestores da São Paulo Companhia de Dança de 2008 a novembro de 2009

DIRETORES EXECUTIVOS

Lorenzo Mammi | 2009–2010
Wanderley Garieri Junior | 2008–2009

DIRETORES FINANCEIROS

Celeni Mares de Sousa | 2009–2010
Marcos Antônio Campos Claro | 2008–2009

CONSELHO DE ADMINISTRAÇÃO

PRESIDENTES

Dorotéa Machado Kerr | 2008
Nancy Suely Olandim Mollo | 2009

CONSELHEIROS

Aline Sultani | 2008–2009
Alzira Lobo de Arruda Campos | 2008
Antonio Carlos Moraes Sartini | 2008–2009
Cecilia Salman | 2008–2009
Celso Miotto Curi | 2009
Elizabeth Russo Nogueira de Andrade | 2008–2009
José Claudio de Lascio Canato | 2008
José Galba de Aquino | 2009
Maria Cristina di Pacci | 2008
Nancy Suely | 2008
Neide Marcondes de Faria | 2008
Oladim Mollo | 2008
Reynúncio Napoleão de Lima | 2008
Rosa Iavelberg | 2009
Rosana Delellis | 2008
Rudá Poronominare Galvão de Andrade | 2008
Ruy Homem de Mello Maciel | 2008

CONSELHO FISCAL

Eder Azevedo Mazini | 2008–2009
José Galba de Aquino | 2008
Marcelo Giovani Tassara | 2008
Marco Antônio Campos Claro | 2009

APD | Associação Pró-Dança
Gestores da São Paulo Companhia de Dança desde dezembro de 2009

CONSELHO DE ADMINISTRAÇÃO

PRESIDENTES

José Fernando Perez | 2009–2017
Rodolfo Villela Marino | 2017 aos dias atuais

VICE-PRESIDENTE

Eric Alexander Klug | 2017
Maria do Carmo Abreu Sodré Mineiro | 2009–2017
Ricardo Uchoa Alves de Lima | 2017 aos dias atuais

CONSELHEIROS

Ana Grisanti de Moura | 2017 aos dias atuais
Andrea Calabi | 2015 aos dias atuais
Danilo Miranda | 2017 aos dias atuais
Eduardo Saron Nunes | 2017 aos dias atuais
Elisa Marsiaj Gomes | 2017 aos dias atuais
Elisa Sawaya Botelho Bracher Franciosi | 2009–2010
Eric Alexander Klug | 2013–2017
Flávia Regina de Souza Oliveira | 2015 aos dias atuais
Guido Mantega | 2009–2011
Henri Philippe Reichstul | 2009–2015
João Roberto Vieira da Costa | 2009–2015
João Sayad | 2015
Jorj Petru Kalman | 2010–2016
José de Oliveira Costa | 2014 aos dias atuais
Leontina Gioconda Bordon | 2015 aos dias atuais
Lygia da Veiga Pereira | 2009–2015
Marcos de Barros Cruz | 2009–2013
Paula Theophilo de Saboia | 2017 aos dias atuais
Ricardo Campos Caiuby Ariani | 2009–2017
Ricardo Cavalieri Guimarães | 2009–2014
Ricardo Uchoa Alves de Lima | 2015 aos dias atuais
Rodolfo Villela Marino | 2011 aos dias atuais
Walter Appel | 2009–2015

CONSELHO FISCAL

PRESIDENTES

Durval Borges Morais | 2015 aos dias atuais
José Abramovicz | 2011–2015

CONSELHEIROS

Durval Borges Morais | 2011 aos dias atuais
Hélio Nogueira da Cruz | 2017 aos dias atuais
Joaquim José de Camargo Engler | 2011–2017
Jorj Petru Kalman | 2009–2010
José Abramovicz | 2010–2015
José Carlos de Souza Santos—suplente | 2017 aos dias atuais
Luis Norberto Pascoal | 2009–2010
Luis Fernando Massoneto | 2010–2011
Priscila Grecco de Oliveira Neves | 2015 aos dias atuais
Rodolfo Villela Marino | 2009–2011

ASSOCIADOS

Acácio Ribeiro Vallim Júnior | 2009–2010
Ana Grisanti de Moura | 2017 aos dias atuais
Arnaldo Vuolo | 2009 aos dias atuais
Carmela Gross | 2009–2013
Débora Duboc | 2009 aos dias atuais
Eduardo Saron Nunes | 2017 aos dias atuais
Elisa Marsiaj Gomes | 2017 aos dias atuais
Elisa Sawaya Botelho Bracher Franciosi | 2009–2015
Eric Alexander Klug | 2015 aos dias atuais
Eugênia Gorini Esmeraldo | 2009 aos dias atuais
Guido Mantega | 2009–2011
Henri Philippe Reichstul | 2009 aos dias atuais
Inês Bogéa | 2009 aos dias atuais
Iracity Cardoso | 2009–2012
João Roberto Vieira da Costa | 2009–2017
João Sayad | 2015
Jorj Petru Kalman | 2009 aos dias atuais
José de Oliveira Costa | 2017 aos dias atuais
José Fernando Perez | 2009 aos dias atuais
Leontina Gioconda Bordon | 2015 aos dias atuais
Luca Baldovino | 2009 aos dias atuais
Lygia da Veiga Pereira | 2009 aos dias atuais
Marcos de Barros Cruz | 2009–2016
Maria do Carmo Abreu Sodré Mineiro | 2009 aos dias atuais
Paula Theophilo de Saboia | 2017 aos dias atuais
Ricardo Campos Caiuby Ariani | 2009 aos dias atuais
Ricardo Cavalieri Guimarães | 2009 aos dias atuais
Ricardo Uchoa Alves de Lima | 2015 aos dias atuais
Rodolfo Villela Marino | 2009 aos dias atuais
Silvana Tinelli | 2016–2017
Suzana Salles | 2009 aos dias atuais
Walter Appel | 2009 aos dias atuais

REPRESENTANTE DE FUNCIONÁRIOS

Ana Paula Camargo | 2017 aos dias atuais
Beatriz Hack Canabal | 2013–2017
Charles Lima da Silva | 2010–2011
Eduardo Bernardes da Silva | 2013–2015
Jeferson de Souza Dias | 2015 aos dias atuais
Milton Paulo Coatti Filho | 2011–2013
Samuel Medeiros Kavalerski | 2010–2013

Ao lado da Equipe SPCD durante estes 10 anos estiveram patrocinadores, apoiadores, colaboradores, artistas, fotógrafos, jornalistas, assinantes, organizações sociais parceiras, instituições de cultura, profissionais de dança, público em geral, e muitos outros que escreveram essa história conosco

CRÉDITO DAS IMAGENS

ÇAPA Thamiris Prata CONTRACAPA Thamiris Prata | Nielson Souza FOTOGRAFIAS Silvia Machado

POLÍGONO [P. 42] FOTO 1 Thamiris Prata | Yoshi Suzuki_FOTO 2 Elenco SPCD—[P. 43] Elenco SPCD—[P. 44] Elenco SPCD—[P. 45] Elenco SPCD [P. 46]—FOTO 1 Carolina Amares | Hebert Caetano_FOTO 2 Elenco SPCD—[P. 47] FOTO 1 Elenco SPCD_FOTO 2 Elenco SPCD—FOTOGRAFIAS João Caldas

ENTREATO [P. 15] Irupé Sarmiento—[P. 48] FOTO 1 Yoshi Suzuki_FOTO 2 Yoshi Suzuki | Joca Antunes | Irupé Sarmiento—[P.49] FOTO 1 Irupé Sarmiento | Yoshi Suzuki | Samuel Kavalerski | Ana Paula Camargo_FOTO 2 Ana Paula Camargo_ [P.50] Irupé Sarmiento | Yoshi Suzuki—[P. 51] Ana Paula Camargo—FOTOGRAFIAS João Caldas

LES NOCES [P. 52] FOTO 1 Soren Magnus Niewelt | Elenco SPCD_FOTO 2 Elenco SPCD—[P. 53] FOTO 1 Elenco SPCD_FOTO 2 Yoshi Suzuki | Elenco SPCD—FOTOGRAFIAS João Caldas

SERENADE [P. 54] Marcela Zia—[P. 55] FOTO 1 Marcela Zia | Aline Campos | Soren Magnus Niewelt | Priscila Yokoi_FOTO 2 Soren Magnus Niewelt | Marcela Zia [P. 56] FOTO 1 Elenco SPCD_FOTO 2 Elenco SPCD—[P. 57] FOTO 1 Elenco SPCD_ FOTO 2 Elenco SPCD—FOTOGRAFIAS João Caldas

BALLO [P. 60] FOTO 1 Elenco SPCD_FOTO 2 Irupé Sarmiento—[P.61] FOTO 1 Thamiris Prata | Diego Mejía_FOTO 2 Elenco SPCD | Luiza Lopes | Joca Antunes—FOTOGRAFIAS João Caldas

PASSANOITE [P. 08] Yoshi Suzuki—[P.62] FOTO 1 Renata Bardazzi—[P.63] FOTO 1 Rodolfo Saraiva | Luiza Lopes | Vitor Rocha | Ed Louzardo_FOTO 2 Elenco SPCD—FOTOGRAFIAS Reginaldo Azevedo

GNAWA [P. 58] Luciana Davi—[P. 59] Otávio Portela—[P.64] Elenco SPCD—[P.65] FOTO 1 Elenco SPCD_FOTO 2 Elenco SPCD—[P. 362]_FOTO 1 Elenco SPCD [P.363] Elenco SPCD—FOTOGRAFIAS Silvia Machado | Fernanda Kirmayr

TCHAIKOVSKY PAS DE DEUX [P. 66] FOTO 1 Aline Campos_FOTO 2 Aline Campos | Ed Louzardo—[P.67] Marcelo Gomes | Paula Penachio—FOTOGRAFIAS Reginaldo Azevedo | Wilian Aguiar

OS DUPLOS [P.70] Milton Coatti—[P. 71] Irupé Sarmiento—FOTOGRAFIAS João Caldas

THEME AND VARIATIONS [P. 72] Ed Louzardo | Irupé Sarmiento | Luiza Lopes | Elenco SPCD—[P.73] FOTO 1 Ana Paula Camargo | Thamiris Prata | Beatriz Hack | Morgana Cappellari_ FOTO 2 Ana Paula Camargo | Beatriz Hack | Paula Penachio | Elenco SPCD—FOTOGRAFIAS Silvia Machado | Mariano Czarnobai

PRÉLUDE À L'APRÈS-MIDI D'UM FAUNE [P.23] Irupé Sarmiento—[P.74] FOTO 1 Irupé Sarmiento_FOTO 2 Ed Louzardo—[P. 75] FOTO Irupé Sarmiento_—FOTOGRAFIAS João Caldas | Charles Lima

SECHS TÄNZE [P.68] Michelle Molina | Ed Louzardo—[P. 76] FOTO 1 Artemis Bastos | Raphael Panta_FOTO 2 Yoshi Suzuki | Norton Fantinel | Michelle Molina | Duda Braz—[P.77] FOTO 1 Elenco SPCD—[P.78] Yoshi Suzuki | Fabiana Ikehara | Roberta Bussoni—[P.79] Rodolfo Saraiva | Artemis Bastos | Bruno Veloso—FOTOGRAFIAS Silvia Machado

INQUIETO [P. 06] Nielson Souza | Elenco SPCD—[P. 07] Elenco SPCD—[P. 80] Samuel Kavalerski—[P.81] Samuel Kavalerski—[P. 82] Nielson Souza | Elenco SPCD—[P. 83] Ana Paula Camargo | Nielson Souza—FOTOGRAFIAS Wilian Aguiar

LEGEND [P.84] Paula Penachio | Ed Louzardo—[P. 85] Luiza Lopes | Norton Fantinel—FOTOGRAFIAS Silvia Machado | Wilian Aguiar

SUPERNOVA [P.86] Renata Peraso | Elenco SPCD—[P. 87] FOTO 1 Nielson Souza | Ana Paula Camargo_FOTO 2 André Grippi—[P. 88] Yoshi Suzuki | Joca Antunes | André Grippi—[P. 89] Ana Paula Camargo | Nielson Souza—[P. 364–365] Elenco SPCD—FOTOGRAFIAS Fernanda Kirmayr

BACHIANA N°1 [P.94] Luiza Lopes | Samuel Kavalerski—[P.95] FOTO 1 Elenco SPCD_FOTO 2 Elenco SPCD—FOTOGRAFIAS Wilian Aguiar

BALLET 101 [P. 96] Diego de Paula—[P.97] Yoshi Suzuki—FOTOGRAFIAS Wilian Aguiar

GRAND PAS DE DEUX DE DOM QUIXOTE [P.98] Paula Penachio | Norton Fantinel—[P.99] Murilo Gabriel | Artemis Bastos—[P.100] Luiza Lopes | Diego de Paula—[P.101] Juliano Toscano | Thamiris Prata—FOTOGRAFIAS Mario Veloso | Wilian Aguiar

IN THE MIDDLE, SOMEWHAT ELEVATED [P.10] Morgana Cappellari—[P.90] Nielson Souza | Artemis Bastos—[P. 102] Morgana Cappellari | Roberta Bussoni | Elenco SPCD—[P. 103] FOTO 1 Nielson Souza | Ed Louzardo | Aline Campos_ FOTO 2 Yoshi Suzuki | Elenco SPCD—FOTOGRAFIAS Silvia Machado

GRAND PAS DE DEUX DE O QUEBRA NOZES [P. 104] Yoshi Suzuki | Thamiris Prata—[P. 105] Yoshi Suzuki | Karina Moreira—FOTOGRAFIAS Fernanda Kirmayr | Silvia Machado

PORMENORES [P. 106] FOTO 1 Fabiana Ikehara | Samuel Kavalerski_FOTO 2 Elenco SPCD | Soraia Landim—[P. 107] Ammanda Rosa | Fabiana Ikehara | Ana Paula Camargo | Soraia Landim—FOTOGRAFIAS Silvia Machado

AZOUGUE [P. 108] Milton Coatti | Aline Campos—[P. 109] Elenco SPCD—FOTOGRAFIAS Arnaldo J G Torres | Silvia Machado

MAMIHLAPINATAPAI [P.93] Letícia Forattini | André Grippi—[P. 110] Roberta Bussoni | Bruno Veloso—[P. 111] Elenco SPCD—[P. 112]_FOTO 1 Roberta Bussoni | Bruno Veloso | Elenco SPCD_FOTO 2 Bruno Veloso | Olívia Pureza—[P.113] Olívia Pureza | Leony Boni—FOTOGRAFIAS Rogério Alves Sobrado | Wilian Aguiar | Arthur Wolkovier

PEEKABOO [P. 114] Lucas Valente—[P. 118] FOTO 1 Ana Paula Camargo | Diego de Paula_FOTO 2 Elenco SPCD—[P. 119] FOTO 1 Elenco SPCD_ FOTO 2 Ana Paula Camargo | Diego de Paula—FOTOGRAFIAS Fernanda Kirmayr | Wilian Aguiar

POR VOS MUERO [P. 03] Aline Campos—[P. 117] Pamela Valim | Ammanda Rosa—[P.120] Fabiana Ikehara | Nielson Souza—[P. 121] FOTO 1 Elenco SPCD_FOTO 2 Yoshi Suzuki | Joca Antunes | Elenco SPCD—[P. 122] Nielson Souza | André Grippi | Rafael Gomes | Elenco SPCD—[P. 123] FOTO 1 Yoshi Suzuki | Joca Antunes | Diego de Paula | Elenco SPCD—FOTOGRAFIAS Rogério Alves Sobrado | Silvia Machado

UTOPIA OU O LUGAR QUE NÃO EXISTE [P. 124] Ana Paula Camargo—[P. 125] Thamiris Prata | Lucas Valente | André Grippi—[P. 283] Ana Paula Camargo—FOTOGRAFIAS Silvia Machado

PETITE MORT [P.18] Bruno Veloso | Ammanda Rosa—[P. 126] FOTO 1 Rodolfo Saraiva | Nielson Souza | Lucas Valente_FOTO 2 Lucas Axel | Luiza Lopes—[P. 127] FOTO 1 Elenco SPCD_ FOTO 2 Ana Paula Camargo | Lucas Valente—[P. 128] FOTO 1 Emanuel Abruzzo | Ammanda Rosa_FOTO 2 Michelle Molina | Luiza Lopes | Morgana Cappellari | Ammanda Rosa | Aline Campos—[P. 129] Pâmela Valim | Lucas Axel—FOTOGRAFIAS Arthur Wolkovier | João Caldas | Wilian Aguiar

ROMEU E JULIETA [P. 130–131] Elenco SPCD—[P. 132] FOTO 1 | 2 Elenco SPCD—[P.133] FOTO 1 » 3 Elenco SPCD—[P. 134] FOTO 1 Yoshi Suzuki | Aline Campos | Beatriz Hack_FOTO 2 Beatriz Hack | Lúcio Kalbusch_FOTO 3 Lúcio Kalbusch | Aline Campos | Lucas Valente | Beatriz Hack_FOTO 4 Aline Campos | Lucas Valente—[P. 135] FOTO 1 Geivison Moreira | Diego de Paula_FOTO 2 Geivison Moreira_ FOTO 3 Geivison Moreira | Lúcio Kalbusch | André Grippi—[P. 136] FOTO 1 | 2 Lúcio Kalbusch | Aline Campos_FOTO 3 Ana Paula Camargo | Aline Campos—[P. 137] FOTO 1 Luiza Lopes_ FOTO 2 Aline Campos | Lucas Valente | Elenco SPCD—[P. 138] FOTO 1 Aline Campos_ FOTO 2 Ana Paula Camargo | Aline Campos_FOTO 3 Beatriz Hack | Ana Paula Camargo | Aline Campos_FOTO 4 Joca Antunes—[P. 139] FOTO 1 Luiza Yuk | Lúcio Kalbusch_ FOTO 2 | 3 Aline Campos | Lúcio Kalbusch—FOTOGRAFIAS Arthur Wolkovier | Nanah D'luize | Silvia Machado | Wilian Aguiar

VADIANDO—[P. 140] Binho Pacheco—[P. 141] FOTO 1 | 2 Elenco SPCD—FOTOGRAFIAS Silvia Machado

GRAND PAS DEUX DE O CISNE NEGRO [P. 146] Morgana Cappellari | Lúcio Kalbusch—[P. 147] Thamiris Prata | Diego de Paula—FOTOGRAFIAS Rogério Alves Sobrado | Juliana Hilal

THE SEASONS [P. 04] Luiza Lopes | Joca Antunes | André Grippi—[P. 142] Vinícius Vieira | Yoshi Suzuki—[P. 148] Pamela Valim | Leony Boni—[P. 149] André Grippi | Michelle Molina—[P. 150] Elenco SPCD—[P. 151] Elenco SPCD—[P. 361] Elenco SPCD—FOTOGRAFIAS Arthur Wolkovier | Édouard Lock | Wilian Aguiar

BINGO!—[P. 152] Joca Antunes | Elenco SPCD—[P. 153] Elenco SPCD—FOTOGRAFIAS Arthur Wolkovier

GEN— [P. 145] Lucas Valente | Luiza Lopes—[P. 154] Geivison Moreira | Elenco SPCD—[P.155] Ana Paula Camargo—[P. 156–157] FOTO 1 | 2 Elenco SPCD—FOTOGRAFIAS Laurent Philippe

LA SYLPHIDE [P. 158–159] Luiza Yuk | Yoshi Suzuki—[P. 160] FOTO 1 Luiza Yuk | Yoshi Suzuki_FOTO 2 Luiza Lopes | Emmanuel Vazquez_FOTO 3 Thamiris Prata | Ammanda Rosa | Elenco SPCD_FOTO 4 Ana Paula Camargo | Elenco SPCD_FOTO 5 Elenco SPCD—[P. 161] FOTO 1 Luiza Yuk | Elenco SPCD_FOTO 2 Elenco SPCD—[P. 162–163] Elenco SPCD—[P. 164] Ana Paula Camargo—[P. 165] FOTO 1 Ana Paula Camargo | Elenco SPCD_ FOTO 2 Elenco SPCD—[P. 166] FOTO 1 Ana Paula Camargo | Joca Antunes | Ammanda Rosa_ FOTO 2 Beatriz Hack | Ana Paula Camargo | Pamela Valim | Rodolfo Saraiva_ FOTO 3 Yoshi Suzuki | Luiza Yuk_FOTO 4 Ana Paula Camargo_FOTO 5 Elenco SPCD—[P. 167] FOTO 1 | 2 Elenco SPCD—[P. 168–169] Ana Paula Camargo | Emmanuel Vazquez | Elenco SPCD—FOTOGRAFIAS João Caldas | Wilian Aguiar

LE SPECTRE DE LA ROSE [P. 170] Yoshi Suzuki—[P. 171] Luiza Yuk | Yoshi Suzuk—FOTOGRAFIAS Clarissa Lambert

WWW [P. 172] FOTO 1 Morgana Cappellari | Nielson Souza_FOTO 2 Nielson Souza | Roberta Bussoni | Artemis Bastos | Luiza Lopes | André Grippi | Ana Paula Camargo | Joca Antunes—[P. 173] Luiza Lopes | Joca Antunes—FOTOGRAFIAS Clarissa Lambert

LITORAL [P. 178] Michelle Molina—[P. 179] FOTO 1 | 2 Elenco SPCD—FOTOGRAFIAS Wilian Aguiar

O SONHO DE DOM QUIXOTE [P. 180 | 181] Elenco SPCD—[P. 182] FOTO 1 Lúcio Kalbusch | Elenco SPCD_FOTO 2 Daniel Reca | Elenco SPCD—[P. 183] FOTO 1 Thamiris Prata | Diego de Paula | Joca Antunes | Elenco SPCD_ FOTO 2 Elenco SPCD—[P. 184] FOTO 1 | 2 Elenco SPCD—[P. 185] Joca Antunes—[P. 186] FOTO 1 Joca Antunes | Yoshi Suzuki | Luiza Yuk_FOTO 2 Joca Antunes | Elenco SPCD—[P. 187] FOTO 1 Yoshi Suzuki | Elenco SPCD_FOTO 2 Joca Antunes—[P. 189] Joca Antunes—[P. 190] FOTO 1 » 6 Elenco SPCD—[P. 191] Thamiris Prata | Diego de Paula | Elenco SPCD—FOTOGRAFIAS Wilian Aguiar

CÉU CINZENTO [P. 174_192_193] Luiza Yuk | Vinícius Vieira—FOTOGRAFIAS Arthur Wolkovier | Wilian Aguiar

EPIDERME [P. 194] Ana Paula Camargo—[P. 195] FOTO 1 Lucas Valente_ FOTO 2 Joca Antunes | Elenco SPCD—[P. 196–197] Elenco SPCD—FOTOGRAFIAS Wilian Aguiar

GRAN PAS DE DEUX DE O CORSÁRIO [P. 198] Morgana Cappellari —[P. 199] André Grippi—FOTOGRAFIAS Arthur Wolkovier

INDIGO ROSE [P. 177] André Grippi Luiza Yuk—[P. 200] André Grippi Luiza Yuk —[P. 201] Geivison Moreira | Nielson Souza—[P. 202] FOTO 1 | 2 Elenco SPCD —[P. 203] FOTO 1 Letícia Forattini | Ammanda Rosa_FOTO 2 Yoshi Suzuki | Nielson Souza | Geivison Moreira—FOTOGRAFIAS Arthur Wolkovier | Wilian Aguiar

COREOGRAVITY [P. 204] Danyla Bezerra—[P. 205] FOTO 1 | 2 Elenco SPCD —FOTOGRAFIAS Arthur Wolkovier | Wilian Aguiar

SONHO DE VALSA [P. 206] FOTO 1 Elenco SPCD_FOTO 2 Ana Paula Camargo —[P. 207] Leony Boni | Renée Weinstrof—FOTOGRAFIAS Wilian Aguiar

SIX ODD PEARLS [P. 208] Lucas Valente | Morgana Cappellari—[P. 212] Yoshi Suzuki | Lucas Valente—[P. 213] FOTO 1 Nielson Souza | Larissa Lins_FOTO 2 Elenco SPCD —FOTOGRAFIAS Wilian Aguiar

SUÍTE PARA DOIS PIANOS [P. 214] Elenco SPCD—[P. 215] Luiza Yuk | Elenco SPCD —[P. 216] FOTO 1 | 2 Elenco SPCD—[P.217] FOTO 1 Elenco SPCD_ FOTO 2 Diego de Paula | Yoshi Suzuki —FOTOGRAFIAS Arthur Wolkovier | Wilian Aguiar

FADA DO AMOR [P. 218] Luiza Yuk | Joca Antunes—[P. 219] FOTO 1 Luiza Yuk | Joca Antunes_FOTO 2 Larissa Lins | Geivison Moreira —FOTOGRAFIAS Wilian Aguiar

CARMEN PAS DE DEUX [P. 220–221] Thamiris Prata | Diego de Paula —FOTOGRAFIAS Wilian Aguiar

NGALI [P. 211] Ana Roberta Teixeira | Daniel Reca—[P. 222] Joca Antunes | Renata Peraso —[P. 223] Ana Roberta Teixeira | Daniel Reca—[P. 224] FOTO 1 Ammanda Rosa | Renata Peraso | Thamiris Prata | Joca Antunes_FOTO 2 Ammanda Rosa | Joca Antunes —[P. 225] Geivison Moreira | Michelle Molina—FOTOGRAFIAS Arthur Wolkovier | Wilian Aguiar

PIVÔ [P. 226] Ana Paula Camargo—[P. 227] FOTO 1 | 2 Elenco SPCD —FOTOGRAFIAS Michelle Molina | Wilian Aguiar

ABERTURA GALA | VALSA [P. 228–229] Elenco SPCD—FOTOGRAFIAS Wilian Aguiar

O TALISMÃ PAS DE DEUX [P. 230] Yoshi Suzuki | Larissa Lins—[P. 231] Yoshi Suzuki —FOTOGRAFIAS Arthur Wolkovier

PRIMAVERA FRIA [P. 236] Luiza Yuk—[P. 237] FOTO 1 Joca Antunes | Beatriz Hack_ FOTO 2 Elenco SPCD—FOTOGRAFIAS Wilian Aguiar

SUÍTE DE RAYMONDA [P. 238] FOTO 1 Paula Alves_FOTO 2 Diego de Paula —[P. 239] FOTO 1 | 2 Elenco SPCD—FOTOGRAFIAS Fernanda Kirmayr | Wilian Aguiar

14 20 [P.24] Ana Paula Camargo | André Grippi [P. 240] Ana Paula Camargo | André Grippi —[P. 241] FOTO 1 | 2 Ana Paula Camargo | André Grippi —FOTOGRAFIAS Wilian Aguiar

DUO PÁSSARO DE FOGO [P. 232] Ana Paula Camargo | Nielson Souza —[P. 242] Ana Paula Camargo | Nielson Souza—[P. 243] FOTO 1 | 2 Ana Paula Camargo | Nielson Souza—FOTOGRAFIAS Fernanda Kirmayr

BALÉ PULCINELLA [P. 244] Bruno Veloso | Vinicius Vieira | Hiago Castro | Mozart Mizuyama—[P.245] FOTO 1 Diego de Paula | Thamiris Prata | cantores_FOTO 2 Diego de Paula | Thamiris Prata | Elenco SPCD —FOTOGRAFIAS Fernanda Kirmayr

O LAGO DOS CISNES ATO II [P. 234] Diego de Paula—[P. 235] Elenco SPCD —[P. 246] FOTO 1 Larissa Lins | Geivison Moreira | Elenco SPCD_FOTO 2 Michelle Molina | Paula Alves | Thamiris Prata | Elenco SPCD—[P. 247] FOTO 1 André Grippi | Thamiris Prata | Diego de Paula_FOTO 2 Morgana Capellari | Elenco SPCD—[P. 248] FOTO 1 | 2 Geivison Moreira | Larissa Lins | Elenco SPCD—[P. 249] FOTO 1 Diego de Paula | Elenco SPCD_FOTO 2 Elenco SPCD—FOTOGRAFIAS Charles Lima | Fernanda Kirmayr

INSTANTE [P. 250] Thamiris Prata | Nielson Souza—[P. 251] FOTO 1 Morgana Cappellari | Nielson Souza_FOTO 2 Morgana Cappellari | Nielson Souza —FOTOGRAFIAS Michelle Molina | Silvia Machado

MELHOR ÚNICO DIA [P. 252] Ammanda Rosa | Nielson Souza—[P. 255] Ammanda Rosa | Nielson Souza | Thamiris Prata | Yoshi Suzuki—[P. 256] Ammanda Rosa | Nielson Souza —[P. 257] Elenco SPCD—[P. 258-259] FOTO 1 | 2 Elenco SPCD —FOTOGRAFIAS Charles Lima | Fernanda Kirmayr

PETRICHOR [P. 260] FOTO 1 Ana Paula Camargo | Joca Antunes_FOTO 2 Elenco SPCD —[P. 261] FOTO 1 Luiza Yuk | Diego de Paula_FOTO 2 Ammanda Rosa | Bruno Veloso —FOTOGRAFIAS Silvia Machado

BERNSTEIN 100 [P. 262] Michelle Molina | Geivison Moreira—[P. 263] FOTO 1 Isis Soares | Vinícius Vieira | Carolina Pegurelli | Geivison Moreira | Felipe Vasques_ FOTO 2 Michelle Molina | Geivison Moreira—FOTOGRAFIAS Rodolfo Dias Paes

SCHUMANN OU OS AMORES DO POETA [P. 264] FOTO 1 Ana Paula Camargo | Michelle Molina | Diego de Paula | Mozart Mizuyama | cantores | pianista_ FOTO 2 Paula Alves | cantores—[P. 265] FOTO 1 Ana Paula Camargo | Mozart Mizuyama | cantor_FOTO 2 Paula Alves | Luan Barcelos | Diego de Paula—FOTOGRAFIAS Rodolfo Dias Paes

ODISSEIA [P. 1] Ammanda Rosa | Hiago Castro—[P. 266] Joca Antunes —[P. 267] FOTO 1 Ammanda Rosa | Elenco SPCD_FOTO 2 Elenco SPCD —[P. 348–349] Elenco SPCD—FOTOGRAFIAS Clarissa Lambert

MIRA [P. 268] Ana Roberta Teixeira—[P. 269] FOTO 1 | 2 Elenco SPCD—FOTOGRAFIAS Charles Lima

O LAGO DOS CISNES [P. 270] Elenco SPCD—[P. 271] Yoshi Suzuki | Elenco SPCD —[P. 272] FOTO 1 Emmanuel Vazquez | Luciana Davi | Paula Alves | Yoshi Suzuki | Elenco SPCD | Figurantes_FOTO 2 Elenco SPCD—[P. 273] FOTO 1 Elenco SPCD | Figurantes_FOTO 2 Emmanuel Vazquez | Elenco SPCD—[P. 274] Emmanuel Vazquez | Diego de Paula | Thamiris Prata—[P. 275] Diego de Paula | Elenco SPCD —[P. 276] FOTO 1 Michelle Molina | Ana Roberta Teixeira | Renata Peraso | Luciana Davi | Paula Alves | Elenco SPCD | Figurantes_FOTO 2 Thamiris Prata | Diego de Paula | Elenco SPCD | Figurantes—[P. 277] FOTO 1 Ana Paula Camargo | Elenco SPCD | Figurantes_FOTO 2 Thamiris Prata | Diego de Paula | Elenco SPCD | Figurantes—[P. 278] Emmanuel Vazquez —[P. 279] Elenco SPCD—[P. 280–281] Elenco SPCD—FOTOGRAFIAS Silvia Machado

AUDIÇÕES, AULAS E ENSAIOS [P.26] FOTO 1 | 2 Bailarinos participantes da audição SPCD —[P.27] Professor | Bailarinos participantes da audição SPCD —[P.28] FOTO 1 Michelle Molina | Joca Antunes—FOTO 2 Milton Coatti —[P. 29] FOTO 1 Manoel Francisco | Elenco SPCD_FOTO 2 Paula Alves | Vinícius Vieira —[P. 31] Beatriz Hack—[P.32] FOTO 1 Elenco SPCD_FOTO 2 Elenco SPCD —[P. 33] FOTO 1 Vinícius Vieira | Renata Peraso_FOTO 2 Larissa Lins | Nielson Souza_ FOTO 3 Irupé Sarmiento | Carol Prieux_FOTO 4 Hilde Koch | Elenco SPCD —[P. 35] FOTO 1 Nina Botkay | Elenco SPCD_FOTO 2 Beatriz Hack | Gabriel Fernandes_ FOTO 3 Elenco SPCD_FOTO 4 Luiza Lopes | Raphael Panta | Elenco SPCD_FOTO 5 Flávio Everton | Ed Louzardo | Rodolfo Saraiva | Rafael Gomes_FOTO 6 Larissa Lins—[P. 36] FOTO 1 Bóris Storojkov | Rafael Gomes | Elenco SPCD_FOTO 2 Thamiris Prata | Elenco SPCD_FOTO 3 Ben Huys | Paula Penachio | Ed Louzardo | Elenco SPCD_FOTO 4 Aline Campos | Danyla Bezerra | Ana Paula Camargo | Elenco SPCD_FOTO 5 Luan Barcelos | Matheus Queiroz | Gabriel Fernandes —[P.39] FOTO 1 Ammanda Rosa_FOTO 2 | Samuel Kavalersky | Luiza Lopes | Inês Bogéa_ FOTO 3 Felipe Vasques | Gabriel Fernandes | Vinicius Vieira | Luan Barcelos_FOTO 4 Ady Addor | Yoshi Suzuki | Fabiana Ikehara | Elenco SPCD—[P. 40] FOTO 1 Luiza Yuk_ FOTO 2 Penha de Souza | Elenco SPCD_FOTO 3 Yoshi Suzuki_FOTO 4 Joca Antunes | Luiza Lopes | Ana Paula Camargo—FOTOGRAFIAS André Porto | Paula Alves | Michelle Molina | Arthur Wolkovier | Wilian Aguiar | João Caldas | Charles Lima | Reginaldo Azevedo | Hiago Castro | Gustavo Bernardes | Antonio Carlos Cardoso

ATELIÊ INTERNACIONAL SÃO PAULO COMPANHIA DE DANÇA | SEMINÁRIO INTERNACIONAL DE DANÇA

[P.290] Bailarinos participantes—[P.293] FOTO 2 Eva Schul | Bailarinos participantes —[P.298] FOTO 1 Bailarinos participantes_FOTO 3 Inês Bogéa | André Boaretto —[P.299] Bailarinos participantes—[P.304] FOTO 1 Mônica Monteiro | Bailarina participante_FOTO 2 Hilary Cartwright | participantes —[P.307] FOTO 1 » 3 Bailarinos participantes—[P.310] Bailarinos participantes —FOTOGRAFIAS Ayrton Vieira | Beatriz Ferreira | Beatriz Fidalga | Edison Araya | Ligia Vargas | Tomas Kolisch

ATIVIDADES EDUCATIVAS [P.293] FOTO 1 Estudantes em Espetáculo Gratuito —[P.294] FOTO 1 Estudante em Espetáculo Gratuito_FOTO 2 Fabiana Ikehara | parcipantes de Oficina de Dança—[P.297] Participantes Palestra de Dança—FOTOGRAFIAS Wilian Aguiar

MEU AMIGO BAILARINO [P.296] Morgana Lima | Daphne Chequer | Mozart Mizuyama | Beatriz Hack | Otávio Portela | Gabriel Fernandes | Larissa Guerra | Matheus Queiroz | Participantes da ação—FOTOGRAFIAS Gustavo Bernardes

MONTAGENS [P.331] FOTO 1 | 2 Técnicos SPCD_FOTO 3 Antonio Magnoler | Luiz Antonio Dias | Luca Baldovino FOTO 4 Charles Lima —FOTOGRAFIAS Michelle Molina | Wilian Aguiar

SPCD CONVIDA [P.298] Bailarianos do Instituto Gnética—[P.301] FOTO 1 Bailarinos do Ballet de Paraisópolis—FOTOGRAFIAS Fernanda Kirmayr

INTERCÂMBIO COM PROJETO SOCIAL [P.301] FOTO 2 | 3 Moradores da Comunidade de Heliópolis—Espetáculo da Terra—FOTOGRAFIAS Gustavo Bernardes

RASTROS DO CORPO NO ESPAÇO [P.336] Geivison Moreira—[P.342] Olívia Pureza —FOTOGRAFIAS Marcelo Maragni

FIGURAS DA DANÇA [P. 316] Marilena Ansaldi—[P. 319] FOTO 1 Tatiana Leskova_FOTO 2 Cecília Kerche_FOTO 3 Marilena Ansaldi_FOTO 4 Ana Botafogo_FOTO 5 Paulo Pederneiras | Inês Bogéa_FOTO 6 Ismael Ivo_FOTO 7 José Possi Neto_FOTO 8 Ruth Rachou | Inês Bogéa —[P. 320] FOTO 1 Ady Addor_FOTO 2 Penha de Souza_FOTO 3 Antonio Carlos Cardoso_ FOTO 4 Luis Arrieta—[P. 325] FOTO 1 Carlos Moraes_FOTO 2 Sônia Mota_FOTO 3 Angel Vianna_ FOTO 4 Célia Gouvêa_FOTO 5 Ismael Guiser_FOTO 6 Ivonice Satie | Inês Bogéa_ FOTO 7 Edson Claro | Inês Bogéa_FOTO 8 J C Violla | Inês Bogéa —[P. 326] FOTO 1 Márcia Haydée_FOTO 2 Décio Otero_FOTO 3 Marilene Martins_ FOTO 4 Lia Robato_FOTO 5 Eva Schul_FOTO 6 Hugo Travers_FOTO 7 Hulda Bittencourt_ FOTO 8 Mara Borba—[P. 327] FOTO 1 Eliana Caminada_FOTO 2 Jair Moraes_ FOTO 3 Nora Esteves_FOTO 4 Aracy Evans_FOTO 5 Janice Vieira | Andréia Nhur_ FOTO 6 Maria Pia Finócchio—FOTOGRAFIAS Arnaldo J.G. Torres | Antonio Carlos Cardoso | Charles Lima | Edson Clovis | Emidio Luisi | Isaumir Nascimento | Nick Maftum | Nanah D'luize | Larissa Helena | Renan Melo | Reginaldo Azevedo | Rodrigo Xavier | Xande Pires

Dados Internacionais de Catalogação na Publicação (CIP)
(Câmara Brasileira do Livro, SP, Brasil)

São Paulo Companhia de Dança: 10 anos / organizadora Inês Bogéa; versão para o inglês Izabel Murat Burbridge,—1. ed.—São Paulo: Editora WMF Martins Fontes, 2018.

ISBN 978-85-469-0245-3

Vários autores.
Vários colaboradores
Edição bilíngue: português/inglês.
Bibliografia.

1. Arte2. Dança 3. Expressão Corporal 4. Fotogragrafias 5. São Paulo Companhia de Dança—História I. Bogéa, Inês.

18-23091 DD-792.80981

Índices para Catálogo Sistemáticos:
1. São Paulo Companhia de Dança: História: Artes 792.80981

Maria Paula C Riyuzo—Bibliotecária—CRB-8/7639

Impresso no Brasil 1ª edição

Editora WMF Martins Fontes Ltda
R Prof Laerte Ramos de Carvalho 133
01352.030 São Paulo SP Brasil
T +55 11 3293 8150 **F** +55 11 3101 1042
info@wmfmartinsfontes.com.br
www.wmfmartinsfontes.com.br

São Paulo Companhia de Dança
R Três Rios 363 1° andar
01123.001 São Paulo SP Brasil
T +55 11 3224 1380
comunicacao@spcd.com.br
www.spcd.com.br

FICHA EDITORIAL

CURADOR DE FOTOGRAFIAS
Wilian Aguiar

PROJETO GRÁFICO | PRODUÇÃO | DIREÇÃO DE ARTE
Nasha Gil

VERSÃO PARA O INGLÊS
Izabel Murat Burbridge

REVISÃO DE TEXTO
Beatriz Lopes

IMPRESSÃO
Leograf São Paulo SP

FICHA TÉCNICA

TIPOLOGIA
Trinité nº 3 | Designer Bram de Does | The Enschedé Font Foundry | 1982
Absara | Designer Xavier Dupré | Publisher FontFont | 2005

FORMATO ABERTO | 430 x 270 mm
FORMATO FECHADO | 215 x 270 mm
NUMERO DE PAGINAS | 420 páginas

CAPA
Couché Fosco 150 g/m2
GUARDAS
Colorplus Mar del Plata 250 g/m²
IMPRESSÃO
4 x 0 cores
MIOLO
Couché Fosco 150 g/m²
IMPRESSÃO
4 x 4 cores
ACABAMENTO
CAPA
Encardenação em capa dura com aplicação de laminação fosca
MIOLO
Costurado em caderno de 12 páginas
TIRAGEM 1 000

GOVERNO DO ESTADO DE SÃO PAULO

GOVERNADOR DO ESTADO
Márcio França

SECRETÁRIO DE ESTADO DA CULTURA
Romildo Campello

COORDENADORA DE UNIDADE DE DIFUSÃO
CULTURAL, BIBLIOTECAS E LEITURA
Silvia Antibas

APD | ASSOCIAÇÃO PRÓ-DANÇA
ORGANIZAÇÃO SOCIAL DE CULTURA

CONSELHO ADMINISTRATIVO
PRESIDENTE
Rodolfo Villela Marino

VICE-PRESIDENTE
Ricardo Uchoa Alves de Lima

CONSELHO FISCAL
PRESIDENTE
Durval Borges Morais

SÃO PAULO COMPANHIA DE DANÇA

DIREÇÃO
Inês Bogéa

2018